발전론

이연호 지음

연세대학교 대학출판문화원

발전론

지은이 이연호
펴낸곳 연세대학교 대학출판문화원
주소 서울시 서대문구 연세로 50
전화 02) 2123-3380~2
팩스 02) 2123-8673
E-mail ysup@yonsei.ac.kr
홈페이지 http://www.yonsei.ac.kr/press
등록 1955년 10월 13일 제9-60호
인쇄 화신문화(주)

2009년 8월 31일 1판 1쇄 2022년 3월 25일 1판 5쇄
ISBN 978-89-7141-894-9 (93300)

정가 18,000 원

감사의 글

나에게 연구년을 갖도록 배려해 주신 연세대학교 정치외교학과의 동료 교수님들, 특히 학부시절 나로 하여금 발전문제에 관해 눈을 뜨게 해주신 은사 신명순 교수님, 원고를 작성하는 과정에서 자기일 처럼 도와준 박태용, 유능한, 임유진, 정석규, 김소위 조교, 귀한 도움말을 준 이무원 교수, 장혜현 박사 그리고 집필 작업을 최종 마무리할 공간을 세상에서 가장 아름다운 섬나라에 마련해준 하와이 주립대학교 정치학과의 서정민 교수께 감사드린다. 그리고 즐거운 깔깔거림으로 나의 무거운 머리를 식혀준 두 공주 준아와 준서 그리고 아내 미경에게 고마움과 사랑을 전한다. 끝으로 본 연구는 연세대학교 산학협력단의 학술연구비를 지원 받아 수행되었음을 밝혀둔다.

준아와 준서, 그리고 우리의 다음 세대들이

보다 좋은 미래에서 살게 되길 기대하며…….

시작하는 글

정치학을 공부한 이래 지금까지 발전의 문제는 나에게 가장 흥미롭고 중요한 주제였다. 대학원 과정을 외국대학에서 공부할 당시 안정된 사회에서 성장해온 서양의 학생들에게 개발도상국 출신의 학생으로 그간 경험했던 것들을 말로 또는 글로 설명하였을 때, 그들이 '저 나라에는 참 이상한 일도 다 있구나' 하는 표정으로 나를 쳐다보곤 했던 기억이 지금도 남아 있다. 발전이라는 과정은 한 국가의 특정 그룹이나 계층에게 희생을 강요해야 하는 고통스러운 과정이다. 책이나 영화 같은 간접경험으로는 제 3자가 알 수 없는 불행한 일들이 아무렇지 않은 듯 발생한다. 발전의 문제는 선진국의 사람들이 머리로는 이해할지 몰라도 마음으로는 느낄 수 없는 공백이 존재하는 그런 주제라고 나는 생각한다.

그들과 함께 공부하고 토론하면서 나는 발전문제야말로 나 같은 개발도상국 출신의 학생들이 가장 잘 할 수 있는 분야라는 생각을 자주 하곤 했다. 우리는 발전 현상을 머리로 이해도 하지만 무엇보다도 피부로 느낀 경험을 가지고 있기 때문이다. 그리고 언젠가는 선진국의 학자들이 마치 지적유희를 하듯 적어놓은 발전론의 주요 저술들을 나와 같은 개발도상국 출신의 학자들이 다시 평가하고 새로이 기술해야겠다는 결심을 했다. 이 책은 그런 나의 결심을 실현시키려는 기초작업의 일부분이다.

모교에 부임하여 학생들에게 강의하기 시작하면서 발전론에 관한 저술을 몇 차례 시도하였으나 다른 논문작성에 시간을 빼앗겨 별 진전을 보지 못했다. 출판원고를 완성하는 작업은 학교로부터 2008년에 연구년을 허락받아 비로소 가능할 수 있었다. 그동안 강의했던 내용이 바탕이 되었지만 이를 책으로 옮기는 과정에서 기존의 문헌을 다시 정독하고 오류가 없도록 다지는 작업에 시간이 많이 소모되었다.

책을 어떤 내용으로 구성할까 고민한 결과 발전에 관한 아주 기본적인 내용들을 무엇보다도 쉽고 간결하게 분석 정리하는 것에 초점을 맞추기로 했다. 독자들이 읽으면서 알게 되겠지만 국가, 시장, 발전이 본 저서의 키워드들이다. 이 세 가지를 기반으로 하여 그와 관련된 개념들을 이끌어 내어 정리하고 그들 간의 관계를 설명하고자 하였다. 결과적으로 아주 새로운 이론의 제시보다는 기존의 이론을 체계화하는 모양새가 되었다.

최근 한국에서 출판되고 있는 발전론 관련 서적들은 국제개발협력 문제에 집중하는 경향을 보이는 것 같다. 한국이 WTO, OECD, UN을 비롯한 국제기구의 활동에 적극 참여하는 것과 관련이 있을 것이다. 반면에 발전문제에 관련된 비교정치경제적 주제들을 다루는 서적은 별반 보이지 않는다. 필자는 발전문제를 다루는 비교정치경제론과 국제개발협력론을 모두 강의하고 있는데 학생들이 정치경제론에 관한 기초지식이 부족하여 개념상의 혼란을 경험하고 있음을 흔히 발견하게 된다. 따라서 이 책에서는 비교정치경제 분야의 기초이론을 주로 다루었다.

필자가 이 책을 지으면서 지향한 것은 중진국발전론이었다. 저개발국에서 중간 수준의 개발국으로 발전하는 과정보다는 중진국들이 선진국으로 도약하는 과정에서 조우하는 정치, 경제, 사회적 현상에 보다 관심을 가지려 했다. 이는 우리가 살고 있는 한국의 입장과도 일치하는 것이며 따라서 우리가 보다 공감할 수 있는 시각이기도 하다. 경제적 자유화와 민주주의의 공고화가 어느 정도 진전된 상태에서 발생하는 문제들에 대한 처방은 그 이전 단계에서 내려진 처방과는 내용을 달리할 수밖에 없다. 빈곤문제가 어느 정도 해결되어도 인간이 정치적이고 사회적인 존재인 까닭에 자유와 형평의 문제를 둘러싸고 많은 문제들이 발생한다. 이 문제를 해결하지 않고는 중진국에서 선진국으로 진입하는 것은 불가능하며 이는 한국을 비롯한 동아시아의 중진발전국들이 공동으로 당면하고 있는 문제이기도 하다.

물론 독자들도 알게 될 것이지만 필자가 설정한 목적을 이 책에서 다 달성하지는 못했다. 특히 지속적 경제성장을 담보할 수 있는 민주주의의 제도적 형태는 어떤 것인지에 대해서 고민과 문제만 제기하고 있을 뿐 명확한 결론을 필자도 제시하지 못하고 있다. 앞으로 보다 진지한 연구를 통해 보완되어야 할 과제임을 확인했을 뿐이다. 아울러 발전에 관한 가장 최근의 연구 동향에 관해서는 필자가 여타 학술지 등에 발표를 준비하고 있다. 그러나 이중출판문제에 대한 우려로 인해 부득이 이 책에서는 충분히 다루지 못한 아쉬움이 있다. 좀더 면밀한 준비를 거쳐 개정판이 준비될 때 포함시킬 계획이다.

본 저서는 중진국발전론 연구를 본격적으로 시작하기 위한 기초작업이라 할 수 있다. 그간 내가 공부하고 고민하던 주제를 나름대로 쉽게 풀어 설명함으로써 발전연구에 관심을 갖는 이들에게 소개하고자 했다. 막상 출판을 앞두고 보니 부족한 것이 많고 오류에 대한 두려움도 생겼다. 실제로 책을 집필하는 과정에서 그간 내가 잘못 이해하고 있었던 것들이 다소 있었음을 발견하게 되었고 게을리 대했던 문헌들도 많이 있었음을 깨닫게 되었다. 후학들을 가르치려 책을 쓰다가 내가 오히려 선학들의 가르침을 다시 받았다. 나 자신의 오만함에 대해 부끄러울 뿐이다. 앞으로 발전론을 연구하는 동학들 그리고 후학들의 건설적인 비판을 기대한다. 계속적인 연구로 이 책을 보완하겠다는 결심을 마음에 새긴다.

2009년 여름
저자 씀.

차례

01
발전, 근대화 그리고 빈곤

1. 경제성장과 발전

해로드-도마Harrod-Domar모델은 경제성장economic growth을 완전고용 국민소득 또는 달성이 가능한 국민소득이 장기간에 걸쳐 증가하는 것으로 정의한다(정창영 1984: 596-599; Domar 1957: 70-82). 소비재와 생산재의 생산량이 늘어나기 위해서는 생산요소의 양이 증가해야 하고 생산물의 질이 개선되려면 기술진보가 일어나야 한다. 이것이 '성장'이다. 이처럼 성장이란 주로 국부에 기여할 수 있는 재화의 양이 늘어나는 것을 지칭하는 경제학적 개념이다.

이러한 관점에서 등장한 대표적인 성장이론이 바로 넉시Ragnar Nurkse의 균형성장이론Theory of Balanced Growth과 허쉬만A.O. Hirshman의 불균형성장이론Theory of Unbalanced Growth이다. 균형성장이론은 저개발국가의 저소득 상황이 자본가에게 낮은 투자 유인을 제공하고 이는 결국 자본 축적의 부족으로 귀결되어 저생산성을 유발하며 다시 저소득으로 귀착된다고 진단한다. 따라서 자본에 대한 수요의 부족을 해결하기 위해서는 국내시장의 규모가 커져야 한다고 보았다. 이를 위해 몇몇 부문에만 집중적으로 투자를 해서는 안 되며 여러 부문에 동시에 투자해야만 서로 다른 부문이 생산해 낸 재화에 대하여 수요를 제공할 수 있게 된다. 이로써 국내시장의 규모가 확대되고 따라서 자본에 대한 수요의 부족이라는 문제를 해결할 수 있다고 주장한다(Gillis, Perkins, Roemer and Snodgrass 1987: 65-66).

반면 불균형성장이론은 성장을 도모하는 대부분의 후진국이 수요와 공급의 양 측면에서 모두 자본부족 현상을 경험하고 있음을 균형성장이론이 간과하고 있다고 지적한다. 즉 경제성장을 시도하기 위해서는 산업 전부문에 걸쳐 투자할 수 있을 정도로 충분한 양의 자본이 필요한데 자본 부족을 경험하고 있는 저개발국들은 현실적으로 그럴 수 있는 여력이 없다는 것이다. 허쉬만은 개도국의 진정한 문제는 투자능력 및 의지의 부족이라고 지적했다. 따라서 이를 해결하기 위해서는 투자능력 및 효과를 극대화하는 방법을 모색해야 한다고 주장했다(Gillis, Perkins, Roemer and Snodgrass 1987: 66-67).

그가 제시하는 방법은 두 가지였다. 첫 번째 방법은 사회간접부문SOC: Social Overhead Capital과 민간직접생산부문DPA: Directly Productive Activity 사이에 고의적으로 불균형성장을 유발하여 희소부문에 대한 투자를 유발하는 것이다. 즉 SOC의 증가는 DPA의 부족을, 반대로 DPA의 증가는 SOC의 부족을 교정할 수 있다고 보았다. 두 번째 방법은 DPA부문 내에서 전후방 관련 효과를 측정하여 다른 산업부문과 높은 상호연관성을 가지고 있는 부문을 불균형적으로 우선 성장시킴으로써 나머지 부문의 성장을 유발하는 것이다

(Gillis, Perkins, Roemer and Snodgrass 1987: 66-67).

그러나 이러한 경제성장이론들은 발전development이라는 개념을 충분히 설명하지 못한다. 앞에서도 지적했듯이 일국의 총체적 경제소득 또는 부의 양이 증대되는 현상만을 주목하고 있기 때문이다. 발전이라는 개념은 경제성장이라는 개념에 비해 보다 폭넓은 것으로 이해되어야 한다. 무엇보다도 경제적 성장growth과 형평성equity이 동시에 달성되는 것을 의미한다. 구체적으로 발전이란 대체로 아래의 요소들이 달성되는 것이라 할 수 있다 (Meier and Rauch 1995: 7).

1) 경제적 성장과 더불어 빈곤이 퇴치되는 과정, 즉 빈곤(poverty) 의 제거
2) 근대화의 이상들– 예컨대 생산성의 향상, 사회경제적 형평성의 제고, 근대적 지식, 개선된 제도와 인간의 행태, 그리고 저발전의 요인들을 제거할 수 있는 합리적 정책 시스템의 구축–의 성취
3) 장기적 관점에서의 진보, 즉 지속적 발전
4) 불평등의 개선

이처럼 발전이란 부의 양적 성장 이상의 의미를 가지고 있다. 경제적 성장이라는 요소에 더하여 인간의 자유가 확대되고 자신이 가치가 있다고 생각되는 방식으로 살 수 있도록 자신의 권리entitlement와 능력을 확대시키는 과정이 병행되어야 한다(Sen 1981). 따라서 발전이란 경제적 측면 뿐만 아니라 사회적 그리고 정치적 측면의 진보를 포함하는 보다 폭넓은 개념이다.

국내총생산GDP: Gross Domestic Product과 인간개발지수HDI: Human Development Index의 개념을 비교하면 경제성장과 발전의 차이를 보다 분명

하게 인식할 수 있다. GDP는 국내에서 창출되는 부가가치의 총합계이다. 이 지수의 성장률은 곧 경제성장률로 사용되고 있으며 한 나라와 국민의 소득 수준을 측정하는 개념이기도 하다. 그러나 GDP는 분배의 정도를 표시할 수 없다는 문제를 가지고 있다. 소수 국민의 손에 GDP가 집중되어 있어도 평균화된 GDP로는 이것을 표시하지 못한다. 비록 극소수의 상류층이 경제성장의 혜택을 받아 높은 수준의 소비를 영위하고 있다 하더라도 하류층은 심각한 빈곤을 경험할 수 있다는 것이다. 아울러 시장을 통해 교환되는 재화와 서비스를 포함할 뿐 가사노동 등 재화적 수치로 나타낼 수 없는 것들은 경제적 활동으로 포함하지 못하는 문제도 가지고 있다.

이러한 문제를 극복하려는 시도로 만들어 진 것이 HDI이다. 인간개발지수는 실질 소득뿐만 아니라 평균수명, 문자 가독률, 취학 연령, 출산률 등 인간이 누리는 전반적인 삶의 질을 지수화시킨 것이다. 이렇게 함으로써 저소득층에게까지도 사회적·경제적 진보의 혜택이 얼마나 파급되고 있는지 감안하려는 시도이다(Meier and Rauch 1995: 9).

2. 근대국가와 발전

기본적으로 발전이란 개념은 국민국가nation state적 사고에 입각해 있다. 즉 발전의 주체와 단위가 개인이기 보다는 개별 국민국가이다. 따라서 발전론은 애초부터 국가주의적 이론과 밀접한 관계를 가지고 있다.

서구의 역사에 있어서 국민국가의 탄생은 1648년에 체결된 웨스트팔리아Westphalia조약에 기인한다. 1618년부터 1648년까지 독일을 무대로 전개된 신교와 구교 간의 30년전쟁을 마무리하는 이 조약을 계기로 로마가톨릭 교회와 신성로마제국을 대체하는 새로운 국제질서, 즉 국민국가를 단위로 하는 근대적 국제질서의 기반이 마련되었다. 신교와 구교 간의 차별이 철폐되고 독일지역의 제후들에게 영토에 대한 완전한 주권과 외교권, 그리고 조약체결권이 주어졌다. 이 조약은 종교적 권위가 개별 군주의 세속적 권력을 더 이상 통제할 수 없게 되었음을 상징적으로 보여주는 사건이었다. 무엇보다도 이 조약을 통해 국민국가 형성에 있어서 가장 중요한 요소인 국경의 개념이 정립되었다. 틸리Charles Tilly는 국가the state란 전문화된 인력을 고용하여 특정 지역을 통치하는 조직이라고 정의한 바 있다(Tilly 1990: 2-3). 이는 국민국가의 요소로서 영토의 중요성을 보여주는 것이다.

발전이란 개념은 영토적 경계에 기반한 국민국가들이 서로 경쟁하기 시작하면서 탄생했다. 경쟁의 근원은 국민국가 수립작업nation state building project이었다. 이는 구체적으로 아래의 다섯 가지 요소로 설명될 수 있다(Hettne 1995: 23).

1) 국가의 영토에 대한 정치적이고 군사적인 통제력을 확고하게 하는 것
2) 영토를 군사적으로 방어하는 것
3) 영토 내에서 물질적 복지를 제공하는 것
4) 정치적 정통성을 확보하는 것
5) 영토 내 국민들의 문화적 동질성을 수립하는 것

이러한 관점에서 본다면 발전전략이란 국가수립전략과 동일한 개념이다. 이러한 국가수립작업을 성공적으로 수행하기 위해서는 우선 경제적 잉여

economic surplus, 즉 물질적 자원이 필요했다. 여기에는 안보자금security fund, 투자자금investment fund, 그리고 복지자금 wlefare fund 등이 포함되었다. 경제적 성장은 국가수립에 필요한 물질적 자원을 마련하기 위한 수단이었다.

발전 또는 국가수립과정에서 또한 강조되었던 것이 산업화industrialization였다. 한 나라의 발전 정도를 설명함에 있어서 산업 특히 공업능력에 주목하는 이유는 이것이 경제성장은 물론 전쟁수행능력과 밀접한 관련이 있기 때문이다. 15-16세기에 걸친 소위 절대주의시대부터 유럽의 국가들은 자국을 방어하고 영토를 확장하기 위해서 활발하게 전쟁을 수행했다. 전쟁은 군사 관련 장비에 대한 수요를 창출했고 국가들은 이를 공급하기 위한 방편으로서 공업력의 증대를 모색했다. 아울러 군사적 조직은 가장 효율적인 산업경제조직을 구성하기 위한 하나의 모델로 응용되기도 했다(Hettne 1995: 24).

이와 같이 개별 국가를 단위로한 발전의 개념은 20세기 후반까지 계속되었다. 그러나 2차대전후 등장했던 유럽의 복지국가와 동아시아지역의 발전국가모델이 1980년대부터 영국과 미국을 중심으로 확산된 소위 신자유주의적 패러다임의 영향으로 인해 쇠퇴하면서 국가 중심적 발전론 역시 퇴조하는 경향을 보였다. 특히 이러한 경향은 군사적으로 그리고 경제적으로 발전을 이미 성취한 선진 자본주의 국가들의 경우에 더욱 두드러지게 나타났다. 민간부문의 자본이 국가의 지원 없이도 국내외에서 활발하게 활동할 수 있는 여지가 커졌기 때문이다.

하지만 그렇지 못한 저개발국 그리고 개발도상국들의 경우에는 아직도 국가중심적 발전전략에 대한 논의가 지속되는 경향이 있다. 자본의 형성 및 발전에 있어서 국가의 개입 정도가 상대적으로 높게 유지되고 있기 때문이다. 서구 근대국가의 기준에 부합하는 국가를 수립하기 위해서는 과거 서구 국가들이 해왔던 것처럼 막대한 양의 경제적 자원의 투입이 요구된다. 따라서 개도국의 시장은 자율적으로 성장하기 보다는 국가의 발전자원 동원을 위한 간섭에 의해 형성되고 성장하는 경향을 보인다. 아울러 국가는 구조적으로 힘의 우위를 가지고 있는 선진국의 정치·경제적 공세에 대응하기 위해 국내 시장을 보호하고 육성하려는 동기를 보유하게 된다.

이처럼 발전은 국민국가적 경쟁체제의 산물이라는 시각은 여전히 유효하다. 그러나 20세기 후반부터 시장의 영향력이 국민국가의 통치적 영향력을 압도하는 현상이 벌어지기 시작하면서 국가중심적 발전론 역시 전반적으로 쇠퇴하는 경향을 보였다. 이는 앞서 언급한대로 신자유주의의 확산에 의한 국가의 후퇴 현상과 맥락을 같이 하는 것이다.

3. 근대화이론의 제(諸) 입장

발전이라는 개념은 진화론적 의미를 가지고 있다. 그렇다면 어떤 목표를 가지고 발전한다는 것일까? 근대화이론은 서구유럽국가가 전통사회에서 근대사회로 이전해온 역사적 경로를 표준적인 발전과정으로 설정하고 있으며 저개발국들이 서구의 경험을 모방함으로써 발전을 성취할 수 있다는 생각에 기반하고 있다.

근대화 이론은 사회학, 발전경제학 그리고 정치학 차원에서 다양하게 논의되었다. 우선 근대화이론의 가장 기본적 논의는 사회학에서 진행되었는데 주로 전통적 사회에서 근대적 사회로 전환되는 현상에 초점을 맞추고 있다.

아이젠슈타트S. N. Eisenstadt는 본질적으로 근대화를 전통사회가 17세기부터 19세기에 이르는 기간 동안 유럽과 북아메리카 국가에서 개발된 정치, 경제 및 사회 제도를 답습하면서 변화해가는 과정으로 규정하였다. 그는 근대사회를 규정하는 특성으로 사회적 차별화social differentiation라는 개념을 제시하고 있다(Eisenstadt 1966: 1-5). 즉 근대사회는 개인의 활동과 그 사회의 제도에 따라 차별화되고 전문화되는 특성을 갖는다는 것이다. 특히 개인이 수행하는 역할이 전문화되고 특화되는 것은 매우 중요한 근대사회의 양상이다. 아울러 경제적으로는 과학기술에 입각한 발전이 이루어지며 정치적으로는 무엇보다도 민주적인 양상이 나타난다. 문화적 측면에서는 문화와 가치체계–즉 종교, 철학, 과학 등–간의 차별성이 보다 심화되는 현상이 나타난다고 보았다.

스멜서Neil J. Smelser는 근대화가 경제적 발전을 상회하는 매우 포괄적인 개념이라고 주장하면서 기술적, 경제적 그리고 환경적 변화가 사회와 문화 전체로 파급되어 가는 것이라고 설명하였다. 예컨대, 1) 정치적 측면에서는 부족 또는 마을 차원에서 행사되던 권위가 선거, 정당, 의회 그리고 관료제 등 공식적 제도로 이전되며, 2) 교육적 차원에서는 문맹률이 낮아지고, 생산기술의 경제성이 향상되며, 3) 종교적 차원에서는 세속적 가치를 존중하는 신념체계가 전통적인 종교를 대체하고, 4) 가족적 차원에서는 혈연적 관계의 중요성이 약화되며, 5) 사회계층적 차원에서는 지리적 그리고 사회적 이동성이 고정적이고 귀속화된 위계질서를 약화시킨다는 것이다. 그러나 그는 근대화가 항상 유익한 결과만을 유도하는 것은 아니라는 점을 지적하였다. 다양한 제도적 변화와 불연속성은 정치·사회적 불안정을 유발하는 잠재적 요인이라고 주장했다(Smelser 1966: 111-112).

좀더 미시적 관점에서 근대적 인간modern man이란 무엇인가에 대한 논의도 진행되었다. 잉클레스Alex Inkeles는 근대적 인간이 1) 새로운 것을 경험할 준비가 되어 있고 혁신과 변화에 대한 수용성이 강하며, 2) 자기의 주변뿐만 아니라 그밖의 영역에서 발생하는 문제와 사건들에 관한 의견을 개진하고, 3) 과거보다는 현재와 미래지향적이며, 4) 삶을 전개함에 있어 계획하고 조직하는 성향을 보이고, 5) 환경에 의해 지배받기 보다는 오히려 환경을 지배하기 위해 배우며, 6) 세계는 운명에 의해 결정되는 것이 아니라 예측가능하고 신뢰할 수 있는 대상이라 간주하고, 7) 타인의 존엄성dignity을 이해하고 여성과 어린이를 포함한 타인을 존중하는 성향을 보이며, 8) 과학과 기술에 대한 신뢰를 가지고, 마지막으로 9) 공헌의 정도에 따라 분배적 정의distributive justice를 실천할 수 있는 존재라고 설명하였다(Inkeles 1966: 141-144).

이에 비해 뒤르켐Emile Durkheim(Durkheim 1984; Thompson 2004: 23-40)은 전통사회에서 근대사회로 전환되는 동인에 관해 분석했다. 그는 전통사회에서는 노동의 분업이 존재하지 않는다고 보았다. 전통사회는 가족 중심의 집단에 기초하여 단순한 농업공동체를 형성한다. 이런 사회에서는 집단적이고 공동체적인 생활행태만이 존재할 뿐이며 기계적 연대성mechanical solidarity에 입각한 단결이 강조된다. 따라서 상호의존적이지 않다. 같은 산업에 종사하고 있는 각각의 공동체별로 거의 유사한 일을 수행하고 있기 때문에 노동분업이란 존재하지 않는다. 전통적 사회는 집단 간 교류가 매우 미약한 구획화된 사회segmental society이다.

그러나 인구가 증가함에 따라 제한된 자원에 대한 경쟁이 증대했으며 이를 해결하기 위한 방편으로서 노동분업division of labor이 시도되었다고 뒤르

켐은 주장한다. 그의 이론에 따르면, 이로서 물질생산에 집중되었던 인간의 활동영역은 보다 다원화되고 전문화되기에 이른다. 분업구조는 보다 복잡해졌으며 사람들 간의 상호의존interdependence은 더욱 강화되었다. 뒤르켐의 관점에서 본다면 근대사회의 등장은 노동분업의 결과이다. 노동분업은 개인주의의 심화를 야기했고 그 결과 전통사회와는 구분되는 근대사회가 등장했다는 것이다.

베버Max Weber는 산업화를 수반한 근대사회의 등장 원인을 문화적 변화라는 관점에서 설명했다. 그는 산업화를 자본주의적 제조업의 확산으로 보았으며 이를 근대화의 가장 중요한 양상으로 이해했다. 그가 지적하는 산업화된 근대화의 특성은 합리화rationalization이다. 즉 안정적으로 이익을 창출하고 보다 효율적으로 자본을 축적하기 위해 사업조직이 합리적으로 재편성되는 과정이다. 여기에는 자본의 효율적 이용, 원가절감, 적극적 투자, 소비자의 수요에 부응하기 위한 경쟁의 심화 등이 포함된다. 베버는 근대사회의 등장과 더불어 근면하고 열심히 일하는 근대자본주의의 도덕적 규범이 정립되었다고 주장하면서 근대화된 서구사회는 이러한 면에서 동양사회와 달랐다고 지적했다. 서구사회는 근면과 투자를 통해 자본축적을 지속적으로 추구했다는 것이다. 베버는 그의 저서『프로테스탄트 윤리와 자본주의 정신』The Protestant Ethic and the Spirit of Capitalism에서 이러한 변화의 동력으로 칼비니즘(Calvinism)이라는 종교적 요인을 제시하고 있다(Weber 1958). 가톨릭기독교와는 달리 구원예정설을 주장했던 칼비니즘은 근면하게 일하고 사업적으로 성공하는 것이 곧 구원의 징표sign라는 새로운 교리를 제시했다. 베버는 칼비니즘이 자본주의에 대한 기존의 종교적 윤리적 해석을 바꾸어놓았다고 보았다. 즉 물질적이고 현세적인 가치를 부정적인 것으로 보던 구교적 패러다임이 신교의 긍정적 패러다임으로 대체되었다는 것이다. 이로서 개인들이 기업가적 행태를 보다 적극적으로 추구하는 문화가 형성되었으며 그 결과 자본주의적 사회가 발전하게 되었다는 것이 베버의 주장이다.

대체로 사회학 분야에서 논의되었던 근대화 이론은 전통적인 사회를 '원시적' 인 이미지로 그리고 근대적 사회를 진화적인 이미지로 양분화해서 보고 있다. 전자를 전통적 가치의 지배, 혈연관계의 중시, 감정적 운명적 세계관 등으로 규정하는 반면, 후자를 과도한 전통적 가치에 대한 저항, 혈연관계의 약화, 그리고 혁신적이고 개척적인 세계관으로 규정하고 있다. 이렇게 보면 사회학에서 초기에 논의된 근대화는 실질적으로 서구화현상과 크게 다르지 않았다. 서구는 진화되고 근대화된 사회로, 반면 여타 세계는 덜 진화되고 전통적인 사회로 보았던 것이다. 비서구 국가들이 근대화하기 위해서는 먼저 근대화를 경험한 서구를 모방해야 한다는 인종주의적 사회진화론의 입장도 일부분 내재되어 있었다.

한편 경제학의 영역에서는 근대화가 주로 산업화의 맥락에서 설명되었다. 이를 가장 단적으로 보여주는 것이 로스토우Walter Rostow(1960: 307-326)의 이론이다. 그는 전통사회에서 대량소비사회로 전환되는 근대화의 과정을 다섯 가지의 단계로 나누어 설명하고 있다. 첫째, 전통사회는 제한된 생산능력을 보유한 단계이다. 이 시기는 과학도 기술도 발전하지 않은 단계이며 농업이 산업의 주축을 이루고 있다. 그렇다고 해서 산출의 증가가 없었던 것은 아니지만 과학기술의 혜택을 받지 못하기 때문에 1인당 산출량의 증가에는 한계가 있는 단계였다. 정치적으로 중앙집중적 통치제도가 존재하기는 했지만 실질적으로 권력의 핵심은 해당 지역의 토지를 소유한 지주의 손에 의해 장악되는 것이 일반적이었다.

두 번째 단계는 도약이전pre-conditions for take off단계이다. 이 단계는 도약을 위한 조건들이 만들어지는 단계이다. 17세기와 18세기 유럽에서는 과학기술의 발달로 인해 농업과 산업부문에서 생산성이 급격하게 향상되었다. 이러한 도약의 조건들은 내생적으로 형성되기도 했지만 그보다 더 많은 경우는 보다 진보한 사회의 침입으로 인해 형성되었다. 이 단계에서 경제적 진보는 다른 긍정적 변화를 유발했다. 경제의 발전은 교육받은 인구를 증가시켰고 기업인을 육성했으며 은행과 같이 자본을 동원하는 기관을 만들어냈다. 정치적으로는 국민국가가 형성되는 등 지방의 호족들을 제압할 수 있을 만큼 강력한 중앙집권적 통치권력이 등장했다.

세 번째 단계는 도약단계take-off이다. 이 단계는 지속적 발전에 대한 저항이 극복되는 단계이다. 특히 경제적 진보가 사회의 변화를 주도하는 양상을 보인다. 사회간접자본이 확충되고 산업과 농업에 있어서 기술적 진보가 두드러진다. 경제적 근대화는 가장 중요한 정치적 사업과제로 여겨지게 된다. 새로운 산업도 다량으로 창출된다. 국민들의 소득이 증가하고 이들의 소득은 보다 근대화된 산업부문의 발전을 위해서 재투자된다.

네 번째 단계는 성숙화drive to maturity의 단계이다. 이 단계는 경제가 과거의 도약을 가능케 했던 산업적 능력을 넘어서는 능력을 보유하는 단계이다. 비록 모든 것을 생산할 수는 없을지라도 해당 국가가 원하는 것들은 선택에 따라 무엇이든 생산할 수 있는 능력을 보유한 단계이다.

마지막으로 다섯 번째 단계는 대량소비high mass consumption사회의 단계이다. 이 단계에서는 두 가지 현상이 나타난다. 일인당 순소득이 증가하고 국민들은 기본 생필품 이외의 사치품을 구매할 수 있는 여력을 갖게 된다. 아울러 이 단계에 도달하면 사회는 근대기술을 받아들이는 일에 최우선 순위를 부여하지 않는다. 성장을 추구하기 보다는 국가의 자원을 사회보장제도를 확충하는 데 투입하는 경향을 보인다. 예컨대 복지국가의 등장은 성숙한 소비사회의 등장을 알리는 예라 할 수 있다. 소비자의 주권이 강조되며 내구적 소비재와 서비스가 대량 창출된다.

로스토우의 이론은 대량소비사회의 등장을 근대화의 가장 궁극적인 양상으로 보았다. 물론 그의 이론이 경제적 진화 그리고 산업화만을 언급했던 것은 아니었다. 경제적 진화단계에서 일어나는 정치·사회적 변화에도 주목하고 있다. 그러나 그의 이론은 경제적 진화로 인해 정치적·사회적 변화가 유발된다고 보았다는 점에서 근대화를 산업화의 관점에서 관찰한 가장 대표적인 경제중심이론이라 할 수 있다.

마지막으로 정치학의 영역에서는 근대화를 정치발전이라는 측면에서 이해했다. 정치적 근대화는 네 가지의 속성으로 나누어 설명될 수 있다. 가장 먼저 지적될 수 있는 정치적 근대화의 속성은 시민정치문화civic culture의 형성이다. 정치문화란 시민들의 정치적 정향 또는 정치적 행태를 형성하는 신념, 가치 및 규범의 집합이다. 시민정치문화를 구성하는 가장 중요한 요소는 '참여'이다. 즉 정치제도와 시민의 의견이 상호 소통할 수 있어야 한다. 또한 시민의 참여는 합리적 가정에 입각해야 한다. 이처럼 참여적participant 정치문화가 발전하면 편협하고parochial 종속적인subject 속성의 전통적인 정치문화요인들이 존재하더라도 이를 포용하여 정치체제의 안정을 도모할 수 있다(Almond and Verba 1963). 이러한 맥락에서 정치발전이란 정치체제 내에 시민정치문화가 자리잡는 것이다. 그 결과 보편적 법칙을 수용하고 형평의 원칙을 신봉하는 시민들의 적극적이고 집단적인 참여, 공적업무를 관리하고 대중의 요구를 수용하고 논란을 통제할 수 있는 정부의 능력, 참여기관과 조직의 통합 등이 이상적으로 구현된 정치체제가 수립되는 것이다(Pye 1965:13).

정치적 근대화의 두 번째 속성은 정치적 제도화institutionalization이다. 헌팅톤Samuel Huntington은 급속한 경제발전이 성공적으로 성취된 국가에서도 경제적 성공을 위협하는 여러 가지 문제점들이 발생하고 있음에 주목하였다. 그는 정치적 근대화가 경제적 근대화보다 뒤떨어져 있을 경우 오히려 체제의 긴장이 나타날 수 있다고 지적하면서 기존의 낙관적 발전이론에 문제를 제기했다. 그가 제시하는 정치적제도화의 개념은 국가가 자신만의 독립적인 이익, 즉 공적이익을 설정할 수 있는 능력을 보유하는 것을 의미한다. 가족, 계층 그리고 혈연집단과 같은 사회적 그룹들의 편협한 이익으로부터 차단된 국가만의 이익을 창출해야 한다는 것이다(Huntington 1968: 20-25). 헌팅톤의 제도화이론은 민주주의의 우선적 달성을 강조하지 않는다. 제도화가 적절한 수준에 도달하면 민주주의는 자동적으로 성취된다는 단계적 입장을 지향한다. 그는 정치발전이란 질서order를 유지할 수 있는 정치체제의 능력을 수립하는 것이라고 주장하면서 정치발전의 주제를 기존의 민주주의 중심에서 질서order 중심으로 전환시켰다(Higgott 1989: 18).

정치적 근대화의 세 번째 속성은 정치참여의 증가이다. 참여란 국민이 스스로 그들의 지도자를 선택하고 공공정책의 형성과 집행에 영향을 미치려 노력하는 것을 의미한다. 그러나 대다수의 신생국에서는 참여의 활성화를 꺼리고 있는 것이 현실이다. 개도국의 정치엘리트들은 국민 참여의 통로가 되는 언론 및 정당을 통제할 수 있는 수단을 보유하고 있고, 정치적 안정이나 경제발전을 위협할 수 있는 내부적 불안 요인을 자신에 대한 위협으로 인식하기 때문에 정치참여가 활성화되는 것을 통제하고자 하는 경향을 보인다

(Weiner 1966: 207-8).

정치적 근대화의 네 번째 속성은 국민들의 요구에 대응하거나 때론 통제할 수 있는 정치체계의 능력이 증대되는 것이다. 특히 동질성identity, 정통성legitimacy, 참여participation, 침투penetration 그리고 분배distribution 등 다섯 가지의 주요 위기에 대응할 수 있는 정치체제 또는 정부의 능력이 향상되는 것을 정치발전의 중요한 양상으로 간주한다. 여기에서 언급하는 정부의 능력이란 통치엘리트들이 위기에 대응하여 질서를 유지할 수 있는 능력을 주로 지칭한다(Binder et al. 1971).

요컨대 정치적 근대화란 정치체계가 성장하고 발전하는 것을 의미한다. 보다 구체적으로 표현하자면 정치적 민주화, 특히 엘리트 중심의 자유민주주의가 진전되고 공고화되는 것을 의미한다고 볼 수 있다. 이 역시 서구적 정치체제를 보다 진화한 것으로 보았다는 점에서는 앞서 설명한 경제적 · 사회적 근대화와 마찬가지로 사회진화론적 입장에 서있다고 할 수 있다.

근대화이론이 근대사회의 등장에 대한 이론적 혜안을 우리에게 제공하고 있기는 하지만 여러가지 면에서 비판도 받고 있다. 우선 전통과 근대라는 이분법적 설명이 지나치게 분절적이고 단순하다는 비판이 제기된 바 있다. 양자의 이미지에는 각각 좋은 것과 나쁜 것 또는 열등한 것과 우세한 것이라는 가치판단이 지나치게 개입되어 있으며 그 중간에 존재하는 전환기적 양상에 대해 별다른 설명을 제시하지 못한다. 현실적으로 양자는 한 사회에서 병존하는 경우가 많으며 상호 배타적이기보다는 상호 보완적인 경우가 더 많다 (신명순 1987: 60-63).

아울러 제기되는 비판은 근대화이론이 다분히 서구중심적 시각에 편향되어 있다는 점이다. 즉 근대화의 경로를 서구적 경로로 단선화해서 보는 경향이 강하다. 그러나 근대화가 진행되던 기간에 동양세계가 서구세계에 의해 지배당하게 됨으로써 동양적 근대화 방식이 평가절하되었다는 점을 고려할 필요가 있다. 동양적 근대화 방식이 서구의 관점에서는 전통적인 것으로 치부되는 경향이 있는데, 이는 서구중심적 그리고 사회진화론적 시각의 맹점이라 할 수 있다.

이와 더불어 근대화이론의 궁극적인 목적이 무엇이었는가에 대한 비판도 제기될 수 있다. 근대화이론은 서구의 발전된 국가들이 아시아와 남미, 그리고 아프리카의 저발전국들을 지배하는 것을 정당화하기 위해 만들어 낸 이론에 불과했다는 비판이 제기되기도 했다. 정치발전이론의 경우 질서order를 유지할 수 있는 정부, 그리고 엘리트들의 통치능력 등을 강조함으로써 개도국의 진정한 민주화보다는 미국의 이익에 부합하는 정치체제와 자본주의를 이들 국가에 구축하는 데 목적이 있었다는 비판도 부상하였다(Cammack 1997: 31; Higgott 1989: 18-19). 개도국의 정치경제적 안정을 도모하기 위해 친미적 권위주의 정권의 수립이 용인되었다는 비판도 같은 맥락에서 이해될 수 있다.

4. 발전전략의 경로

서구국가들이 근대화를 진행하면서 밟아온 경로가 결코 동일한 것은 아니었다. 일반적으로 영국이 추구했던 자유주의적 발전전략이 가장 대표적인 것이기는 하지만, 이외에도 다양한 경로가 존재했다. 국가주도적 후발산업화전략, 케인지어니즘에 기반한 복지국가적 전략, 그리고 구소련지역에서 추구되었던 공산주의적 전략이 그것이다.

자유주의적 전략은 시장을 포함하는 시민사회의 자발적인 성장을 동력으로 삼아 국가발전을 추진하는 전략이다. 공업화를 추진하되 민간부문의 자발성을 촉진하는 접근을 시도했고, 저임금에 의해 창출된 충분한 양의 민간자본을 투자하는 방식이 추구되었으며, 혁신에 의한 기술적 진보를 강조했다. 영국적 방식이라 할 수 있는 이러한 전략은 산업화단계에서 국가 간 경쟁이 그다지 치열하지 않은 상황에서 등장했다. 반면 영국보다 뒤늦게 근대화 및 공업화를 시작한 대륙의 국가들은 보호주의를 통한 국가주도적 산업화 전략을 추구했다.

국가주도적 후발산업화 전략은 국가가 적극적으로 자본축적에 개입하여 발전을 도모하며, 그 결과 국가와 사적자본이 동맹을 형성하는 일종의 국가독점자본주의state monopoly capitalism 전략을 지칭한다. 이 방식의 이론적 기반을 제시한 사람은 리스트Friedrich List 였다. 그는 세계적cosmopolitical 경제와 개별국가적national 경제를 구분하면서, 초기산업발전을 모색하는 국가는 후자의 방식을 추구해야 하고, 일단 이것이 달성된 후에는 국제분업에 참여하여 전자를 모색해야 한다고 주장했다(List 1966: 119-132). 이와 유사한 맥락에서 거셴크론Alexander Gerschenkron은 산업화단계가 후발적backward인 국가들은 선발국가들의 전략과 기술을 모방함으로써 산업화에 요구되는 시간을 절약할 수 있으며, 따라서 압축적 산업화가 가능하다고 주장했다 (Gerschenkron 1962). 특히 산업화과정에서는 소비보다는 투자가 중요한데 이를 관장하는 은행이나 국가의 선도적 역할이 중요하다는 점을 지적했다. 국가주도적 후발산업화전략은 영국보다 늦게 산업화를 시도했던 독일, 프랑스, 이탈리아, 러시아, 그리고 일본과 같은 국가에서 차용되었다.

복지국가적 전략 역시 자유주의적 자본주의의 문제를 국가개입을 통해 해결하려는 국가독점자본주의적 전략 중의 하나로 이해할 수 있다. 영국의 경우 19세기 말에서 20세기 초반에 자본주의의 성숙화가 이루어지기는 했지만, 빈부간의 격차가 심화되고 소수 자본가의 손에 국가 전체의 경제력이 집중되는 문제가 발생했다. 복지국가적 전략은 자유주의적 전략의 가장 치명적인 문제, 즉 시장의 실패를 국가의 간섭을 통해 극복하려는 시도였다. 시장을 보이지 않는 손에 맡기기보다는 국가의 간섭에 의해 통제할 수 있다는 발상이었다. 이 전략은 1945년 제2차세계대전의 종결 이후 영국을 시작으로 대부분의 유럽국가들이 노동의 완전고용을 추구하는 복지국가를 수립하면서 전세계로 확산되었다.

공산주의적 전략은 보다 극단적인 국가주도적 발전전략이라 할 수 있다. 이 전략은 국가의 발전을 국가에 의해 계획된 경제, 그리고 군사적 힘에 의해 달성할 것을 추구한다. 경제발전을 국가의 계획에 의해 추진하며, 농업부분으로부터 산업부문으로 자원을 이전하고, 효과적인 자원 이전을 위해 농업부문의 집단화를 시도하며, 산업부문에 있어서 중화학공업부문에 우선순위를 두고, 산업발전은 대규모 기술혁신을 통해 시도하는 것을 골자로 했다 (Hettne 1995: 34).

서구의 국가들이 시도했던 발전전략은 자유주의적 전략을 제외하고 대부분 국가의 역할을 강조하는 공통점을 가지고 있다. 국가주도적 후발산업화전략, 복지국가전략 그리고 공산주의전략은 각각 우파적 이념과 좌파적 이념에 기초하는 차이가 있음에도 불구하고 모두 국가의 역할을 강조하고 있다. 발전이론에 있어서 국가의 역할이 부각되었던 이유도 여기에 있다.

그렇다고 해서 국가중심적 발전이론을 오늘날의 주류발전이론으로 간주하기는 어렵다. 소위 국가의 후퇴 현상이 심화되면서 1980년대부터 시장중심의 자유주의적 발전전략이 다시 주목받았으며, 2000년대에 들어서는 국가 발전에 있어서 시민사회의 역할이 보다 강조되는 추세이다.

5. 빈곤

20세기 중반까지의 발전론이 국가주도적 산업화를 통한 선진국 따라잡기 또는 부국강병에 주로 관심을 가졌다면 현대의 발전론은 개인의 자유를 확대하고 빈곤을 퇴치하는 문제에 보다 집중하고 있다. 전자가 국가와 집단의 발전에 관한 것이라면, 후자는 개인의 발전과 후생에 관한 관심이라 할 수 있다. 이처럼 발전론의 사조는 국가주의와 통치주의적 시각으로부터 개인주의와 통치자와 피통치자 간의 양방향 교류를 정당화하는 정치주의적 입장으로 전환되고 있다.

현대에서 전개되는 발전론의 핵심적인 주제는 빈곤과 불평등의 제거이다. 빈곤의 개념에는 두 가지 종류가 있다. 하나는 생계적 개념에서의 빈곤subsistence concept of poverty이다. 이는 성인과 아동의 영양섭취를 만족시키기에 충분한 양의 식량을 구입할 수 있는 소득수준에 미달하는 현상을 의미한다. 다른 하나는 상대적 빈곤poverty as relative deprivation이다. 비록 생계적 관점에서의 빈곤이 해결된다 하더라도 타인과 비교하여 자신이 상대적으로 빈곤하다고 느낄 경우 약자적 개인은 상대적 박탈감을 느끼게 될 것이다(Webster 1990: 18-23).

빈곤을 이해함에 있어서 고려해야 할 두 가지의 개념은 기근famine과 기아hunger이다. 기근이란 사망률의 급격한 증가를 수반하는 심각한 굶주림

현상을 의미한다. 기근에는 두 가지 측면이 있다. 하나는 가뭄과 홍수같은 자연재해 현상에 의해 발생하는 자연발생적 기근현상natural famine이고, 다른 하나는 사회적 조건 그리고 급격한 정치경제적 변동에 의해 발생하는 인위적 기근현상man-made famine이다(Crow 1992). 이 중 특히 주목할 것은 후자이다. 정부가 경작법을 개선하는 노력을 게을리하고 토질의 악화를 방치하여 생산을 악화시킴으로써 인구증가에 대처하는 데 실패하는 현상이 발생한다. 또한 정부가 농민들에게 비현실적으로 과도한 의무를 부과하여 농민들의 경작의욕을 감퇴시킴으로써 식량부족이 촉발되고 식량가격이 폭등하여 기근이 발생하기도 한다.

이와 관련해서 기근famine연구에는 두 가지의 접근법이 차용되고 있다. 하나는 식량가용성하락 접근법food availability decline approach이고, 다른 하나는 권리적 접근법entitlement approach이다. 전자는 인구와 식량공급 간의 관계를 연구하는 것이고, 후자는 식량 취득을 주장할 수 있는 권리를 의미한다. 센Amartya Sen은 특히 후자를 설명하면서 인다우먼트endowment라는 개념을 동시에 제시하고 있다. 개인이나 한 가구가 곡물을 생산하거나 노동의 판매를 대가로 식량을 획득할 수 있는 권리를 인타이틀먼트entitlement라고 한다면 인다우먼트란 개인이 식량에 대한 접근권리를 실현할 수 있는 자산이나 개인적 능력을 의미한다(Sen 1981: ch.5).

빈곤의 또 다른 형태인 기아hunger는 만성적인 대규모 영양부족under-nutrition 상태를 지칭한다. 기아문제 연구에는 세 가지 접근법이 사용되고 있다. 하나는 소득중심 접근법income-oriented approach이다. 이는 수입이 적으면 영양섭취를 충분히 못할 것이라는 단순한 가정에 입각해 있다. 다른 하나는 빈곤선 접근법poverty line approach 이다. 빈곤선이란 최저생활 유지를 가능케 하는 최소한의 소득수준을 의미한다. 이는 상대적인 개념으로 국가별 경제적 여건에 따라 다르게 정의된다. 세 번째 접근법은 능력실패failure of capabilities 접근법이다. 기근에서 이야기 하는 식량획득권commanding over food과는 달리 사회에 참여하고 의료적 혜택을 받아 기대수명을 연장하며 적당한 수준의 생활수준을 영위할 수 있는 능력을 상실하는 것을 의미한다 (Crow 1992).

빈곤에 있어서 기근과 기아는 다소 다른 문제의식을 보여준다. 기근의 문제를 성공적으로 대처한다 하더라도 기아의 문제에 대처하는 데 실패하는 경우가 종종 발생한다. 그러나 양자 모두 빈곤이 단순히 자연의 문제가 아니라 인간이 촉발한 사회적 문제임을 보여준다.

빈곤과 불평등의 문제는 오늘날 발전론 연구에서 가장 핵심적인 주제라 할 수 있다. 즉 어떻게 빈곤을 퇴치하고 불평등을 개선할 수 있는 제도를 수립하여 실행할 것인가가 발전의 중요한 과제로 부상했다. 이처럼 발전에 대한 빈곤중심의 접근법은 근대화이론이 가지고 있는 서구중심적 그리고 사회진화론적 시각의 문제를 빗겨갈 수 있다는 장점, 그리고 보다 실질적인 발전의 문제를 개인의 수준에서 미시적으로 다룰 수 있다는 장점을 가지고 있다. 그러나 발전을 단순히 빈곤과 경제적 불평등문제에 한정하여 이해할 경우 보다 거시적인 사회적·정치적 요인들이 간과될 수 있다는 문제도 제기된다. 따라서 발전론 연구에는 미시적 이해뿐만 아니라 정치·사회·경제·문화에 관한 거시적 연구가 병행되어야 한다.

02
국가

사회과학에 있어서 국가는 가장 중요한 개념인 동시에 가장 혼란스러운 개념중 하나이다. 이론적 입장에 따라 국가라는 용어는 다양하게 정의되어 사용되고 있다. 국가 개념에 관한 논의는 대체로 세 가지로 나누어 설명될 수 있다.

우선 국가 개념 자체에 관한 논의가 있다. 첫째로 맑시스트Marxist적 관점에서 본 국가는 대체로 자본가의 이익을 도모하기 위해 만들어진 정치적 도구 또는 지배계급의 자본축적을 가능케 하는 정치경제적 지배구조라는 관점에서 이해된다. 이 관점은 국가를 자율적이기보다는 종속적인 존재로 보며 또한 제한된 자율성을 가지고 있는 것으로 이해한다(Marx 1904; Miliband 1970; Poulantzas 1972, 1978). 두 번째 관점은 베버Max Weber적 관점에서 본 국민국가Nation State이다. 이 시각은 맑스주의의 국가에 대한 도구적 시각과는 대조적으로 국가를 시장과 사회를 지배하는 주체로 인식하고 있다(Weber 1978: 56; Skocpol 1979: 30). 즉 근대화 과정에서 국가수립 작업에 필요한 자원을 조성하기 위해 시장과 사회가 조성되었다고 보는 입장이다. 따라서 맑시스트적 입장이 경제결정론적이라고 한다면 이 이론은 상대적으로 정치결정론적이라고 할 수 있다. 세 번째의 관점은 다원주의적 시각에서 본 국가이다. 사실 다원주의이론이 국가라는 개념을 인정하고 있는지에 관해서는 다원주의자들 간에도 논란이 많다. 엄밀히 말한다면 다원주의의 입장에서 본 국가는 하나의 덩어리가 아니라 정치적 과정에 개입되어 법을 만들고 집행하는 정치적 제도들, 그리고 이를 운영하는 데 관계된 인간들을 통칭하는 개념이다(McLennan 1984: 33; Truman 1962: 397; Bently 1949). 따라서 다원주의는 행정부, 입법부 그리고 사법부 등으로 나누어 국가를 이해하고 있고, 이들 구성기관들 간의 다양한 이해관계에 초점을 맞추고 있다.

둘째로 국가를 국가-사회관계의 관점에서 이해하려는 논의가 있다. 이 입장은 국가를 사회의 한 부분으로 본다. 즉 국가란 사회를 구성하는 네 가지 권력power, 예컨대 군사적, 종교-이데올로기적, 정치적 그리고 경제적 권력 중에서 정치적 자원을 관리하는 하나의 사회영역에 불과하다고 간주하는 것이다(Mann 1986, 1993). 여기에서도 세부적으로 세 가지의 시각이 존재한다. 하나는 위에서 언급한대로 맑시스트적 시각이다. 즉 국가를 자본가로 대표되는 사회지배세력의 이익을 도모하기 위한 도구로 이해하는 것이다. 둘째는 역시 위에서 언급한 대로 다원주의적 관점에서 국가를 사회의 제 분야 중 정치적 자원을 관리하는 제도와 그에 관계된 인간의 총합으로 보는 것이다. 여기에 추가되는 세 번째의 시각이 코포라티스트corporatist 이론이다. 코포라티스트 이론은 다원주의 사회에서 이익집단들이 가지고 있는 이익표출

능력이 동일할 수 없으므로 강한 이익집단과 약한 집단의 이익을 동등하게 반영할 수 있는 장치로서 국가의 역할이 필요하다고 보고 있다. 이 이론은 다원주의에 비해 사회에 대한 다소 단원주의적 해석을 견지하고 있으며, 아울러 국가를 사회이익조정 능력을 보유한 독립적 존재로 본다는 점에서 다소 국가중심적이라 할 수 있다.

셋째로 국가를 국가-시장관계의 관점에서 이해하려는 논의가 있다. 이는 세부적으로 두 가지의 모델, 즉 간섭국가the interventionist state와 규제국가the regulatory state로 나뉘어진다. 먼저 간섭국가는 불완전한 존재인 시장의 실패를 예방하기 위해 국가가 개입해야 한다는 입장을 지향한다. 복지국가와 발전국가가 그 예인데 이들은 국가가 주요 기간산업을 공영화 또는 국유화하여 생산수단을 사회화하고 시장이 완전고용 상태에 이를 수 있도록 재정적 수단을 활용하여 시장에 개입하는 것을 정당화한다. 복지국가는 국가개입의 초점이 복지 증진에 맞추어져 있는 반면, 발전국가는 국민을 위한 복지제도의 확충보다는 전략산업의 육성에 맞추어져 있다는 차이점이 있다.

이러한 간섭국가모델의 대척점에 서있는 것이 두 번째 모델인 규제국가이다. 규제국가는 간섭국가와는 달리 국가와 시장관계를 상호독립적인 것으로 보고 있다. 시장의 실패가 명확한 경우가 아니면 국가의 시장개입을 자제해야 한다는 입장을 견지하고 있다. 규제국가의 역할을 간섭을 통한 시장의 보호 및 육성이 아니라, 시장의 자율성을 존중하면서 공정한 경쟁이 유지될 수 있도록 시장을 감시하고 규제하는 것으로 규정하고 있다. 여기에서 강조할 것은 간섭국가의 규제는 시장의 보호와 육성을 위한 정부의 자의적 규제인 반면, 규제국가의 규제는 시장의 공정한 경쟁을 제고하기 위한 감독적 규제이며 법치적 규제라는 점이다.

본 장에서는 이상의 다양한 논의 가운데 첫 번째 범주에 속하는 근대국가의 성장과정을 설명할 것이다. 서구에서 근대사회가 진화하는 과정에서 국민국가가 어떻게 형성되었으며 아울러 이것이 시장과 나아가 시민사회의 형성에 어떤 영향을 주었는지 살펴볼 것이다.

1. 정치적 권위의 필요성과 국가

국가가 등장하게 된 핵심적인 요인은 정치적 권위가 수립될 필요성이 대두되었다는 점이다. 이 점에 관해서 계몽주의 사상가, 홉스Thomas Hobbes, 1588-1679와 로크John Locke, 1632-1704는 서로 차별되는 주장을 제기하였는데 이 것이 근대국가의 형성에 지적 기반을 제공했다.

1651년 출간된 『리바이어던』Leviathan에서 홉스는 법을 수립하고 사회적·정치적 삶의 조건을 확보하기 위해서는 강력한 국가가 필요하다고 주장했다(Hobbes 1991). 그는 인간은 기본적으로 매우 이기적인 존재이기 때문에 자발적인 협조가 생성되기는 매우 어렵다고 보았다. 인간은 자신들의 욕구를 만족시키기 위해서 권력을 추구하며 타인의 권력이 커지는 것에 저항하고 반대하므로 인간들 간의 갈등은 필연적이다. 인간의 권력에 대한 욕구는 오직 죽음만이 잠재울 수 있다. 따라서 인간들이 자발적으로 서로 존중하고 신뢰를 주고받으며 약속과 계약을 준수할 가능성은 매우 낮다고 주장했다. 이를 설명하기 위해서 홉스는 자연상태state of nature라는 개념을 도입했다. 자연상태란 규칙을 집행하고 개인의 행태를 통제할 수 있는 국가 또는 공적인 권력common power이 부재하여 개인이 자신의 생명을 보존하기 위해 어떤 수단이든 사용하며 무엇이든 자신이 원하는대로 행동하는 상태이다. 홉스는 이를 만인의 만인에 대한 투쟁 a war of every one against every one의 상태로 비유했다. 이러한 상황에서 개인은 고독하고 빈곤하며 거칠고 짧은 인생을 살 수밖에 없으므로 이러한 상황을 방지하기 위해서는 자연법과 규칙이 필요하다고 주장했다.

홉스에게 있어서 국가는 이러한 자연상태를 종결하기 위한 처방이다. 그는 개인들로 하여금 자신의 약속과 서약을 준수하도록 강요할 수 있는 권한을 강력한 권위자에게 위임할 때만이 비로소 효과적이고 정당한 개인적·공적 생활영역이 구축되고 사회와 국가가 형성될 수 있다고 주장했다. 따라서 사회계약social contract을 통해 개인이 자신들을 통치할 권한을 단일한 권위자에게 양도하는 것이다(Held 1984: 34). 이러한 주권을 행사하도록 인증받은 주권자는 자연 상태의 위험을 제거하기 위해 권력을 행사할 수 있다.

그렇다고 해서 홉스가 이야기하는 주권자가 자의적으로 권력을 행사할 수 있다는 것은 아니었다. 주권sovereignty은 권력을 장악하고 있는 인간 그 자체이기보다는 그 자리position를 의미했다. 주권자의 명령권과 피지배자들의 복종obedience은 사회계약에 대한 후자의 동의의 결과이다. 주권자는 그들의 대표일 뿐이다. 이러한 관점에서 홉스는 군주의 성스러운 권한the divine right of the King이라는 개념과는 구분되는 주권자의 권한을 상정했다(Held 1984: 35). 물론 다음에 기술할 로크의 사상에 비해서 홉스의 사상은 주권자의 강력한 권한을 보다 강조하는 경향이 있다. 예컨대 국민들이 자신들의 지배자를 교체할 수 있는 권한까지 가질 필요는 없다는 점을 주장하기도 했다(Held 1984: 35). 그럼에도 불구하고 홉스의 주장이 전제적despotic인 권력을 상정하지는 않았다는 점은 분명하게 강조되어야 한다. 그는 주권자가 개인의 생명과 그의 재산을 침탈해서는 안 되며 자신의 권한은 그가 통치하는 피지배자들에게 적절한 보호를 제공할 수 있는 범주 내에서만 인정될 수 있다는 견해를 피력했다.

한편 로크는 홉스가 개인은 매우 이기적인 존재이기 때문에 인간들 간의 갈등은 불가피하고, 따라서 침범할 수 없는 정치적 주권자에 의한 통치가 필요하다고 주장한 것과 대비되는 견해를 제시했다. 로크는 기본적으로 서로 신뢰할 수 없는 인간들이 강력한 주권자가 자신들을 보호해 줄 것이라고 신뢰하는 것 자체가 신뢰될 수 없다고 주장했다. 그가 1690년에 출간한 『정부론』Two Treaties of Government은 결과적으로 1688년 왕권에 반발하여 의회가 주도한 명예혁명을 정당화해주었다. 그에게 있어서 국가란 (그에게 있어서는 government) 시민의 생명과 자유와 재산을 보호하는 도구에 불과했다. 국가 이전에 사회가 존재했으며 국가는 시민의 동의에 의해서 구성된 것이다. 만일 국가가 피지배자의 이익을 도모할 수 없다면 그 국가는 폐지revoked되어 마땅하다. 즉 시민의 신뢰를 저버리는 정부는 해산되어야 한다고 주장한다(Locke 1988).

『정부론』에서 홉스와는 달리 로크는 인간은 자연상태에서 자신의 행동을 결정할 수 있고 생각한대로 행동할 수 있는 '완벽한 자유상태'state of perfect freedom를 향유한다는 의견을 제시했다. 이는 자유의 상태이지 허락을 받아야 하는 상태가 아니다(Locke 1988: 94-95, 269-278). 인간은 단지 신에게 도덕적으로 의무를 지고 있고 법에 의해 통치될 수 있을 뿐이다. 자연법the law of nature은 도덕에 관한 기본적인 원칙을 규정한다. 즉 개인이 타인의 생명을 빼앗으면 안 되고 타인의 자유를 박탈하면 안 된다. 법은 인간에 의해 이해될 수는 있지만 이것은 신에 의해서만 창조될 수 있다고 주장했다.

그는 인간은 자유롭고 평등함을 강조했다. 왜냐하면 이성이 자연법을 따르고 합리성을 추구할 수 있는 능력을 주기 때문이다. 이를 부정하는 자에 대해 법을 집행하는 것은 도덕적으로 정당하며 가능하다. 자연법의 역할로 인해 자연상태는 전쟁의 상태로 격하되지 않는다. 물론 개인의 자연권이 언제나 보장될 수 있다는 것은 아니다. 왜냐하면 개인의 생명과 자유와 재산에 대한 보장이 언제나 완벽하게 존중되는 것은 아니기 때문이다. 바로 이러한 문제를 해결하기 위해 그가 제시한 처방이 합법적인 시민정부legitimate civil government를 수립하여 자연법을 집행할 수 있는 권한을 위임하는 것이다. 합법적 시민정부는 지배를 받는 시민들의 동의에 의해 수립될 수 있다. 따라서 사회의 개인들이 국가에 권위를 부여하는 행위는 피지배자들의 요구를 만족시키기 위해 내려진 자발적인 결정이므로 만약 이 목적이 실패할 경우 최종의 결정은 시민들에 의해 내려질 수 있으며 이들은 현존하는 정부를 제거할 수도 있다는 것이 그의 주장이다(Locke 1988: 115, 406-428). 로크에게 있어서 국가의 수립이란 피지배자들의 권한을 국가에게 완전히 양도하는 것을 의미하지 않았다. 법을 수립하고 집행할 수 있는 권한은 양도되었어도 그 모든 과정이 개인의 자유, 생명 그리고 재산을 보호한다는 국가 본래의 사명에 부합해야 했다. 주권sovereign power은 궁극적으로 시민들에게 있다. 결국 국가는 시민의 대리인에 불과하다. 군주에게 주어진 절대적 권한을 군주가 자의적으로 행사하는 것은 사회의 단합에 기여하지 않는다.

로크는 국가의 통치에 대한 개인의 동의consent를 강조했다. 홉스에 비해 개인의 도덕적 역량을 높이 평가했다. 시민사회civil society는 자연상태가 발전하여 형성되는 것으로 보았다. 그럼에도 불구하고 그에게 있어서 국가는 발생할 수 있는 위험을 예방하기 위해 필요한 도구이다. 동의는 합법적 정부의 수립을 가능케 한다. 그러나 만약 이러한 도구로서의 국가가 전제적인 정치력을 발휘하여 도덕에 기초한 자연법까지 위협한다면 그 국가는 새로운 국가에 의해 대체되어야 한다고 보았다(Held 1984: 40).

정치적 권위에 대한 홉스와 로크의 견해는 근대국가의 성장 원인을 이해하는 중요한 길잡이이다. 즉 국가가 형성되었던 동기가 무엇인지 근본적인 질문에 대한 해답을 제공하고 있다. 양자는 국가에 대해 서로 구별되는 주장을 제기했지만 국가형성 동기에 관해서는 한 가지 통일된 정치이론을 제시하고 있다. 즉 자연상태에서 항상 (홉스) 또는 만일의 경우(로크) 발생할 수 있는 위험을 예방함으로써 개인의 생명과 재산을 보호할 수 있는 강력한 정치적 존재, 즉 주권자를 상정하고 있었다. 물론 국가의 개인에 대한 역할이 어느 정도까지인가에 대해서는 양자가 다소 다른 입장을 견지하고 있다. 홉스가 국가에 의해 개인의 권리가 다소 제약될 수 있다는 보수적 입장을 보였다면, 로크는 국가는 개인의 이익을 위해서 존재한다는 자유주의적인 입장을 견지했다. 이러한 차이에도 불구하고 양자는 서양 특히 영국에서 근대국가가 등장하게 된 정치적 이유를 강력한 정치적 권위가 부재할 경우 생길 수 있는 문제를 예방하려는 동기에서 찾고 있다는 점에 동의하고 있다.

2. 근대국가

그렇다면 국가는 어떻게 형성되었는가? 본 장에서 다루는 국가는 근대국가the modern state를 지칭한다. 근대국가란 내용의 측면에서 자유주의적 국가the liberal state의 이념을 근간으로 하고 형식적인 측면에서 국민국가the nation state의 모습을 취하고 있다. 이러한 근대국가는 베버적 국가관을 반영하고 있다(Weber 1978). 베버적 국가론은 어떻게 교회와 세속적 군주의 자의적 지배가 법에 의한 지배 즉 제도적 지배로 대체되었으며 영토 경계에 따른 개별적 국민국가로 변화하였는지에 초점을 맞추고 있다. 이러한 베버적 관점에서 본다면 국가는 단순히 자본의 도구가 아니며 자율적 존재이고, 정치적 그리고 행정적 능력을 바탕으로 경제 및 사회를 통제할 수 있는 정치적 제도와 이를 운영하는 인간의 결합체이다.

물론 자유주의적 국가가 근대국가의 최종적인 모습이라고는 할 수 없다. 자유주의적 국가의 발전이 빈부 간의 격차 심화라는 문제에 봉착하자 이후 소비에트 사회주의국가, 복지국가 그리고 동아시아 발전국가 등의 대안이 등장했다. 이 세 가지 형태의 국가들은 모두 간섭국가모델로 분류되며 규제국가모델의 기반이 된 고전적 자유주의 국가와는 구별된다. 그럼에도 불구하고 베버적 국가정의를 만족시키고 있다는 점에서 여전히 근대국가로 간주된다.

그렇다면 역사적으로 어떤 경로를 거쳐 근대적 국가가 형성된 것일까? 근대국가 형성과정을 설명함에 있어 가장 적절한 사례인 영국의 경우를 살펴보자. 영국에서 근대국가의 모습이 어느 정도 완성된 것은 17세기 들어서 일이지만, 그 시작은 중세 즉 8–14세기의 봉건시대로 거슬러 올라간다. 중세는 교황을 정점으로 하는 교회가 유럽의 대부분을 종교적으로 뿐만 아니라 정치적으로 장악하던 시기이다. 따라서 개별국가별 민족의식도 별반 강하지 않았고 국가차원의 세속적 주권 추구행위도 교회의 권위에 눌려 제한적으로 진행되었다.

사실 이 기간 동안의 정체는 영주vassal라 불리는 지역의 무력적 맹주들과 그 중 가장 강력한 봉건군주feudal king가 전자의 후자에 대한 군사적 충성과 후자의 전자에 대한 특권의 보장 및 보호를 상호교환하는 느슨하고 분권적인 봉건국가였다고 할 수 있다(Poggi 1990: 35-39). 봉건군주들은 분명 가장 강력한 경제적·군사적 존재였지만 세금을 부과하고 군사를 늘리는 등의 중요한 결정을 내리는 과정에서는 휘하의 주요 영주들과 긴밀하게 상의하고 협조해야 하는 정치적 한계를 가지고 있었다.

비록 국경을 경계로 한 근대국가의 형성이 달성된 것은 아니었지만 지역을 기반으로 한 민족적 정체성이 이 시기에 형성되기 시작했으며, 이를 바탕으로 대규모 봉건군주들 간에 발생한 대립과 경쟁은 (예컨대 1337−1453년 기간 동안의 영·불간 백년전쟁) 국가 간 전쟁으로 발전하였고 후일 국경이라는 개념을 성립시켰다. 외교수단의 하나이며 정치적 행위로 볼 수 있는 전쟁이 근대적 시장 나아가 근대 자본주의가 성립하게 되는 기반을 제공했다. 침략적·팽창적 전쟁의 결과 상업과 교역 그리고 공업이 발전했고 역으로 상업적 팽창을 위해 전쟁은 불가피했다. 또 경제적 발전은 도시의 재화와 사람이 모이는 도시의 발전을 야기했다. 봉건시대의 경험을 보건대 경제적 진화의 동기는 바로 국가가 제공한 것이었다.

그러나 중세의 말기인 15세기로 시간이 진행되면서 봉건적 제도는 쇠퇴 양상을 보이게 되었다. 군주와 영주들 간에 영지에 대한 관할권을 두고 분쟁이 생기기 시작했고, 농민들은 자신들에게 부과되는 과도한 세금과 의무에 대해 반발하기 시작했으며, 교역·상공업 등 경제활동이 보다 활발하게 전개되었고, 인문주의를 표방하는 르네상스가 본격화되기 시작했다. 또 산업기술 특히 군사관련 기술의 발달이 가속화되었고, 민족국가별 군주제가 공고화되었으며, 신교와 구교 간의 갈등은 국가와 교회 간의 갈등으로 발전하였다 (Held 1992: 83).

15세기에서 16세기에 이르는 기간 동안 종래의 봉건적 국가를 대체하는 새로운 형태의 국가가 등장하였는데 이를 절대주의국가the absolutist state라고 지칭한다. 절대주의국가 하에서 국민국가로서의 근대국가가 본격적으로 성숙되기 시작했다고 할 수 있는데, 이 기간 동안 소위 국민국가수립작업이 추진되었기 때문이다. 우선 특정 경계의 내부지역에 대한 정치적·군사적 통제가 배타적으로 강화되었다. 그리고 이에 대한 외부적 방어를 견고히 했으며, 지역 내에 거주하는 인구에 대한 물질적 복지체제를 수립하였고, 정치적 지배에 대한 정통성을 확립하였으며, 구성원들의 문화적 동질성을 제고하기 위한 일련의 작업을 추진했다.

그 결과 절대주의국가 하에서는 아래와 같은 근대국가의 초기적 양상이 등장했다(Held 1992: 84).

1) 지역적 경계와 단일화된 지배체제의 일치
2) 법률 수립 및 집행 메커니즘의 수립
2) 행정권의 중앙집중화
4) 재정관리의 확대
5) 외교를 통한 국가 간 관계의 정례화
6) 상비군제도의 도입

절대주의는 전제주의와 다소 구별된다. 후자가 시민사회에 대해 군주의 의지를 일방적으로 강요하는 체제라면 전자는 시민사회의 의견을 어느 정도 수렴하는 체제이다. 서양의 절대군주들은 제한적인 의미의 전제주의적 권력을 행사할 수밖에 없었다. 시민사회에 존재하는 귀족들, 상공업자들 그리고 도시의 시민들에 의해 권력행사가 제한당할 수밖에 없었기 때문이다.

17세기에서 18세기 중반에 이르는 소위 입헌적 국가the constitutional state시대에 접어들면서 유럽의 국가, 특히 영국의 국가는 근대국가로서의 모습을 본격적으로 보여주기 시작했다. 근대국가란 특정된 영토에 대한 최고의 법적 관할권을 행사하며 폭력의 수단을 합법적으로 독점하고 그곳의 시민들로부터 지지와 충성을 확보한 정치적 기구를 의미한다. 이러한 정의는 베버적 사고에 입각한 것인데 그의 이론을 바탕으로 근대국가의 네가지 요소를 정리하면 아래와 같다(Held 1992: 87-88; Poggi 1990; Skinner 1989; Giddens 1985).

1) 영토성territoriality

모든 근대국가는 국경을 설정하여 영토의 한계를 규정한다.

2) 영토 내에서 국가의 폭력에 대한 합법적 통제control of the means of violence

국가는 해당 지역에서 유일하게 합법적으로 무력을 독점함으로써 중앙의 권력에 대항하는 세력을 통제할 수 있다.

3) 법에 의한 지배the rule of law 또는 impersonal rule

국가의 지배는 군주의 자의적인 통치가 아니며 권력은 법률로서 규정되어야 한다.

4) 정통성legitimacy

근대국가의 정통성은 국가가 시민들의 이익과 요구에 부응할 때 획득되어지는 것이다.

1648년의 웨스트팔리아Westphalia조약은 국경에 기초한 국민국가 시대의 등장을 단적으로 보여주는 예이다. 이 조약은 에스파니아의 페르디난드 3세가 보헤미아의 신교도들을 탄압함으로써 발발한 30년 전쟁이 종결되면서 체결되었다. 프랑스, 스웨덴 그리고 덴마크를 주축으로 하는 신교파와 에스파니아와 오스트리아를 주축으로 한 구교파 간의 전쟁이었으며 결국 신교 진영의 승리로 마무리되었다. 이를 계기로 프랑스는 강국으로 도약할 기반을 마련한 반면 에스파니아는 몰락의 길을 걸었다. 전쟁 종결작업의 일환으로 국경이 보다 분명하게 설정되었으며 그 결과 아래와 같은 내용의 소위 웨스트팔리아 체제the model of Westphalia가 등장하게 되었다(Held 1992: 86).

1) 해당 국가 위에 어떠한 상위적 권위도 인정하지 않는 주권국가로 구성되는 세계
2) 권력쟁취를 위한 경쟁적 투쟁원리에 입각하여 개별국가들이 법을 수립하고, 분쟁을 해결하며, 법률을 시행하는 과정의 정착
3) 국가들 간의 격차를 무력으로 해결하되, 무력에 대한 호소를 방지할 법적 구속이 존재하지 않고 이를 최소화할 법적 보호장치도 미약한 상태
4) 국경을 침범함으로써 발생한 모든 책임을 해당국가들의 개별적인 책임으로 한정
5) 모든 국가들의 법 앞에서의 평등
6) 최소한의 공존 규칙으로서의 국제법의 수립
7) 개별국가의 자유에 대한 존중

아울러 입헌적 국가 하에서는 국가의 통치권이 왕으로부터 의회로 상징

되는 국민의 대표들에게 이전되고, 국가가 왕을 위해서가 아니라 시민의 자유와 권리를 수호하기 위해 존재하는 것으로 다시 정의되기 시작했다.

18세기 중반 이후 부터 19세기에 이르는 기간 동안 종국적으로 자유주의적 국가의 성격에 기초한 근대국가의 완성이 이루어졌다. 자유주의적 근대국가의 핵심은 개인의 생명, 자유 그리고 재산을 보호하는 것을 국가가 지향할 최상의 목표로 삼는 것이었다. 이러한 개인중심적 사상은 시민사회를 국가의 정치적 간섭에서 해방시켜야 한다는 야경국가론the night watchman state 또는 최소국가론the minimal state으로 발전했다. 또한 시민사회의 기반이 되는 시장은 국가에 의한 정치적 보호나 육성이 아닌 경쟁원리에 입각해서 운영되어야 한다는 시장경쟁원칙의 정립에도 영향을 주었다. 요컨대 자유주의적 근대국가는 입헌주의, 재산권의 확립, 자유방임, 경쟁주의에 입각한 시장, 그리고 가부장적 가족제 등이 주요한 구성요소였다.

그러나 자유주의적 국가가 결코 민주주의적 국가는 아니었다(Hall 1984: 8-10). 무엇보다도 남성 위주의 보수적 가부장제도가 중심에 자리잡고 있었다. 재산권을 가질 수 있는 자격은 남성들로 제한되었으며 자유를 향유하는 주체도 남성과 중산 부르조아 시민계층에 한정되었다. 따라서 교육을 받지 못하고 재산권을 가질 수 없었던 여성이나 노동계층은 근대국가의 핵심에서 사실상 배제되어 있었다.

19세기 영국에서 등장한 자유주의적 근대국가만을 유일한 근대국가의 형태로 볼 수는 없다. 사실 베버가 지적한 근대국가의 주요 구성요소만을 만족시킬 수 있다면 여타 형태의 국가를 근대국가로 분류하는 데는 큰 무리가 없다. 근대국가는 19세기 이후 자유주의적 근대국가, 파시스트적 보수우파 근대국가, 케인즈주의적 사민주의 근대국가, 그리고 공산주의적 소비에트 근대국가로 발전했다. 따라서 근대국가로 지칭되기 위해 반드시 그것이 정치적으로 자유주의적어야 하거나 민주주의적이어야 할 이유는 없다.

이러한 베버적 의미의 국가는 맑스적 국가와는 분명하게 대별된다. 맑스는 국가를 지배계층의 이익을 도모하기 위한 사회적 도구로 설명하고 있다. 즉 국가가 지배자와 피지배자들과는 분명하게 구분되는 객관적 제3자적 중립기관이 아니라는 것이다. 시민의 자유와 평등과 정의는 단순하게 투표행위로 성취되는 것이 아니라 투쟁에 의해서 쟁취되는 것이며, 따라서 국가는 시민들이 타도해야 할 대상으로 간주되었다. 궁극적으로 맑스는 국가가 가장 작은 단위의 자치적 공동체인 콤뮨commune에 의해 대체되어야 한다고 주장했다(Held 1984: 50-61).

이에 대해 베버는 비판적 견해를 제시했다. 인류의 역사를 단순히 계급간의 투쟁으로 단순화시켜 볼 수 없다는 것이다. 국가가 생산수단을 독점한 세력들의 지배를 정당화하기 위한 정치적 상부구조로 단순화되어 이해되어서는 안된다고 보았다. 국가를 특정한 영토 내에서 자율적 정체성과 정치적 권력을 보유하고 있는 주체로 간주했다(Weber 1978: 56; Skocpol 1979: 30). 그는 경제적 하부구조를 국가의 정치적 필요에 의해 통제될 수 있는 대상으로 봄으로써 맑스와는 다른 입장을 견지했다.

아울러 베버는 국가에 대한 정통성이 시민들의 자발적인 복종obedience 의해서만 확보될 수 있다고 주장했다. 즉 복종이란 지배가 합리적으로 수립된 규칙에 입각하여 기능적으로 역량을 보유하고 법적인 적실성을 수반한 채 행사될 때 시민들로부터 이끌어 내어질 수 있다는 것이다. 근대국가가 합리적 지배를 위해 활용했던 제도는 관료제(Weber 1978: 957-958, 963-964)였는데 이러한 연유로 관료제의 발전은 근대국가의 발전과 경로를 같이 하게 된다.

03
시장과 **시민사회**

시장과 시민사회의 역사적 발전과정을 살펴볼 때 양자는 서로 완전하게 분리되는 존재가 아니다. 본래 시장은 시민사회의 가장 중요한 한 부분이었다. 국민국가의 수립을 위해 경제적 자원이 필요했고 그 결과 국가들은 중상주의적 방법을 동원하여 경쟁적으로 시장의 영역을 건설했다(Hettne 1995: 23). 이러한 시장– 즉 근대경제 또는 자본주의–의 발전은 교육받고 재산을 소유한 시민집단을 육성해냈다. 이것이 종국에는 시민사회로 성장했다. 시장의 기원은 중세시대 사회상의 변화에서 찾아질 수 있다.

1. 봉건적 경제의 변화

근대적 경제는 중세에 존재했던 봉건적 경제체제와 근본적인 차이를 보인다. 중세 봉건시대의 경제체제는 기본적으로 농업경제였다. 농업경제체제는 상공업 중심의 자본주의 경제체제와 여러 면에서 차이가 있었다. 우선 농지에 대한 집단적 소유제를 근간으로 하고 있었고 자본은 주로 노동이 투입된 토지에 의해 창출되었다. 농기구 등을 공동으로 소유했고 땅도 공동으로 경작했다. 궁극적으로 왕의 소유인 땅을 차용하는 개념이었으며 개인의 재산권은 왕과 힘있는 봉건영주 등 소수에게만 허락되어 있었다. 주된 산업은 농업이었는데 먹을 것을 생산하는 것이 주된 목적이었으며 교환의 필요성도 그다지 높지 않았다(Wood 2002: ch.5).

또한 세속적이고 개인주의적 가치보다는 비물질적이고 성스러운 가치를 중시했다. 이는 가톨릭적 세계관의 영향때문이었다. 먹고 사는 데 필요한 것 이상의 부를 소유하는 것은 죄악이라는 인식이 팽배했다. 고리대금은 금지되었을 뿐만 아니라 이자를 받는 것은 남의 불행을 이용해 돈을 버는 사악한 행위로 인식되었다. 시장은 존재했지만 발달의 정도가 미미했고 물물교환이 주종을 이루었다. 자신의 생필품은 직접 생산하는 것이 주류를 이루었고 영지 내에서의 자급자족을 원칙으로 하였다. 이는 도로가 발달하지 않아 운송이 어려웠던 것과도 관련이 있었다.

영주와 농노와의 관계는 후자의 전자에 대한 종속관계 또는 전자의 후자에 대한 소유관계로 볼 수 있었다. 농노들은 토지에 묶여 있었으며 매우 가난한 삶을 살아야했다. 매매가 가능한 노예는 아니었지만 토지주인이 바뀌면 농노도 토지를 따라 이전되었다. 이들은 우선 영주의 경작지를 먼저 경작하고 남는 시간에 자신의 경작지를 관리하는 종속적인 삶을 살았다. 요컨대 중세 봉건시대에는 시장이나 개인의 권익이 존중되는 시민사회가 발생할 수 있는 여지가 거의 없었다 (Wood 2002: ch.5).

이에 반해 자본주의 또는 시장이라고 지칭되는 근대경제는 개인의 소유권과 재산권에 기초해 있었다. 봉건경제가 농업 중심이었던 것에 비해 상업 그리고 공업이 중심이 되었다. 봉건경제가 토지와 노동을 통해서만 자본을 창출했다면 근대경제에서는 자본의 투자를 통해 더욱 큰 자본을 창출할 수 있었다. 그 결과 노동의 중요성이 상대적으로 경감되었다. 세속적 가치에 대한 존중도 생겼다. 16세기부터는 고리대금에 대한 교회의 금지교리가 사라졌고 대금업을 통해 돈을 버는 금전상인money merchant 후일 은행가이 등장했다. 시장이 발달했으며 시장의 규모는 국제적인 규모로 확대되었다. 봉건경제가 자신이 소비할 것만 생산하던 경제였던데 반해 돈을 벌기 위해 생산을 하는 화폐경제가 자리잡았다. 소작인들의 삶도 개선되어 토지소유주와 농노간의 관계는 계약적 관계로 대체되었다(Brown 1992; Robbins 2005: ch.3; Wood 2002: ch.5). 자유인이 등장한 것도 근대경제의 한 양상이었다. 그렇다면 이러한 근대경제 즉 시장은 어떤 이유로 형성되었던 것일까?

중세 말기로 역사가 진행하면서 봉건적 농업경제체제에도 근본적인 변화가 발생하기 시작했다. 그 중 가장 중요한 것은 봉건군주의 권한이 약화되었다는 점이었다. 이는 영국의 역사에서 비교적 분명하게 나타난다. 프랑스 노르망디의 영주였던 정복왕 윌리엄William the Conquerer, 1027-1087은 왕위계승전쟁에서 승리하여 후일 영국의 왕이 되었다. 그가 프랑스 땅의 일부를 영국의 영토로 편입시켰다는 사실은 프랑스왕들과 귀족들을 불편하게 했다. 토지가 자본생산의 원천이었던 만큼 노르망디는 영국왕과 프랑스의 왕에게 모두 중요했지만 상대편을 위협할 수 있는 전략적 요충지로서의 중요성도 간과할 수 없었다.

그런데 13세기 들어 제3대 국왕인 존John, 1199-1216은 프랑스내 영지의 대부분을 상실하고 말았다. 존왕은 왕위계승 과정에서 프랑스의 필리프 2세가 비호하던 자신의 조카를 축출하는 등 프랑스와 적대적 관계를 자초한 끝에 필리프에게 영지를 몰수당했다. 그후 존왕은 대륙의 땅을 회복하겠다는 일념으로 귀족들에게 빈번한 과세와 군역을 요구했다. 그러나 무능한 왕에 대한 귀족들의 불만은 점점 커져갔고 마침내 과다한 세금 때문에 불만에 가득차 있던 대귀족들은 1215년 왕을 상대로 대헌장Magna Carta을 받아냈다. 대헌장은 외국용병의 사용금지, 교회의 독립, 봉건적 보조금 지급금지 등을 규정했고 무엇보다도 모든 방패세와 비정규적 지출은 대자문회의의 동의 없이는 부과될 수 없다는 점을 명시했다(박지향 1997: 235—272).

대헌장사건을 기점으로 영국의 왕권은 점차로 약화되었다. 반면에 대귀족과 이들이 중심이 된 의회의 힘은 더욱 강해졌다. 헨리 3세Henry Ⅲ 1207-1272에 대항하여 소집된 시몽드몽포르Simon de Montfort의 의회(1265)는 대귀족, 고위성직자뿐만 아니라 자치시의 대표들까지도 포함했다. 에드워드1세Edward Ⅰ 1272-1307의 치세 하에서 소집된 모범의회Model Parliament, 1295는 보다 광범위한 과세를 위해 소도시의 대표들까지도 포함했다.

정치적 사건으로 보여지는 왕권의 약화와 봉건군주들 간에 발생한 전쟁은 사회적으로뿐만 아니라 경제적으로도 큰 변화를 가져왔다. 우선 왕권의 약화는 단기적으로 지주계급인 대귀족의 강화를 불러왔다. 그러나 이것이 대귀족시대의 항구적 번영을 담보하지는 못했다. 빈번한 전쟁의 발생은 군주의 물적 기반을 약화시켰지만 결국은 세금의 주요 공급자였던 귀족의 물적기반까지도 약화시키는 결과로 이어졌다. 귀족은 세금을 부담하고 전쟁에도 참여해야 했다. 이는 재산의 소모와 더불어 인적 자원의 손실을 의미했다.

영향력 있는 귀족의 숫자는 줄어드는 반면 이들이 전쟁수행을 위해 의존했던 기사들과 이들에게 보상으로 주어지는 영토의 면적은 점점 늘어나 후일 젠트리Gentry로 불리는 소지주계급을 형성했다(박지향 1997: 133-147). 또한 전쟁을 위해 소비된 재화는 무기를 만들고 전쟁에 필요한 물자를 유통시키는 상공업자 계층으로도 이전되었다. 상업과 공업의 발달은 농촌의 쇠락과 더불어 도시의 발전을 가져왔다.

이러한 도시화의 추세를 결정적으로 강화시킨 사회적 사건은 페스트Pest의 발병이었다. 유럽 인구의 3분의 1을 사망시킨 페스트의 발생으로 인해 토지노동자인 농노의 숫자 역시 급격히 감소했다. 토지자본의 산출은 투입되는 노동의 양에 비례할 수밖에 없는데 농노의 감소로 일손이 부족해진 지주계급들은 불가피하게 농노에 대한 예우를 개선해야 했다. 그 결과 많은 농노들이 해방되어 소작농의 신분으로 승격되고 이들은 지주들과 계약적 관계를 맺기에 이르렀다.

요컨대 전쟁의 빈번한 발생은 왕권의 약화와 토지계급의 몰락을 가져왔다. 중세 말기에 접어들면서 자본을 창출하는 방식은 농업에서 상공업으로 급격하게 이전되었다. 부족한 일손을 동원하여 농지를 경작하는 것보다 모직을 가공하거나 해외로 나가 물건을 교역하는 것이 보다 효율적인 자본축적방식으로 인식되었다. 이러한 경향은 절대주의 군주시대 들어서면서 더욱 명확해졌다.

2. 절대주의와 중상주의적 경제

절대주의Absolutism시대에 접어들면서 국민국가건설작업nation state building project이 본격화되자 국가는 보다 많은 양의 재정적 자원을 필요로 하게 되었다. 국민국가건설작업이란 특정영토 내에 중앙집권화되고 일관적인 통치체제를 구축하는 일련의 사업들을 의미한다. 예컨대 법과 제도를 정비하고, 중앙집권적인 행정기구를 조직하며, 조세와 재정에 관한 제도를 마련하고, 국가간 관계를 조정하는 외교를 실시하고, 자국의 영토를 지키기 위해서 또는 영토를 개척하기 위해서 전쟁을 수행하는 상비군을 유지하는 것 등을 포함한다 (Hettne 1995: 23).

성장기적 모습을 보여주던 국민국가들의 확장시도와 그로 인한 전쟁의 빈번한 발생으로 인해 상공업 중심의 경제체제가 급격하게 발전했다. 우선 전쟁의 발생은 무기의 발전을 수반하였는데 발전된 무기가공기술이 민간으로도 이전되어 민간부문의 공업기술을 진보시키는 데 적지 않은 영향을 주었다. 또 해외식민지 개척을 적극 시도하면서 교역이 가속화 되었고 상업의 발전과 더불어 항구를 중심으로 도시화가 진전되는 결과를 낳았다.

절대주의 시대를 맞이한 유럽국가들은 국부를 증대시키기 위한 수단으로 대부분 중상주의Mercantilist적 경제 정책을 구사했다. 중상주의는 가급적 외국에는 자국의 상품을 많이 팔되 수입은 덜 하는 보호주의적 무역정책을 근간으로 하고 있었다. 보통 해외식민지를 개척하기 위해서는 국가와 상공업자가 함께 진출하는 것이 일반적이었다. 국가는 군을 이용하여 상공업자를 보호했고 상공업자는 국가의 보호를 등에 업고 교역을 수행했다. 여기에서 남겨진 이익은 따라서 왕을 비롯한 정치세력에게도 분배되었다. 그 결과 국가와 자본 간의 결탁은 불가피했다.

중상주의정책에는 이처럼 부정적인 측면이 있었으나 이 시기에 성장한 상공업자들은 후일 시민사회의 주축이 되는 부르주아계층the Bourgeoisie의 근간을 형성했다. 경제운영의 중심이 토지를 소유한 왕과 귀족으로부터 상업자본과 기술을 소유한 부르주아들에게 이전되면서 경제적 개념, 특히 재산권에 대한 개념에도 근본적인 변화가 나타났다. 봉건시대의 집단적 소유개념이 사적 소유개념으로 변화하기 시작한 것이다. 이러한 경향을 가속화시킨 사건이 15세기 말부터 16세기 중엽에 걸쳐 영국 전역에서 급격히 확산된 인클로져Enclosure 운동이었다(Brown 1992). 농노의 수가 줄어들어 토지를 통해 자본을 축적하는 것이 어렵게 되자 지주세력들은 새로운 방식의 자본 축적을 시도했다. 예컨대 노동을 투입하여 토지를 경작하는 것보다는 적은 수의 양치기를 투입하여 양을 방목하는 것이 훨씬 더 수익이 높았다. 영국은 자국에서 생산되는 양털을 가공하여 해외에서 팔면 더 많은 양의 향료와 농산물, 그리고 금과 같은 귀금속을 자국으로 가져올 수 있었다. 게다가 양을 양육하는 것이 농사를 짓는 것보다 훨씬 수월했다. 평평한 농지에 돌담을 쌓고 인근에 초지를 조성하여 먹이를 제공하는 것으로 충분했다. 인클로져 운동을 주도한 것이 지주 귀족들만은 아니었다. 확대된 자유를 맛보게 된 농민들 역시 공동체적 농사관행에서 벗어나 개인적인 농업을 시도하기 위해 인클로져운동에 동참했다.

그런데 양이 방목지 경계 밖으로 벗어나지 않도록 하기 위해 돌담을 쌓았던 인클로져운동은 뜻하지 않은 사회경제적 결과를 유발했다. 돌담은 소유의 경계를 의미했고 일단 경계를 그은 이상 사적 소유권의 개념과 분리될 수 없었다. 사적 소유권에 대한 개인들의 자각 그리고 농업중심 경제에서 상공업중심 경제로의 전환은 영국에 본격적으로 자본주의적 경제가 형성될 수 있는 기반을 구축하였다.

17세기에 들어 영국에서는 전쟁의 수행, 해외식민지 개척, 상공업의 발달로 이어지는 정치경제적 순환을 통해 근대국가와 근대적 경제로의 진화가 급격히 동시에 진행되었다. 17세기에서 18세기 중반에 이르는 소위 입헌적 국가the constitutional state시기 동안 영국의 국가는 규정된 영토 내에서 법에 의한 지배를 통해 국가를 운영하는 근대국가의 모습을 거의 완성하였다. 근대적 경제의 가장 큰 특징은 개인의 사유재산권property right 이 확립되었다는 점이었다. 개인의 재산과 권리는 최상의 가치이며 이는 군주나 국가라 하더라도 침범할 수 없다는 논리가 사유재산권의 핵심이었다. 사유재산권의 확립이야말로 근대 자본주의의 지속적 발전을 가능케 한 원동력이었다 (Brown 1992).

재산과 교육을 겸비한 중간계급, 즉 시민계층의 형성은 정치에도 변화를 일으켰다. 1688년 성취된 소위 명예혁명Glorious Revolution을 완결하는 1689년의 권리장전the Bill of Right을 통해 의회는 아무런 제한 없이 모든 사안을 논의할 수 있고, 왕은 의회의 동의없이 세금을 부과할 수 없으며, 의회의 선거는 자유롭게 이루어져야 한다는 전통이 확립되었다. 이는 국가의 권력이 왕에게서 의회로 이전되는 것을 의미했다. 또한 19세기부터는 귀족으로 구성된 상원중심의 의회에서 평민으로 구성된 하원중심의 의회로 변모함으로써 국가의 권력이 궁극적으로 중산시민계층의 손으로 넘어가는 상황으로 발전했다.

3. 근대적 경제로의 전환

근대라는 단어는 자유주의, 개인주의, 세속적 가치의 추구, 그리고 이성에 입각한 합리주의를 모두 포함하는 개념이다. 개인의 인권과 재산권의 보호를 중시하는 근대국가와 근대경제가 등장할 수 있었던 것은 토마스 홉스Thomas Hobbes, 1588-1679, 존 로크John Locke, 1632-1704, 아담 스미스Adam Smith, 1723-1790, 존 스튜어트 밀John Stuart Mill, 1806-1873 등을 통해 계몽주의, 공리주의 그리고 자유주의적 사회사상이 발전했기 때문이었다. 홉스는 인간이 무정부적 자연상태를 극복하기 위해서는 개인들이 통치권을 절대적 권력자에게 위임해야 한다는 주장을 펼쳤고 이는 중앙집권적 근대국가의 이론적 초석이 되었다(Hobbes 1991). 그의 뒤를 이은 로크는 시민들에게 통치권을 위임받은 군주라 하더라도 개인의 재산, 생명 그리고 자유를 보장해주지 못한다면 축출될 수 있다는 논리의 기초를 제공하여 개인주의적 자유주의사상이 등장할 수 있는 기반을 마련했다(Locke 1988).

고전적 자유주의의 선봉에 선 아담 스미스는 역사의 관심을 신과 국가로부터 인간과 개인으로 돌려준 계몽사상가들의 사상을 발전시켜 자유주의 사상의 기초를 건설했다. 아담 스미스는 국가의 부를 증진시킨다는 명분 하에 정치 지배자들과 상공업자들이 부정한 결탁을 일삼는 중상주의적 경제운영 방식을 비판했다. 그가 제시하는 국부창출의 방법은 개인이 자신의 이익을 자유롭게 추구하도록 국가가 여건을 조성해주는 것이었다. 이러한 여건만 형성되면 시장은 보이지 않는 손에 의해 사회전체의 이익에 기여하는 방향으로 움직인다고 보았다. 국가의 경제에 대한 불필요한 간섭을 제거해서 시장의 행위자들이 이익을 추구하기 위한 공정한 경쟁을 벌이게 하자는 것이 그의 주장이었다(Smith 1993). 영국에서 등장한 근대경제는 이러한 자유주의적 사회사상을 반영하고 있었다.

17–18세기 영국의 사회는 점차 상업적 가치가 존중되는 방향으로 변화했다. 일용품 및 식량을 중심으로 생산활동이 이루어지던 것이 호사에 눈을 뜬 일반 시민들이 선호하는 기호품과 사치품의 생산으로 확장되었다. 상공업이나 전문직에 주로 종사하던 시민들은 신분상승 욕구를 충족하는 한 방편으로 교육과 교양에 대한 많은 관심을 기울였다. 자녀들을 케임브리지Cambridge나 옥스퍼드Oxford 같은 고등 교육기관에 진학시키려 했고 커피하우스Coffee House에 모여 사교를 즐겼다. 출판기술의 향상은 여전히 비싸긴 했으나 이들의 교양을 향상시키기 위해 필요한 서적을 양산하는 데 크게 기여했다(Brown 1992: 130-134). 이와 같이 중산계층이 확대되어 상업적 소비가 활성화 된 현상을 상업혁명Commercial Revolution이라 일컫는다.

이에 비해 18세기 중반부터 19세기에 이르는 시기는 산업혁명Industrial Revolution의 시대였다. 이 시기에 들어서서 고전적 자유주의 사상이 정착됐다. 개인은 자신의 재산을 소유할 권리가 있다는 자연법 사상이 확고하게 뿌리내렸다. 그리고 개인의 이익을 추구하는 것이 사회 전체의 이익증진에도 도움이 된다는 공리주의적 사상이 시민들의 지지를 받았다. 아담 스미스가 1776년 국부론을 발간할 당시만 해도 중상주의적 경제운영의 관행이 여전했으나 19세기에 들어서면서는 야경국가론, 즉 최소국가론이 지배적인 사상으로 부상했다. 드디어 시장은 정치계층의 간섭으로부터 독립적이어야 한다는 아담 스미스의 사상이 현실화되었다. 자유주의와 공리주의사상의 확산에 힘입어 개인의 재산권이 충분히 보장받고 개인의 이기적 이익 추구행위가 도덕적으로 비판받지 않는 환경이 마련되었다.

이러한 시장중심의 사상은 16세기에서 18세기에 이르는 중상주의 시대에 국가의 보호와 육성에 힘입어 성장기반을 마련한 상업 및 산업자본이 바야흐로 국가의 정치적 간섭 없이 자본축적에 매진할 수 있는 환경을 조성해 주었다. 때마침 상업의 발달로 인해 확대된 시민들의 소비욕구를 충족하기 위해 보다 많은 제품을 효율적으로 생산할 수 있는 산업기술의 진전이 요구되고 있었다. 소위 자유방임에 가까운 자유로운 경제환경 하에서 영국의 경제는 무역, 금융, 공업부문에서 전세계를 제패할 수 있었다.

4. 고전적 자유주의와 시민사회

고전적 의미의 자유주의는 계몽된 이기심의 추구가 그 자신에게뿐만 아니라 사회 전체의 이익을 도모하는 데에도 최선의 길이라고 믿는 사상이다. 따라서 개인의 자유가 전적으로 보장되어야 한다고 주장한다. 이는 개인보다는 집단적 이익을 중시했던 봉건주의적 사상과는 대치되는 것으로 근대적인 가치의 핵심을 이룬다고 할 수 있다. 본래 자유주의는 18세기 무렵부터 영국의 정치, 사회, 경제 분야에서 강력한 세력으로 자리잡기 시작한 시민계층의 입장을 대변하는 사상이었다. 사회계층에서 중간계급을 형성했던 이들은 19세기 중반에 이르러 인구 전체의 20–50%정도를 차지하기에 이르렀다. 사실 직업의 측면에서 볼 때 단일한 계급은 아니었다. 이들 중간계급의 상층부는 부유한 상공업자들이 차지했고 법률사무를 담당하거나 은행에서 업무를 수행하는 사무직 근로자 및 소상점 주인 등 다양한 직업군을 망라했다. 이들은 노동계급은 아니었으나 지식노동을 통해서 임금을 획득했다. 이 점에서 토지 등 고정자본에서 발생하는 소득을 기반으로 노동을 통하지 않고도 생활을 영위할 수 있었던 지주 등의 유한계급과는 구분되었다. 이들은 높은 수준의 교육을 받았을 뿐 아니라 재산권을 가지고 있었다. 복음적이고 금욕적인 생활을 영위했으며 쾌락을 거부하고 합리적 여가를 즐기는 등 일상생활에서 기독교적 가치에도 충실했다(박지향 1997: 133-147).

시민들의 입장에서 볼 때 왕과 토지귀족들이 국가와 시장을 독점적으로 운영하고 간섭하는 것은 부당할 뿐만 아니라, 무엇보다도 시민들의 이익에 부합하지 않는 것이었다. 비록 재산권을 보유하고는 있었지만 이들은 정치적인 힘에 의해 자신의 자유와 재산이 언제든 박탈될 수 있다는 두려움을 가지고 있었다. 개인적으로 아무리 우수하다 하더라도 태생적으로 주어지는 신분상의 우월함과 기득권을 가지고 있는 귀족들과는 여러가지 측면에서 경쟁할 수 없었다. 이들은 자신들의 신분상승욕구를 정당화시켜줄 수 있는 이론이 필요했다. 이런 측면에서 자유주의는 중산시민계층의 정치·사회·경제적 이익을 옹호해주는 사회사상이었다.

그런데 자유주의사상은 지주나 자본계급의 이익에 반하지도 않았다. 19세기 자유주의가 전성기를 구가할 때 귀족들을 중심으로 보수주의가 등장하기는 했다. 그럼에도 불구하고 절대주의시대에 상업혁명을 통해 국내시장에서 정치경제적으로 독점적 지위를 공고히했던 대규모 자본의 입장에서볼 때 자유경쟁 그리고 자유방임의 논리는 국가의 간섭을 제거해주는 논리이기도 했다. 나아가 영국국가 전체의 이익에도 부합했다. 대륙의 국가들보다 앞서 산업화를 달성한 영국은 우수한 산업력을 바탕으로 타국의 시장을 공략할 수 있었다. 1840년경 유일한 산업국가였던 영국과 경쟁할 수 있는 국가는 사실상 전무했다. 해운업, 보험, 중개업에서 벌어들이는 보이지 않는 수입도 막대했다. 자유교역의 논리는 타국의 시장을 개방할 수 있는 이론적 도구로 활용되었다.

고전적 자유주의사상의 핵심은 합리성에 입각한 그리고 자연법이 규정하는 도덕적 가치로 무장된 (즉 계몽화된) 개인주의, 자유방임 그리고 공리주의로 요약될 수 있을 것이다. 개인주의는 과거 봉건적 가치에서는 세속적인 것으로 치부되고 심지어 죄악시되었던 이기심을 정당화했다. 중간계급은 지주층의 낡은 관행인 혈연적 태생의 중시, 국가의 후견, 온정주의를 비판했다. 그보다는 개인의 체면을 중시하고 개인 간의 공정한 경쟁 그리고 자조(self-help)의 원칙을 강조했다. 세속적 가치를 추구하기에 합당한 개인은 윤리적으로 그리고 도덕적으로 무장된 개인이어야 했다. 가정적 가치관을 중시하고 종교적 경건함과 도덕적 엄격함을 추구했다. 이는 존 웨슬리John Wesley, 1703-1791에 의해 18세기 영국사회에 설파되었던 감리교Methodist의 복음주의에 큰 영향을 받은 것이기도 했다. 감리교는 금욕적 생활과 엄격한 복음주의, 그리고 가난한 자에 대한 구제를 강조하는 등 영국 사회 전반에 매우 지대한 영향을 미쳤다. 자유주의가 자칫 세속적이고 물질적 가치만을 숭상하는 방향으로 치우치지 않고 개인의 검소와 근면, 그리고 금욕을 강조하는 균형적 사회사상으로 발전할 수 있도록 크게 기여했다.

자유주의는 시장의 자유로운 운용을 방해하는 국가의 간섭을 제거하자는 자유방임사상과도 깊은 관계를 가지고 있었다. 1776년 미국이 영국으로부터 독립을 선언하던 해에 출간된 『국부론』An Inquiry into the Nature and Causes of the Wealth of Nations을 통해 아담 스미스는 당시까지도 여전히 유지되던 중상주의적 경제체체를 비판하면서 정치 또는 국가의 영향력으로부터 시장을 독립시켜야 한다고 주장했다. 중상주의가 상정하는 국가의 역할은 불필요할뿐더러 비효율적이며 국가는 시장을 지도할 필요가 없고 단지 법적 질서를 구축하고 개인의 재산을 보호하며 그리고 국방에만 힘을 쓰면 충분하다고 주장했다(Smith 1993). 그의 이러한 주장은 개인의 이익추구와 전체사회 이익의 증진이라는 가치는 조화할 수 있다는 사고에 기초해 있었다. 그의 시장주의적 논리는 자유교역이론으로 파급되었다. 즉 국가가 특정산업을 육성하여 국부를 창출하려 하기보다는 자국이 생산효율성의 측면에서 절대우위를 점하고 있는 품목의 생산에 집중해서 타국의 상품과 교역하는 것이 보다 이득이라는 것이 자유교역이론의 요지이다.

특히 아담 스미스가 국부론을 통해 시도한 것은 중상주의적 시장운영방식의 허구성을 폭로하는 것이었다. 그는 공동체적, 즉 전국가적 이익을 증진한다는 명분 하에 국가가 시장에 간섭함으로써 발생하는 각종의 지대rent가 정치지도자와 상류층에 의해 독점될 뿐 대다수의 시민들은 그 혜택을 받지 못하기 때문에 국가의 간섭은 폐지되어야 한다고 주장했다. 아담 스미스가 『국부론』을 집필하던 당시만 해도 중상주의는 지배적인 시장운영 방식이었다. 즉 경제는 정치적 권력의 하나로 인식되었으며, 따라서 경제의 운영에 있어 정치적 힘의 개입은 당연한 것으로 간주되었다. 특히 국민국가를 형성하는 과정에서 국가 간의 경쟁이 심화되면서 중상주의적 경제운영방식은 영국을 제외한 유럽의 대부분의 국가에서 20세기 초반까지 맹위를 떨쳤다.

아담 스미스가 주장한 자유주의는 당초 자본가를 국가의 통제로부터 자유방임시키기 보다는 개인을 해방시키기 위한 논리였다. 스코틀랜드의 지식인이었던 아담 스미스는 자신의 나라를 지배하던 잉글랜드의 왕과 귀족의 이기적이고 위선적 행태를 비판했던 지식인이었지 지배계층의 사주를 받아 그들의 이익을 대변한 어용학자는 아니었다(다카시마 2004). 그의 자유주의이론은 왕과 소수의 귀족들이 부를 축적할 기회를 독점하는 것을 비판하고 중산시민계층들이 재산권과 이를 지킬 수 있는 정치참여권을 획득할 수 있도록 정당화 해주었다는 점에서 중간계층의 전적인 지지를 받았다.

유태인으로 성공적인 투자가이기도 했던 리카도David Ricardo, 1772-1823는 아담 스미스의 절대우위이론을 비교우위이론으로 발전시켰다. 그는 수확체감이론을 제시하면서 농업의 보호를 규정하는 곡물법의 폐지를 주장했다. 초기에는 비옥도가 높은 땅을 경작할 것이나 인구증가에 따라 비옥도가 낮은 토지로 경작이 확대될 수 밖에 없고 따라서 노동과 자본의 산출인 수확이 감소할 수 밖에 없다고 주장했다. 수요의 증대에 따라 경작이 점차 먼 곳에서 이루어지므로 운송비가 더 소요되어 수익성이 감소한다는 것이다. 임금은 내릴 수 없는데도 지대가 곡물가격 상승과 함께 증대하면 이윤이 저하되어 자본축적에 기여하지 못하므로 경제적 진보는 정지할 것이라고 주장했다. 따라서 곡물법을 폐지하고 자유교역을 통해 수입하는 것이 이익이라는 것이다.

리카도는 교역에 있어서도 노동생산성이 높은 것을 생산하고 기회비용이 적은 것을 생산하는데 집중해야 한다고 주장했다. 절대우위 품목에만 집중하지 말고 비교우위가 있는 품목 생산에 집중하는 것이 더 높은 이익을 창출한다고 주장했다(Ricardo 1908: ch.1, ch.7).

공리주의 역시 고전적 자유주의에서 빼놓을 수 없는 핵심가치였다. 개인의 이익을 강조하는 공리주의 이론은 중산층이 귀족계급의 특권을 약화시킬 수 있는 이론이기도 했다. 경험주의자였던 벤담Jeremy Bentham, 1748-1832은 행복은 물질적 풍족감의 결과라고 주장하면서 세속적 가치의 중요성을 강조했다. 아울러 인간의 쾌락은 동일하며 귀족의 행복이 평민의 행복보다 더 중요시 될 수 없다고 주장했다. 그의 관점에서 보면 사회 전체의 행복은 개인의 행복의 총합계이다. 국가가 행복을 추구하는 개인의 활동에 개입해서는 안 된다는 주장도 이러한 맥락에서 이해할 수 있다(Bentham 1948: ch.6).

같은 공리주의자로서 밀John Stuart Mill, 1806-1873 역시 국가는 개인의 자율성을 최대로 보장해야 하고 국가의 간섭은 최대로 억제되어야 한다고 주장했다. 밀은 벤담의 영향을 받았으나 쾌락의 양보다는 질이 중요하다는 주장을 통해 자신을 벤담과 차별화했다. 교육받은 인간은 무지한 인간보다 더 높은 가치를 인정받을 수 있다는 것이다. 밀의 이론은 공리적 가치를 내포하는 고전적 자유주의사상이 유산계급인 중산층 부르조아와 무산계급인 노동자계층을 근본적으로 분리하고 있음을 보여준다. 그는 벤담처럼 모든 인간을 평등하게 간주할 경우 무지한 무소유 계층들이 다수의 횡포를 저지를 수 있음을 우려했다. 그는 정치는 국민에 의해 선출된 국민의 대표에 의해 수행되어야 한다고 보았다. 입법은 전문가들이 해야 한다고 주장하면서 이들은 재산을 가지고 교육을 받은 사람이라고 규정했다. 책임을 질 수 없고 독립적이지 못한 사람은 배제되어야 한다는 재산제한론을 주장했다. 공리주의자로서의 밀은 여타의 자유주의자들과는 달리 국가의 개입을 제한적으로나마 지지했다는 점에서 차별화될 수 있다. 그는 특히 분배는 자유방임에 의해서 이루어질 수 없고 개혁을 위한 국가 개입은 허용되어야 한다는 입장을 견지했다 (이근식 2006).

5. 시민사회와 민주주의

19세기의 영국은 세계에서 가장 번영된 국가였고 자유주의의 본산이었으나 귀족과 대지주들이 정치와 경제적 영향력을 독점하고 있었고 정치적 참여는 재산을 소유하고 있는 중산계층까지만 허락되었다. 자유주의는 가부장적 남성우월주의를 기반으로 하고 있었다. 여성과 무산계급인 노동계급은 정치에 참여할 수 없었다. 이런 관점에서 19세기의 고전적 자유주의는 민주주의적이지는 않았다. 이 시기 영국의 가장 심각한 사회적 문제는 노동자들에 대한 소외와 그들이 느끼는 박탈감이 심화되었다는 것이었다. 공장제라는 산업체제가 도입되어 기율적 노동관리가 시도되었다. 노동의 착취도 매우 심했다. 12시간 이상의 중노동이 다반사였고 아동들이 노동에 투입되기도 했다. 여성은 남성 임금의 절반 또는 그 이하로밖에 받을 수 없었다(박지향 1997: 377-379). 물론 산업화의 진전과 더불어 노동자의 생활수준도 점진적으로 향상되기는 했다. 그럼에도 불구하고 빈부 간의 상대적 격차는 심화되었다.

18세기 중반에 들어서자 전체 인구의 70%이상을 차지하던 노동계급들 사이에 계급적 의식이 형성되기 시작했다. 노동자들 사이엔 노동조합이 결성되었고 사회주의 이념이 등장하였으며 기계화가 일자리를 빼앗는다는 이유로 기계파괴운동이 진행되었다. 특히 정부에 의한 노동탄압은 계급의식을 형성토록하는데 중요한 역할을 했다.

18세기는 중산계급이 계급적 위치를 확고히 한 시기인 동시에 무산노동계급의 계급적 정치화가 진행된 시기였다. 시민계층이 왕과 소수의 귀족이 독점하고 있던 정치 경제적 영향력을 나누어 갖는 과정을 자유주의의 발전이라고 한다면, 무산 노동계급이 정치적 영향력과 복지적 혜택을 획득하는 과정을 민주주의의 진전이라고 부를 수 있을 것이다. 전자와 후자는 각각 19세기 전반과 후반에 해당한다고 할 수 있다. 특히 19세기 전반기를 자유주의의 전성기라고 부르는 이유는 중산시민계층의 입장을 반영하는 개혁이 본격적으로 진행되었기 때문이다. 1832년의 제1차 선거법 개정을 통해서는 연수입 40실링 이상인 남성만 선거권을 보유할 수 있었다. 이에 대해 다수의 중간계층이 반발했고 정치참여의 폭을 넓혀줄 것을 요구했다. 중간계급의 요구는 1867년 이루어진 2차선거법개정에서 반영되었다(박지향 1997: 386−395).

1834년에는 신구민법이 제정되었다. 자유주의자들은 기존의 온정주의적 구민법이 노동빈민에게 의존을 가르친다고 비판했다. 이들은 구빈원의 수준을 감옥보다도 못하게 만듦으로써 가급적 빠른 시일 내에 스스로 일어설 수 있도록 가르치는 곳으로 전환시켰다. 또 국내에서 생산되는 농산물을 보호하기 위해 1815년에 제정되었던 곡물법에 반대하여 1846년에 결국 폐지시켰다. 1838년에는 맨체스터에서 반곡물법연맹을 결성하고 값싼 식량을 수입하도록 요구했다. 또한 1849년에는 보호무역적 요소를 가지고 있던 항해법을 폐지했다.

그러나 19세기는 자유주의와 민주주의의 발전이 동시에 진행된 시기였다. 자유주의의 발전은 결국 민주주의의 발전을 촉발했다. 1833년에는 공장법이 제정되어 9세 미만 아동의 노동이 금지되었고 인민헌장운동chartist movement이 전개되었다. 1838년의 인민헌장people's charter은 남자보통선거권, 선거구 평등화, 비밀투표 등을 주장했다. 개정된 선거법이 유산계급에게만 참정권을 확대하자 노동계급이 반발했던 것이다.

19세기 중반 이후 대영제국의 쇠퇴가 시작되면서 민주주의적 발전은 오히려 가속화 되었다. 가장 중요한 것은 참정권의 확대가 꾸준히 진전되었다는 점이다. 1867년 개정된 제2차 선거법은 전체 성인 남자의 5분의 1에게 참정권을 부여했다. 보수당 디즈레일리 내각이 자유당과 타협하여 도시에 거주하고 지방세를 내는 모든 가구의 가장과 1년에 10파운드의 집세를 내는 세입자에게 참정권을 부여했다. 1884년의 3차개정을 통해서는 전체 성인남자의 3분의 2가 참정권을 보유하게 되었다. 완전한 보통선거제가 아니었고 여성도 배제되기는 했으나 다른 유럽국가들에 비해 민주주의는 진전되어 있었다(박지향 1997: 386–395). 민주주의로의 진화를 보여주는 획기적인 사건 중의 하나가 노동당의 창당이었다. 1900년 노동조합들과 각종 사회주의단체들이 모여 노동대표위원회Labor Representation Committee를 조직하였으며 1906년 29명의 의원들이 당선되면서 노동당으로 개칭하였다.

이처럼 19세기 후반부터 민주주의적 진화가 두드러지게 발생했던 이유는 경제구조적 변화에 기인한 바 크다. 대영제국의 영화가 정점에 도달했던 19세기 중반은 역설적으로 대영제국의 쇠락이 시작되었던 시기이기도 했다. 후발 산업국이었던 독일과 미국이 산업화를 위해 보호주의를 채택함에 따라 영국 산업의 수출은 감소했다. 제조업이 한계에 봉착함에 따라 자본거래와 같은 비무역적 교역을 통한 수입에 의존하게 되었다. 또 제국주의의 확산과 더불어 해외 부문에 대한 투자는 증가한 반면 국내투자는 감소하는 경향마저 보였다.

영국은 산업혁명을 선도한 국가였지만 영국에서 산업자본가는 계층적으로 토지 또는 금융자본가에 비해 하위적 지위에서 벗어나지 못했다. 전통적으로 전자는 중간계층의 영역이며 후자야말로 상류 지배계급의 산업으로 인식되는 경향이 있었다. 따라서 금융산업의 융성은 상대적으로 제조업을 열등한 것으로 보이게 하는 사회적 분위기마저 형성되었다. 비제조산업은 제조업에 비해 노동자의 고용창출효과가 적었던 만큼 금융산업의 번영은 그 만큼 사회적으로 빈부계층 간의 격차를 넓히는 결과를 낳았다. 비록 노동자들의 전반적인 생활수준이 개선되었음에도 불구하고 하층계급이 상류자본계급에 대해 느끼는 상대적 박탈감은 보다 심화될 수밖에 없었다. 특히 부의 재분배가 이루어지지 않는다는 점에 대한 비판이 강화되었다. 결국 19세기 중반기까지 중간계급의 부상이 두드러졌다면 후기에 들어서는 이러한 현상이 하층 노동계급에게로 전이되었다. 노동자들은 빈곤이 자신의 잘못 때문에 발생하기보다는 자본주의의 구조적인 문제로 인해 발생한다는 인식을 갖게 되었다.

이 시기에 본격화된 사회주의적 조류의 확산은 이러한 경제구조적 상황을 반영했다. 국가 차원에서도 노동계급이 지적하는 문제를 더 이상 방치할 수만은 없었다. 공장법, 공중위생법, 감옥법, 철도법, 가스법 등이 제정되어 자본계층의 독점화를 견제하였고, 연금제도(1908)와 국민보험법(1911) 등 사회입법이 추진되었다. 또한 사회보장제도의 비용을 충당하기 위해 세제를 개혁하는 등 지주-금융자본들에 대한 국가의 견제가 강화되었다.

경제적 구조의 변화와 더불어 개인주의를 기반으로 하는 고전적 자유주의에 대한 사상적 비판도 제기되었다. 홉하우스Leonard T. Hobhouse나 그린T.H. Green과 같은 19세기의 신자유주의자new liberal들은 스펜서Herbert Spencer처럼 자유방임을 주장하는 극단적 자유주의자들의 견해를 비판했다. 예컨대 그린은 국가의 개입을 통해 자유를 영위할 수 있는 개인의 역량이 개발될 수 있다고 주장했다(Sabine and Thorson 1973: 651-668). 이러한 그린의 견해는 국가가 복지를 제공함으로써 개인이 적극적으로 자유를 누릴 수 있도록 배려해야 한다는 것으로 국가는 개인과 시장의 영역에 개입하지 말아야 한다고 주장하는 소극적 자유주의와 대조되는 것이었다.

또한 중산계층의 노동계층에 대한 죄의식을 반영하는 사회주의적 경향도 나타났다. 페이비언사회주의Fabian socialism이라 불리는 박애주의적 사회주의는 자본주의에 대한 회의를 반영한다는 점에서 맑시즘과 공통점이 있었다. 그러나 사회주의는 과격한 혁명이 아니라 박애를 통해 성취될 수 있다고 보았다는 점에서 맑시즘과는 근본적으로 구별되었다. 19세기에 등장한 적극적 자유주의와 공동체적 가치와 평등이 개인주의와 자유보다 중요하다는 신념하에 사회의 재도덕화를 추구하는 도덕적 사회주의는 20세기 초반 노동당과 노조운동의 정신적 기초를 형성했다.

노동자들과 마찬가지로 1914년에 접어들어 여성들에게도 참정권이 주어졌다. 이는 교육의 수준이나 재산소유 정도에 상관없이 모든 인간은 평등하게 정치에 참여할 권리를 갖는다는 민주주의적 사상이 영국의 주된 정치패러다임으로 자리잡았음을 의미하는 사건이었다.

이상에서 본 바와 같이 시장과 시민사회는 마치 이란성 쌍생아처럼 동반성장했다. 오늘날 시장과 시민사회는 서로 대립적인 가치를 추구하는 두 개의 분리된 개체로 곧잘 인식되지만 사실 양자는 매우 보완적인 관계를 유지해 왔다. 다만 시장이 자유주의적 가치에 경도되어 있는 반면 시민사회는 이와 더불어 민주주의적 가치를 보다 강조하는 방향으로 발전했다는 점에서 차이가 있었다. 그러나 시장을 결코 시민사회로부터 독립되고 대립된 객체로 이해할 수는 없다. 후일 시장이 성장하면서 사회의 공적인 이익을 중시하는 시민사회와 대립하는 경향을 보이기는 했으나 근본적으로 시장은 시민사회의 일부분이었다. 시장의 힘이 비대해져 공적인 통제에서 벗어나려 시도하지만 종국에는 시장에 대한 사회적 통제와 간섭이 강화되어 다시 시민사회의 영역으로 흡수되는 과정을 반복해왔다.

04
정치경제 **발전론의** 제접근법

사회과학에서 논의되는 정치경제학political economy은 대략 세 가지의 의미를 갖는다. 가장 일반적인 정치경제학의 의미는 경제적인 변수를 통해 정치적 현상을 설명하는 것이다. 여기에는 정치현상은 경제적 변수에 의해 결정된다는 맑시스트적 경제결정론과 정치도 결국 시장의 속성과 유사하기 때문에 시장의 분석논리를 가지고 정치현상을 보는 것이 보다 정확한 분석 결과를 도출한다는 시장중심론이 모두 포함된다. 두 번째 부류는 전자와 대조되는 정치가 경제를 결정한다는 관점의 정치결정론적 정치경제론이다. 이 접근법은 시장도 결국 정치적 동기에 의해 만들어지며 시장을 육성하는 것도 결국 정치적 권력이라고 간주한다. 그리고 정치와 시장은 분리될 수 없다고 본다. 발전 초기에는 시장을 수립하기 위해 그리고 발전이 어느 정도 이루어 진 후에는 시장의 불안정성을 구제하고 계층 간의 분배를 도모하기 위해서 국가의 간섭 및 통제가 필요하다고 강조한다. 세 번째 부류의 정치경제학은 기본적으로 시장중심주의를 취하지만 시장의 실패가능성을 인정하며 시장의 실패가 발생하였을 경우 국가의 개입을 통해 문제를 어떻게 해결할 수 있는지에 관심을 갖는다.

아래에서 소개하는 정치경제발전론의 제접근법에는 정치경제학의 이러한 세 가지 입장들이 복합적으로 혼재되어 있다. 발전론의 관점에서 주로 논의되면서 빈번하게 차용되는 방법론으로 중상주의적 접근법, 신고전주의경제학적 접근법, 맑시스트적 접근법 그리고 케인즈주의적 접근법 등을 꼽을 수 있다.

1. 중상주의적 접근법Mercantilist Approach

역사적으로 경제발전을 설명하는 가장 고전적인 이론은 국가주도적 중상주의이다. 중상주의란 국가가 법과 규제 등을 이용하여 시장에 독점을 조성하고 위험회피적risk-averse 시장행위자들로 하여금 경쟁이 아니라 독점에서 창출되는 지대rent를 추구하도록 조장함으로써 국가의 부를 증대시키고 산업을 육성하는 발전전략이다(Ekelund and Tollison 1997: ch.1). 상공업을 중시하며 국가가 국내의 시장을 보호 및 육성함으로써 국부를 축적하려는 전략이다. 중상주의에서 상정하는 것은 정치화된 경제politicized economy이다. 중상주의는 유럽에서 절대주의적 지배체제가 성립된 15세기부터 국가의 부를 증진시키기 위한 발전전략으로 활용되었다.

앞에서 기술한 바와 같이 국민국가수립을 향해 진화하는 과정에서 국가

수립프로젝트nationstate building project가 진행되었고 여기에 소요되는 재원을 마련하기 위해 시장의 발달이 도모되었다. 당시에는 배타적인 민족적 감정을 바탕으로 국가 간 경쟁이 전개되었기 때문에 자국의 부의 증가는 타국의 부의 감소라는 제로섬zero-sum의 논리만이 존재했다. 중상주의는 국가의 정치적 힘과 자본 간의 결탁을 불가피하며 자연스러운 것이라고 여겼다. 이 시기에는 정치와 시장의 구분이 불분명했기 때문이다. 시장이 정치적 목적에 의해 만들어지고 육성되었다. 시장을 통해 축적된 부는 국가가 전쟁을 수행하고 새로운 영토를 획득할 때 사용되는 정치적 자원으로 인식되었다. 즉 부와 권력은 상호 보완적인 관계였다.

역사적으로 중상주의는 네 단계로 나누어 설명될 수 있다. 첫 번째 단계는 15세기 이전의 봉건주의 시대부터 15–16세기 절대주의 시대에 걸쳐 나타난 초기 중상주의, 즉 중금주의이다. 중세 봉건주의 시대를 통해 처음으로 나타난 중상주의적 요소는 보호주의protectionism였다. 이탈리아, 독일, 영국, 프랑스지역의 봉건영주들은 자신의 영지 내에 존재하는 길드를 통해 생산되는 상품을 외부에서 유입되는 상품으로부터 보호하기 위해 다양한 칙령을 발표하고 행사하였다. 절대주의 시대에 들어서는 항로의 개척과 그에 따른 신대륙의 발견으로 인해 시장이 해외로 급격하게 확대되었으며, 이로 인해 보호무역적 성향은 더욱 강화되었다(Heckscher 1935: 139-145). 유럽의 강대국들 특히 에스파냐, 영국, 네덜란드, 프랑스 등은 신대륙의 자원과 산물을 독점하기 위해 식민지 전쟁을 벌이며 경쟁했다. 그 결과 16세기 남미로부터 금과 은이 유럽으로 대량 유입되면서 이를 계기로 일국이 보유하는 금의 양이 곧 국력이라는 인식이 확산되었고 이것이 중금주의 나아가 중상주의로 발전했다.

두 번째 단계는 17-18세기에 이르는 본격적인 중상주의의 시대이다. 중상주의는 일국이 보유하는 금은 등 귀금속의 양을 국가의 부를 측정하는 척도로 본다는 점에서는 중금주의와 같다. 다만 중금주의보다 진일보한 측면이 있다면 국가 간 상업적 교역이 농업보다 국가의 부를 증대시키는 데 보다 중요한 역할을 한다는 점에 착안했다는 점이다. 즉 국내에서의 상업적 거래는 국가의 부를 증대시키지 않지만 국가 간 교역에서 수입액보다는 수출액을 많게 하여, 즉 무역수지balance of trade를 흑자로 만들어, 그 차액에 해당하는 양의 금과 은을 국내로 유입시키면 국가의 부는 증가한다고 보았다(Heckscher 1935: 252-259). 중상주의는 동시기에 나타난 소위 상업혁명commercial revolution의 산물로서 자본주의 가장 초기 단계인 상업적 자본주의의 한 양상이었다. 따라서 중상주의를 주장한 사람들은 대부분 상인계급에 속한 사람들로 보댕Jean Bodin, 먼 Thomas Mun 그리고 루이 14세의 재무장관이었던 콜베르Jean-Baptiste Colbert 등이 대표적인 주창자들이었다. 중상주의적 무역정책으로는 수입금지, 수입관세정책, 수출장려금 지급 및 수출공업 보호정책 등이 사용되었다.

세 번째 단계는 19세기 후반에 소위 후기공업국들이 시도한 선발국 따라잡기catch-up 공업화전략에서 발견된다. 이미 선발 공업국으로 도약한 영국은 이 시기에 자유무역주의를 주장하며 중상주의를 배격했다. 중상주의에 대한 비판의 근본은 도덕적 부정당성에 관한 것이었다. 아담 스미스는 중상주의적 정책이 자원의 효율적 분배를 방해하고 개인의 자유를 억압한다고 비난하면서, 국가의 경제정책이 경제에 대한 올바른 지식을 갖춘 전문가들에 의해 만들어지지 않고 자본가들과 결탁한 정치인들에 의해 만들어지는 현실을 비판했다(Smith 1993: 289-301). 즉 중상주의가 국부를 증진한다는 명분으로 사업에 참여한 정치세력과 그와 결탁한 상공업자들의 이익만 늘려줄 뿐이며 일반시민들은 그 혜택을 경험하지 못한다고 보았던 것이다. 그러나 무엇보다 영국이 중상주의를 배격한 다른 중요한 이유는 자유무역주의를 주창하는 것이 영국에 이익이 되었기 때문이었다. 앞선 공업화 능력을 바탕으로 영국의 산업은 국제경쟁력을 확보하고 있었기 때문에 자유무역을 주창하여 인접국가들의 시장을 개방하고자 했다.

19세기 들어 영국보다 뒤늦게 산업화를 시작한 프랑스, 덴마크, 스웨덴, 독일, 미국 그리고 일본 등 소위 후발산업화 국가들은 자유무역주의나 자유방임의 사상에 동의하지 않았다. 오히려 영국의 의도에 맞서 국수적 중상주의를 국가발전전략으로 선택했다(Trebilcock 1981). 이들이 도입한 중상주의가 앞 단계의 것들과 다른 점이 있다면 19세기 중상주의의 경향은 상업보다는 공업을 주제로 전개되었다는 사실이다. 영국은 다른 나라보다 앞서 18세기 후반부터 산업혁명을 경험했다. 그 결과 19세기에 들어 세계의 공장으로 불릴 만큼 가장 강력한 공업생산력을 보유하게 되었다. 영국은 이러한 경제적 그리고 군사적 능력을 바탕으로 자유무역을 주창하면서 타국의 시장을 개방하기 위한 압력을 행사했다. 이에 위협을 느낀 후발공업국들은 보호무역정책을 강화하는 한편 국가의 주도로 국내 산업을 육성하는 친산업적 정책을 추진했다. 이 시기의 중상주의는 국가독점자본주의적 성격을 가지고 있었다. 즉 국가가 직접 자본을 장악하고 상업을 육성하며 노동을 통제하는 우파적 권위주의정권의 양상을 보였다.

끝으로 가장 현대적 형태의 중상주의적 발전전략은 1960년대 이후 동아시아지역에 등장한 소위 발전국가the developmental state모델이다. 찰머스 존슨Chalmers Johnson을 비롯한 발전국가론의 태두들이 일본과 동아시아 신흥공업국, 즉 한국, 대만, 싱가포르 등을 사례로 제시한 발전국가모델 역시 중상주의 모델 중의 하나라고 할 수 있다. 발전국가모델은 국가가 발전에 필요한 자원들을 핵심산업에 전략적으로 할당하고 투입하여 경제성장을 도모하는 발전전략이다. 가장 우수한 인적 자원을 보유하고 있는 정부가 주도적으로 산업 발전계획을 수립하여 추진하고, 이 과정에서 사회와 시장으로부터 영향력이 투입되는 것을 차단insulate하는 권위주의적이고 관료주의적인 발전 방식이라 할 수 있다.

발전국가모델의 근간이 되는 현대적 중상주의이론의 틀을 제시한 사람은 리스트Friedrich List였다. 리스트는 개별국가 중심의 국가적 또는 정치적 경제national/political economy와 아담 스미스 그리고 세이Jean B. Say 등이 이야기하는 세계정치 차원의 경제cosmopolitical/world-wide economy는 다르다는 점을 강조했다(List 1966: 119-132). 즉 개인의 보편적 경제행태는 국가의 그것과는 다르다고 주장했다. 개인은 단지 자신의 개인적인 이익을 증진하하는 데만 관심이 있지만 국가는 자국의 모든 시민들의 복지를 고려해야 한다. 심지어 개인은 국가 전체의 이익에 반하는 행동을 통해서도 이익을 획득할 수 있다. 반면에 한 국가의 공업적 그리고 농업적 이익은 대다수의 개인의 이익을 희생하고서라도 보호되어야 한다고 주장했다.

그의 생각은 아담 스미스와 여러가지 면에서 달랐다. 그는 성숙한 경제환경에서는 농업, 공업 그리고 상업으로 요약되는 세 가지의 생산력이 동등하게 발전해야 하지만 특히 공업과 상업이 농업에 비해 중요하다고 주장했다. 왜냐하면 양자는 일국의 독립뿐만 아니라 국가 전체에 효과적이고 유익한 영향을 끼칠 수 있기 때문이다. 고급 산업기술이 개발될 수 있는 것도 이를 통해서이다. 그가 제시하는 발전 방식이란 일국이 경제적으로 진보하여 스스로 공산품을 생산할 수 있는 능력이 생기고 나면, 자국의 산업이 스스로 완전히 발전할 수 있도록 국가는 보호장치를 마련하고, 외국산 물품이 국내에서 자국산 물품의 경쟁상대가 되지 않도록 배려하는 것이었다. 이러한 과정을 통해 자국이 세계최고의 경쟁력을 보유하게 되면 자유무역을 실행해도 된다고 보았다. 국가의 의무는 국민들이 위험에 처하거나 손실을 보지 않도록 배려하는 것이라고 주장했다(List 1966).

거센크론Alexander Gerschenkron 역시 국가중심적 발전론의 기반이 되는 주장을 제기한 바 있다. 그는 로스토우Walter Rostow의 견해와는 달리 경제적 발전이 정해진 단계에 따라 성취되는 것으로 보지 않았다(Trebilcock 1981: 8-11). 근대성과 후진성은 공존하는 것이지 단계에 따라 분리되어 나타나는 것이 아니라고 강조했다. 개별국가가 처한 여러 가지 조건에 따라 발전의 전략 또한 다르게 나타날 수 있다고 보았다. 당시까지 근대화와 산업화의 표준으로 인식되었던 영국의 자발적 발전모델이 일반적으로 모든 상황에 적용될 수 있는 것이 아니라고 주장했다.

그의 주장의 핵심은 후진성backwardness이라는 것이 일반적인 상식과는 달리 경제적 발전에 불리한 조건만은 아니며 제도적 수단을 통해 충분히 극복될 수 있다는 것이다. 그가 제도적 수단으로 특히 강조한 것은 국가의 간섭state intervnetion 그리고 자본의 조달을 위한 대형은행의 설립이었다. 그는 후진성의 정도가 심할수록 자본과 경영적 리더십을 유아기적 수준의 산업에 공급하기 위한 국가의 간섭이 더 요구되며 아울러 국내의 소비와 저축을 진작시키기 위한 조치들이 필요하다고 주장했다. 근대화를 시도하는 후발국가들은 국가의 간섭을 통해 근대화와 발전에 필요한 자본, 훈련된 노동력, 기술 및 경영능력 등의 결핍을 보완할 수 있다고 주장하면서 독일, 프랑스 및 러시아를 대표적인 사례로 지목했다. 특히 독일의 경우에는 국가의 관료들이 경영 및 관리적 지식을 제공하였을 뿐 아니라 대형은행의 설립을 통해 산업화에 필요한 자본을 집중적으로 공급하는 제도적 혁신을 꾀했다고 분석했다 (Gerschenkron 1962: ch.1).

그는 또한 산업적 후진성이 심할수록 노동집약적인 생산방법보다는 자본집약적인 방법을 그리고 소비재보다는 생산재의 생산에 집중해야 한다고 보았다. 아울러 대규모 생산시설을 설치해야 하고 선진기술을 빌려오는 노력도 더욱 필요하다고 주장했다. 후진성이 강할 수록 농업보다는 산업의 생산성 향상이 산업적 확산을 가져올 가능성이 높기 때문에 불균형성장방식이 필요한데 이는 국가의 참여를 통해 달성될 수 있다는 점을 역설했다.

역사적 성찰에 기반한 그의 주장은 경제성장에 있어서 국가(또는 정부)의 역할이 매우 중요함을 강조하고 있다. 인접한 국가에서 발생한 경제적 성장과 자국의 침체라는 간극 사이에서 상대적 후진성을 주제로 긴장이 발생할 수밖에 없으며 이러한 긴장은 정치적 성격을 갖게 되고 아울러 제도적 개혁을 촉발하는 요인이 된다고 분석했다.

기본적으로 중상주의는 인간의 본성이 경쟁적이고 투쟁적이라는 홉스적 사고에 기반하고 있다. 국가건설을 위해서는 자본의 육성이 필요하며 따라서 자본과 국가 간의 결탁이 불가피하다는 입장이다. 이는 경제가 국가 또는 정치적 논리에 의해 지배되는 것이 당연하다고 보는 것을 의미하며 정치화된 경제를 상정한다. 중상주의와 시장주의는 시장의 육성이라는 점에 공감하고 있다. 그러나 양자가 매우 다른 성격을 보이는 부분은 방법론에 있다. 자유주의는 시장의 자발적 성장을 상정하는 반면 중상주의는 국가의 주도에 의한 인위적 육성을 상정한다. 따라서 전자가 친시장적pro-market이거나 친자본적pro-capital 성격을 갖고 있는 반면, 후자는 친산업적pro-industry, 더 좁게는 친기업적pro-business 성격을 가지고 있다고 할 수 있다. 하나의 단위로서 민족국가가 유지되기 위해서는 시장과 시민사회가 국가의 운영을 위해 기여해야 한다는 점을 강조하고 있으며, 따라서 정치적으로 강한 국가 그리고 관리적 국가모델을 제시하고 있고 그 결과 권위주의적 국가의 필요성을 간접적으로 암시하고 있다.

2. 신고전주의 경제학적 접근법Neo-classical Economic Approach

신고전주의 경제학적 접근법은 사회가 희소 자원을 사용하여 값어치 있는 상품을 생산하고 이를 구성원들에게 분배함에 있어 시장이라는 제도가 가장 효율적이라는 믿음에 기초해 있다. 이러한 시장중심적 사고는 정치와 경제에 있어서 개인의 이익이 최우선이라는 자유주의적 입장을 견지한다. 사회에서 개인이 자신의 이기적 이익을 추구하는 것이 도덕적으로도 문제가 없을 뿐만 아니라 사회 전체의 부를 증대시킬 수 있는 가장 좋은 방법이라고 강조한다. 개인도 사회와 국가의 전체 이익을 생각하기보다는 자신의 이익을 극대화하기 위해 전력을 다해야 하며 그것이 결국 국가의 이익증대에 기여하는 길이다. 이처럼 개인이 자신의 이기적 이익을 추구하더라도 그리고 공익에 기여하려 의도하지 않았다 하더라도 보이지 않는 손invisible hands의 작용에 의해 종국에는 사회전체의 공공이익에 기여하게 될 것(Smith 1993: Book IV, 456)이라고 상정한다. 이러한 맥락에서 국가의 역할은 최소국가the minimal state의 형태로 한정된다. 즉 국가의 역할은 개인이 선택하는 목표를 자유롭게 추구할 수 있는 안정적 정치·사회·경제환경을 유지하는 것이며 국가의 시장간섭은 시장의 실패가 분명한 경우로 제한된다. 즉 국가와 시장을 분리하여 상호 간의 간섭을 최소화하고 개인이 이익을 마음껏 추구하도록 자유를 부여하는 것이 자유주의적 패러다임의 핵심이다. 여기에서 이익이란 자신의 욕구want의 만족, 행복 그리고 협소하게는 물질적 이익 등으로 이해될 수 있다.

이 접근법은 기초 정치경제이론으로서 신고전주의 경제이론에 기반하고 있다. 신고전주의 경제이론은 아담 스미스Adam Smith를 태두로 하는 소위 고전주의 경제학classical economics에서 파생된 이론이다. 명칭에서도 나타나듯이 고전주의와 신고전주의 경제학neo-classical economics은 이론적으로 공유하는 점이 많이 있지만 다른 점도 분명하게 존재한다.

우선 양 이론의 공통적인 측면을 정리해보면 다음과 같다. 우선 양자는 개인을 선택의 자발적 주체a choosing agent로 본다. 즉 개인은 자신들이 원하는 것의 최대한의 만족을 추구하며 최고의 행복happiness을 지향하는 공리적 존재로 간주된다. 공리주의utilitarian란 개인이 여러 가지의 대안 중에서 자신의 궁극적인 목표, 예컨대 주관적 만족이나 효용 또는 행복을 가장 극대화할 수 있는 대안을 추구하는 것으로 보는 시각이다. 이 관점은 개인을 합리적 선택rational choice을 시도하는 존재로 본다. 즉 개인은 자신의 선호preference를 근거로 우선순위를 정하며, 그 중에서 자신의 이익을 극대화할 수 있는 대안들에 대해 계산을 할 수 있고 그 결과를 바탕으로 대안을 선택한다는 것이다(Caporaso and Levine 1992: 80-81).

또 양 이론은 세이J.B. Say의 법칙에 입각한 시장작동원리를 신봉한다. 이 법칙은 시장에서 과잉생산이란 근본적으로 불가능하다고 상정한다. 공급

supply이 스스로 수요demand를 창출할 것이기 때문이다. 공급 즉 생산이 확대되면 생산물의 가치만큼 소득이 창출되고 이는 결국 수요의 확대로 나타나 과잉공급은 형성되지 않는다. 만일 재정긴축이나 수출감소 또는 다른 외부적 요인에 의해 총수요가 하락하면 초과적 공급상황이 조성될 수도 있다. 그러나 이 경우 상품의 가격 역시 하락하게 될 것이고, 가격이 하락하면 고용 역시 하락한 수준에 맞게 하향조정될 것이다.

이처럼 총 수요의 변동이 물가수준에 영향을 미친다 하더라도 산출과 고용에는 지속적인 영향을 주지 않는다. 왜냐하면 물가와 임금이 유연하게 작동하여 지출이 완전고용을 유지하기에 충분한 상태로 곧 조정될 것이기 때문이다. 즉 수요 또는 소비가 하락하면 임금과 물가도 하락할 것이고 저임금은 다시 고용을 촉진할 것이며 낮은 물가로 인해 소비가 자극되어 공급이 증가할 기반이 조성될 것이다. 공급의 증가는 다시 고용을 증가시키고 이는 수요의 확대를 불러와 결국 노동할 의사가 있고 자격이 있는 사람은 모두 고용되는 완전고용의 상태가 달성될 것이다. 따라서 시장에서 일시적인 공급과잉glut이나 수요의 하락, 그리고 불완전고용 상태가 발생할 수도 있지만 장기적인 불황은 없으며 공급과 수요의 작동이 원활하게 이루어지는 한 항상 완전고용을 유지할 수 있다(Samuelson and Nordhaus 2001: 710-711). 요컨대 고전주의적 시장원리의 핵심은 가격과 임금은 상호 유연하게 조절되며 이러한 임금 및 가격wage-price의 유연성으로 인해 완전고용은 항상 회복될 수 있다는 것이다.

하지만 신고전주의 경제이론은 고전주의경제이론과 비교할 때 무엇보다도 가치의 창출 메커니즘을 다르게 보고 있다는 점에서 차이를 보인다. 먼저 고전주의이론은 가격을 생산과정에서 투입된 노동의 양의 총합으로 간주하는 노동결정론의 입장을 견지한다. 부wealth는 주로 토지와 생산시설에 투입된 노동에 의해서 창출된다고 보았기 때문이다(Smith 1993; Ricardo 1908).

반면 신고전주의이론에서는 가격은 효용utility에 의해 결정되는 것으로 간주한다. 효용이란 소비자가 재화를 소비할 때 얻는 만족의 정도를 의미한다. 보다 높은 효용을 제공하는 재화가 보다 높은 가격을 받을 수 있다고 본다. 물론 소비량과 비례하여 효용이 늘어나는 것은 아니다. 소비량이 어느 정도 증가한 이후에는 효용의 증가는 상대적으로 적은 폭으로 증가한다. 예컨대 같은 1개의 상품의 효용은 보통 첫 번째 상품의 효용보다도 두 번째의 것이 작고, 다시 세 번째는 더욱 작아지는 경향이 있다. 이처럼 재화의 소비량 증가와 더불어 추가되는 1단위당 효용을 한계효용marginal utility이라 한다. 그런데 재화 소비량 증가와 함께 한계효용은 차츰 감소하는 경향을 보이는데 이것이 한계효용체감의 법칙Law of diminishing marginal utility이다(Samuelson and Nordhaus 2001: 86-87).

신고전주의에서는 효용과 더불어 희귀성Scarcity 역시 가격을 결정하는 요소라고 주장한다. 희귀하다는 것은 자연상태의 유효성만으로는 충분히 욕구를 만족시킬 수 없는 것을 의미한다. 높은 상태의 욕구, 그리고 자원의 유효성availability of resources이 조합되어 희귀성을 야기한다. 희귀성의 관점에서 보면 물건의 가격이 효용이 높다고만 해서 비싸지는 것은 아니다. 공기는 효용은 크지만 가격은 없다. 반면 다이아몬드는 효용은 적지만 가격이 높다. 그러므로 가격은 총효용의 크기에 의해서만 결정되지 않고 공급의 희소성과 수요에 있어서 한계효용의 크기에 의해 결정된다. 재화의 공급이 한정되어 있을 때에는 낮은 효용에도 불구하고 수요공급 균형을 위해 가격이 높은 수준에서 결정될 수 있다(Caporaso and Levine 1992: 81).

그러면 신고전주의 경제학이 가지고 있는 시장에 대한 신뢰는 어떤 것일까? 신고전주의 경제학은 시장이 효율적일뿐만 아니라 구성원의 후생wlefare을 향상시켜 준다고 주장한다. 신고전주의 경제학은 완벽한 시장이 구성원의 경제적 후생을 가장 최적Pareto Optimum의 상태에서 만족시킨다고 보며, 개인이나 집단이 합리적인 선택을 했을 때 후생이 극대화될 수 있다고 주장한다. 물론 개인의 경우와 집단의 경우가 약간 다른 양상을 보일 수는 있다. 개인의 경우 올바른 선택만 하면 후생이 극대화되지만 집단의 경우는 이것만으로는 부족할 수 있다. 예컨대 어떤 한 개인의 소비행위가 그와는 전혀 관계없는 제3자의 후생에 영향을 줄 수 있다. 이를 외부효과external effect라고 한다. 그런데 이러한 외부효과의 문제와 관계 없이도 집단의 후생이 개인의 후생과 다른 양상을 보일 수 있다. 예컨대 다른 사람이 가지고 있는 물건을 내가 소유하게 됨으로써 그 효용도가 제고될 수 있는 경우가 발생할 수 있다. 이는 참여자들 간에 자발적 교류가 활성화됨으로써 당사자들 모두 후생이 증대될 수 있다는 것을 의미한다. 신고전주의 경제학에서는 이처럼 완벽한 시장환경에서는 후생을 제고하는 교환이 발생할 수 있으며, 궁극적으로 자유시장이 사회의 집단적 후생을 최상의 수준으로 만족시킨다고 상정한다(Caporaso and Levine 1992: 80-81).

그렇다면 신고전주의 경제학에서는 어떤 형태의 정치경제학이 가능한 것일까? 일반적으로 신고전주의적 정체경제는 두 가지를 상정할 수 있다. 하나는 정치현상을 경제학적으로 즉 시장의 논리를 가지고 설명하는 것이고, economic theory of politics 다른 하나는 개인의 욕구를 충족시키는 최상의 수단으로 상정되는 시장이 때로 그 기능을 수행하지 못하게 되는 원인과 그 치유방법을 연구하는 것이다. 후자의 경우는 시장의 실패market failure라는 용어로 표현된다. 즉 시장이 개인으로 하여금 최상의 욕구만족을 추구할 수 있도록 기능하지 못하는 상황을 의미한다.

정치사회현상에 대한 경제학적 설명의 예로서 가장 대표적인 주제는 재산권property right의 문제이다. 재산권문제는 정치와 경제가 연결되는 가장 첨예한 접점이라고 할 수 있다. 즉 개인의 욕구만족이 실현되는 장이라는 점에서 시장의 영역이지만 재산권과 계약이 성립되고 집행되는 것은 정치의 영역이다. 재산권은 소유, 사용, 판매 그리고 부welath에 접근할 수 있는 권리를 의미하며 여기에는 실물적physical 재산과 비실물적intangible 재산을 모두 아우른다. 재산권을 수립하고 정의하며 그 한계를 규정하는 것은 정치적으로 결정되는 사안들이다. 재산권에 대한 논쟁들이 발생하는 곳도 정치의 영역이다.

재산권을 설명하는 이론적 조류는 두 가지이다. 하나는 실용주의학파positivist school이고 다른 하나는 자연권학파naturual right school이다. 전자는 재산권이 정치적 체제에 의해서 형성된다고 보는 입장이다. 즉 권리는 법에 의해서 규정되는 바에 따라 결정된다고 보는 것이다. 후자는 인간이 근본적으로 권리를 가지고 태어난 존재이며 이는 단순히 법의 영역을 넘어서는 기본권이라고 보는 입장이다(Caporaso and Levine 1992: 88-88). 예컨대 법에서 집회에 관한 권리를 정의하지 않는다 하더라도 정치적 동물인 인간이 집단을 형성하고 사회화를 시도하는 것은 법이 규정할 수 있는 범위 밖의 문제라는 것이다.

재산권과 관련된 주제는 정치에 관한 경제이론의 관점에서도 중요하다. 예컨대 근대 시민들이 자유주의와 민주주의를 추구하게 되었던 원인의 근저에는 재산권을 보호하고자 하는 욕구가 내재되어 있었다. 즉 자신의 재산과 생명 그리고 자유를 보호하기 위해서는 전제적 권력을 휘두르는 군주에 대항할 정치적 힘이 필요했으며 그것이 시민의 정치참여로 나타났고, 이는 결국 자유주의와 민주주의로 귀결되었다는 것이다. 아울러 재산권은 발전론 연구에 있어서도 중요한 주제이다. 자본주의체제가 사회주의체제와의 경쟁에서 승리할 수 있었던 원인을 분석함에 있어서 사유재산권의 존재 여부는 매우 중요한 설명요인이다.

신고전주의 정치경제론에서 관심을 갖는 또 다른 주제는 시장의 실패를 유발하는 요인들에 관한 것이다. 신고전주의 경제학에서 말하는 시장의 실패란 무엇보다도 완전경쟁perfect competition이 붕괴되어 시장의 효율성이 저하되는 상황이다. 효율effciency은 시장의 가장 중요한 덕목이다. 시장경쟁을 불완전하게 만드는 요인 중 대표적인 것으로 외부효과externalities, 공공재public goods 그리고 불완전경쟁imperfect competition, 즉 독과점monopoly 등이 있다.

외부효과란 당사자의 행동이 이와 무관한 제3자에게 어떤 결과를 초래하는데 그 과정에 어떠한 가격결정 시스템도 개입되지 않는 것을 의미한다(Samuelson and Nordhaus 2001: 36-37). 예컨대 공장에서 배출하는 매연이 주변의 시민들에게 건강상의 문제를 유발하는 것 등을 들 수 있다. 문제가 되는 것은 이처럼 부정적 외부효과negative externalities의 경우이다. 한 예로 어떤 공장에서 생산하는 물품의 가격이 그 한계생산비용보다 높은 한 공장은 공해물질의 배출에도 불구하고 생산을 지속할 것이다. 이러한 현상은 자유시장적 가격형성 메커니즘의 관점에서 본다면 아무런 문제가 없지만 그 공장에서 배출되는 매연이 일반 시민들의 위생을 심각하게 위협한다는 점을 고려한다면 이는 시장의 실패를 유발한 것으로 볼 수 있다. 이를 해결하기 위해서는 정치의 힘을 빌릴 수밖에 없다. 예컨대 국가가 가격메커니즘에 개입하여 공장으로 하여금 생산설비를 개선하는 등의 방법으로 공해를 배출하지 못하게 하는 것이다(Caporaso and Levine 1992: 89-92). 여기에는 여러가지 방법이 사용될 수 있는데 우선 벌금을 부과할 수 있다. 벌금은 생산경비에 사회적 비용을 추가시켜 회사가 지출할 비용의 총량을 상품의 가격 이상으로 만드는 기능을 한다. 두 번째는 정부가 보조금을 지급하는 것이다. 즉 설비를 개선하는 해당 회사가 지출해야 할 비용이 생산품의 가격을 과도하게 초과할 경우 공적 비용을 제공함으로써 외부효과의 발생을 방지하도록 유도하는 것이다. 마지막은 규제를 적용하는 방법이 있다. 벌금과 보조금제도는 벌금과 보조금을 가격시스템에 개입시키는 것인데 반해, 규제는 법적 장치를 이용하여 외부효과의 발생을 통제하는 것이다. 예컨대 해악을 유발한 상대를 대상으로 소송law suit을 제기하는 것을 이러한 관점에서 이해할 수 있다.

공공재public good는 시장에서 생산되지 않는 재화라는 점에서 흥미로운 주제이다. 공원, 교육 그리고 국방 등과 마찬가지로 개인에 의해 사사로이 소유되거나 감당될 수 없으며 개인의 배타적 이익의 추구대상도 아니고 더욱이 시장원리에 입각하여 수요공급이 조절되는 재화도 아니다. 따라서 공공재는 주로 국가가 공적 자금을 이용하여 공급하게 되는데, 이 경우 집단행동문제collective action problem 특히 무임승차free riding 문제를 유발할 수 있다. 예컨대 공적으로 필요한 시설을 구축하기 위해서는 그 혜택을 직간접적으로 누리는 모든 구성원들이 일정 비율의 비용을 함께 부담해야 한다. 그러나 현실적으로 이는 불가능한 경우가 많으며 상당수의 사람들이 비용을 지출하지 않은 채 그 이득만을 향유하려는 경향을 보인다. 무임승차현상이 심화될수록 시장메커니즘은 붕괴할 가능성이 높아진다. 이를 해결하기 위해 국가의 개입이 필요하다고 보는 것이 신고전주의 정치경제의 입장이다(Caporaso and Levine 1992: 93-95). 국가가 강제력을 동원하여 개인이 자신의 이익이 제고되는 만큼의 지출을 하도록 강요하는 것이다. 국가는 법적 강제력을 보유하고 있으므로 시장보다 갈등을 조정하는 데 보다 효과적으로 능력을 발휘할 수 있다고 보기 때문이다.

마지막으로 독과점의 문제는 시장실패의 가장 전형적인 현상이다. 독과점 하에서 시장 행위자들은 가격메커니즘에 순응할 동기를 상실하게 된다. 상품의 생산은 효율성이 결여된 상황에서 이루어지고 소비자는 시장가격 이상의 재화를 지불해야 할 것이다(Samuelson and Nordhaus 2001: 37-38). 이러한 불완전 경쟁의 상황을 타개하기 위한 해결책은 독과점을 강제로 해체하는 것이다. 정부가 독점금지법을 입법화하여 대형회사를 분할하거나 경쟁을 제한할 수 있는 합병을 예방하는 것 등을 예로 들 수 있다. 또한 독과점으로 인해 형성된 가격이나 이익을 정부가 규제하는 방법도 있다. 그러나 불완전 경쟁을 해소하는 가장 효율적인 방법은 독점세력을 외부의 경쟁자에게 노출시키는 것이다. 즉 시장진입규제나 수입규제 등 경쟁제한적 규제를 완화하는 것 등이 그 예이다.

신고전주의 정치경제학은 시장의 자율성을 중시하고 정부의 지나친 간섭을 금하지만 시장의 실패가 발생할 경우 국가를 통한 정치적 해결이 가능하다는 입장을 견지하고 있다. 이는 고전주의 경제학의 태두라 할 수 있는 아담 스미스의 철학과도 부합하는 것이다. 일반적으로 아담 스미스는 시장의 자유방임을 주장한 것으로 유명하지만 근본적으로 도덕철학자였다. 그는 시장이 탐욕스러운 시장행위자들에 의해 안정성을 상실한다면 국가가 이를 교정하기 위해 개입해야 한다고 주장한 바 있다. 만일 국가가 화합의 주도권을 확보하기 위해서 그리고 시민을 계몽하기 위해서 적극적으로 간섭하지 않는다면 자본가들은 대중과 등을 돌리게 될 것이고 노동자들은 무지함에 빠지게 될 것이라고 경고하면서, 시민의 안전과 자유 그리고 시장의 안정적 운영을 보장하기 위해서 국가는 적극적으로 간섭해야 한다고 주장했다(Smith 1993: 440-441). 그는 왕을 비롯한 정치계급과 상공업자들이 결탁을 통해 부를 독점하지만 일반 시민들은 그 혜택을 보지 못하고 있음을 비판하기 위해 시장의 자유를 주장했으나 국가의 시장에 대한 역할을 간과하지는 않았다. 아담 스미스의 이러한 문제의식은 신고전주의 패러다임 하에서도 그대로 승계되고 있으며 바로 이에 근거하여 신고전주의적 정치경제가 성립된다. 아래에서 언급할 케인지언 정치경제는 시장의 정치화를 당연한 것으로 여기지만, 신고전주의는 역으로 정치도 시장의 원리에 입각하여 운영되는 것이 바람직하다고 본다. 그럼에도 불구하고 시장의 실패가 발생하였을 때 해결사로서의 국가의 역할을 긍정적으로 인정하고 있으며 이는 고전주의 경제학이 상정하는 국가의 역할과도 일맥상통하는 것이다.

끝으로 신고전주의 경제학이 상정하는 경제발전이란 주로 경제적 성장을 가리키며 이는 축적된 자본의 양의 증가하는 것을 의미한다. 특히 잉여자본이 형성되어 재투자되어야 새로운 부를 축적할 수 있다고 보기 때문에 한 사회에서 빈부 간의 격차가 형성되는 것을 당연시하는 경향을 보인다. 따라서 자본축적의 효율성과 형평 간에는 한 쪽이 증가하면 다른 한 쪽이 감소하는 이율배반의 관계가 있다고 보고 있다. 부가 구성원들에게 완벽하게 분배되면 잉여자본이 축적되지 않아 저축되지도 않고 재투자될 수도 없다. 게다가 분배와 형평을 강조하는 정책이 집행되면 개인이 열심히 일하고 저축할 동기를 상실하게 되고, 세금을 내고 거두기 위한 부대비용이 증가하며,

무엇보다도 고수익을 낼 수 있으나 위험도가 높은 혁신을 시도하지 않아 결과적으로 국가 전체의 수입이 줄어드는 현상이 나타날 것이라고 상정한다(Samuelson and Nordhaus 2001: 394). 그러므로 이를 방지하기 위해서는 분배를 위한 국가의 지나친 개입을 자제해야 하고 시장의 자율성이 확보되어야 한다는 입장을 갖고 있다.

3. 맑시스트적 접근법Marxist Approach

맑스Karl Marx, 1818-1883의 이론은 경제결정론economic determinism적 입장을 지향한다. 물론 자유주의적 접근법도 경제적 변수의 중요성을 강조한다. 그러나 양자의 차이점은 자유주의의 입장이 '경제가 정치를 결정하는 것이 바람직하다' 또는 '정치도 경제적 논리에 입각하여 작동한다'는 것이라면 맑시스트적 시각은 '경제가 정치를 결정한다'는 것으로 묘사될 수 있다. 즉 전자가 경제중심적 이론이라면, 후자는 경제결정론적 이론이다. 또한 전자는 인간의 자유적인 사고와 합리적인 행동결정양식에 주목하고 있는 반면, 후자는 생산수단의 소유를 둘러싸고 형성된 숨겨진 경제적 구조를 탐구하고 있다.

맑스의 이론은 우선 역사적 유물사관historical materialism에서 시작된다. 유물사관을 간략하게 표현한다면 생산수단을 보유한 계층이 결국 지배계층을 형성한다고 보는 것이다. 이것을 소유하지 못한 노동계층은 따라서 종속적 위치에서 지배계층에 협조할 수 밖에 없다. 지배계층은 이러한 계층적 불리함을 이용하여 노동계층의 노동과 임금을 착취하지만 노동계층은 생계를 유지하기 위해 자본계층에 의존할 수 밖에 없다. 그렇다면 지배계층은 어떻게 사회적으로도 지배적 지위를 유지할 수 있는가? 맑스는 이에 대해 지배계층이 법, 문화, 종교, 애국심 등 소위 상부구조superstructure를 이용한다고 설명한다. 상부구조는 생산수단으로 대표되는 하부구조substructure에 대응되는 개념인데 바로 이 물질적 하부구조가 정치적 상부구조를 결정한다고 본다는 관점에서 경제결정론적 입장을 견지한다고 볼 수 있다(Marx 1904). 자본주의는 계급체계에 기초해 있으며 자본주의 체제 하에서 계급 간의 갈등은 불가피하다고 맑스는 주장한다. 역사적 유물사관은 당세대의 착취적 구조는 이전 세대로부터 승계된 것이라고 보는 역사주의적 입장이다.

맑스의 이론에 있어서 중요한 경제적 개념은 잉여가치surplus value이다. 최종 생산물의 자본가치(C)는 고정자본c: constant capital의 가치와 가변자본v: variable capital의 합이다(Marx 1990: 320-321). 여기서 고정자본은 자본, 공장, 기계류 등 물품생산을 위해 항구적으로 투입된 자본이다. 반면 가변자본은 노동자에게 지급되는 임금과 같이 상황에 따라 투입량이 조절될 수 있는 가변적 형태의 자본이다. 그러나 자본가는 제품의 생산을 위해 이미 투입한 고정자본과 가변자본의 대가로 추가의 이윤을 추구하려 하는데 바로 이것이 잉여가치surplus value이다. 이 이윤은 가급적 최소한의 임금만을 지급함으로써 창출될 수 있다. 이 경우 노동자는 자신이 실제로 받아야 할 임금보다 적은 양의 임금을 받게 되는데 이것이 바로 자본가에 의한 노동자의 착취exploitation이다(Marx 1990: 518). 즉 잉여가치의 총합은 자본가가 노동자를 착취한 이윤의 총량과 같다고 할 수 있다(Wolf 1984: 141-145). 맑스는 이처럼 잉여가치가 창출되는 이유를 자본가의 욕구에서 찾았다. 그는 자본가들이 노동자들로 하여금 임금에 해당하는 가치이상의 잉여가치를 창출케 함으로써 자본의 가치를 증대시키는 자본확대화과정the valorization process을 진행한다고 설명하였다(Marx 1990: 293).

그렇다면 왜 노동자들은 이러한 착취에도 불구하고 지속적으로 노동에 임하는 것일까? 맑스는 산업예비군reserved army of labor이라는 개념을 제시한다. 19세기 당시 영국에서는 지속적으로 노동자들이 도시로 유입되었다. 그 결과 자본가에 의해 노동자들이 착취되었음에도 불구하고 다수의 노동자들은 제한된 수의 일자리를 차지하기 위해 이를 감수했다는 것이다(Marx 1990: 792).

맑스는 또 자본주의적 경제는 이윤률체감경향the law of the tendency for the rate of profit to decline을 경험할 수밖에 없다고 주장했다. 이러한 현상의 주된 원인은 자본주의적 시장의 경쟁 때문이다. 즉 시장경쟁에서 승리하기 위해서는 자본가들은 보다 많은 노동자들을 고용할 수밖에 없고 노동에 대한 수요의 증가는 임금상승 압박을 유발하게 된다. 이러한 상황을 극복하기 위해서는 노동자를 해고하고 대신 공정의 자동화를 제고하기 위해 기계류와 같은 고정자본에 대한 투자를 증가시켜야 한다. 그 결과 이윤은 줄어들고 노동에 대한 착취는 증가하게 된다. 그럼에도 불구하고 착취를 예방할 법적 장치는 마련되지 않는다(Marx 1990: 353). 노동자의 임금저하는 구매력의 저하로 귀결된다. 이러한 현상은 다시 이윤율을 체감시키고 빈곤을 확산시키며 무엇보다도 계층 간의 갈등을 심화시킨다(Smith 1990: 179-188).

갈등은 단순히 자본가와 임금노동자들 간에만 발생하는 것은 아니다. 자본주의적 경쟁은 자본의 집중concentration현상으로 귀결되어 결국 강자만이 생존하는 상황에 도달하게 되고 중소기업은 독점적 대자본에 대한 종속적 상황에 처할 수밖에 없다. 이로서 대자본과 소자본 간에도 심각한 갈등이 불가피하다. 이윤률체감 현상으로 인해 자본주의 경제는 결국 지속적으로 악화될 수밖에 없다. 저임금의 상황에 처한 노동자들은 구매력을 상실하게 되어 수요가 실종된다. 자본이 축적될수록 계층 간 갈등이 심화되고 노동계층의 계급의식class consciousness이 고착화되며 결국 사회적 빈곤pauperism 현상도 심화된다는 것이다(Marx 1990: 802-808).

결국 이러한 자본주의의 모순을 극복할 수 있는 유일한 방법은 사회주의socialism를 구현하는 것이라고 맑스는 주장했다. 사회주의는 생산수단이 자본가의 손에 사유화되는 자본주의와는 달리 그것을 인민의 소유, 즉 국유화를 통한 사회적 또는 공적 소유로 만드는 것이다. 사회주의 하에서 이윤은 노동자들의 복지를 위해서 쓰여지며 국가는 궁극적으로 용도가 없어지게 된다. 국가의 용도는 자본가의 힘을 억누르고 생산수단을 당분간 인민의 통제하에 보유하기 위한 도구에 불과하다(Smith 1990: 200-208).

맑시스트적 접근법은 자유주의적 접근과는 달리 발전을 갈등적인 측면에서 이해하고 있다. 자유주의적 이론은 자본의 규모가 성장하면 그 효과가 하위 계층으로 파급trickle-down되어 결국 사회 전체가 부유해질 것이라는 긍정적 가설에 입각해 있다. 반면 위에서 보듯이 맑시스트 이론은 자본이 축적되면 될수록 집중화와 독점화가 강화되고 노동에 대한 착취와 그들의 빈곤화는 더욱 심화된다는 정반대의 가설을 주장하고 있다. 따라서 맑시스트적 관점에서 본다면 궁극적으로 자본주의 체제 하에서 약소국의 발전은 불가능하거나 가능하더라도 제한적일 수밖에 없다. 왜냐하면 경제적 약자 즉 노동을 착취하는 경제적 구조가 존재하기 때문이다.

이 접근법은 국가 간의 발전과 저발전에 관한 논의에 있어서도 자유주의이론과는 다른 방법론을 제시하고 있다. 국제관계를 이해하기 위해서는 국가 혹은 기타의 실체가 상호작용하는 전지구적인 구조the structure of the global system의 맥락을 이해할 필요가 있다고 보며, 현재의 상황을 이해하기 위해서는 역사적 전개과정에 대해 알아야 하고, 세계적 차원의 불평등을 야기하는 것은 자본의 지배적 메커니즘이 존재하기 때문이며, 이는 북반구와 남반구의 국가들 사이에 존재하는 종속관계의 원인이고, 끝으로 자본주의체체에 의해 영향을 받는 국제 정치적 상황을 이해함에 있어서 경제적 요인이 결정적으로 중요하다고 본다(Viotti and Kavppi 1993: 449-450).

사회주의 국가들의 몰락으로 인해 맑시스트적 설명이 과거에 비해 덜 주목받고는 있지만 자본주의적 체제에 대한 냉철한 비판을 제시하고 있다는 점에서 이 접근법의 사회과학적 가치는 여전히 유효하다. 역설적으로 맑시스트 이론은 자신이 비판하고 붕괴시키고자 했던 자본주의 경제체제가 모순을 보완하여 보다 개선된 체제로 거듭날 수 있도록 공헌한 주역이라고 할 수 있다. 1980년 이후 대두된 신자유주의적 패러다임으로 인해 시장주의적 자본주의가 발전하고 그 결과 빈부의 격차가 심화되어 민주주의적 욕구가 강하게 부상하고 있는 현실을 감안한다면 정치경제 분석에 있어서 맑시스트적 접근법의 이론적 적실성이 다시 한번 강조될 필요가 있다.

4. 케인즈주의적 접근법Keynesian Approach

정치경제발전론에 있어서 케인즈주의적 접근법은 중상주의적 접근법과 더불어 국가중심적 성격을 갖는다. 그러나 양자가 지향하는 바는 다르다. 중상주의적 접근법은 국가가 전략산업을 육성함으로써 선발국을 따라잡는

catch up것을 목표로 하는 발전전략을 지칭한다. 반면에 케인즈주의는 국가가 주요 산업을 소유함으로써 고용을 확대하고 국민들에게 사회보장을 제공하는 데 주안점을 두는 발전전략이다. 종합하자면 전자는 발전초기 산업화 전략으로 그리고 후자는 자본주의가 어느 정도 성숙한 단계에서 국가의 개입을 통해 시장의 실패를 보완하려는 복지향상전략으로 개념화할 수 있다.

케인즈주의는 고전주의적 경제이론에 대한 비판으로부터 출발한다. 케인즈Maynard Keynes는 신고전주의경제학의 태두였던 마샬Alfred Marshall의 케임브리지 대학 제자였다. 그의 초청으로 직장이었던 동인도 회사를 그만두고 케임브리지에서 신고전주의경제학을 강의하기도 했다. 그러나 경제학을 강의하면서 신고전주의이론에 대한 비판적 문제의식을 갖게 되었다고 한다. 케인즈주의 경제학의 핵심은 경제를 인위적으로 부양하거나 국민소비를 증가시키기기 위해 국가가 재정정책이나 통화정책을 사용하여 시장에 개입하는 것이다. 그는 신고전주의 경제학이 주장하는 완전고용, 즉 비자발적 실업이 부재한 상태가 시장의 힘으로는 스스로 달성될 수는 없다는 점과 정부의 지출은 경제를 활성화시켜 불완전 고용의 틈을 메울 수 있다는 점을 주장했다. 케인즈가 본 시장경제는 주기적 불안정성에 취약한 존재였다. 시장은 인적·물적 자원을 충분히 활용하지 못하기 때문에 시장의 자기조정능력을 훼손하는 불안정성을 극복하기 위해서는 자본운용에 대한 장기적 안목을 가지고 있는 국가가 총수요를 자극하기 위해 시장에 간섭state intervention하는 것이 필요하다고 주장했다(Keynes 1936: 164, 378).

케인즈가 주장하려 했던 것은 신고전주의 경제학과 하이예크Hayek류의 오스트리아 통화주의 경제학이 신봉하는 시장메커니즘이 제대로 작동하지 않는 경우가 빈번하며, 이를 교정하기 위해 국가의 간섭이 보다 빈번하게 필요하다는 점이었다. 그는 시장의 자동조정기능을 신뢰하지 않았다. 이 점에서 케인즈의 경제이론은 시장을 둘러싼 정치·사회적 변수들을 보다 폭넓게 고려한 거시경제이론으로 간주된다.

케인즈가 특히 신고전주의경제학 진영에 대해 비판을 가했던 문제는 왜 대공황이 진행된 1930년대 현재 시장은 완전고용의 상태로 회복되지 못한 채 장기간의 경기침체를 경험하고 있는가 하는 점이었다. 앞에서도 지적하였듯이 세이의 법칙을 신봉하는 신고전주의경제학은 물가와 임금이 유연하게 소비감소에 대응할 수 있다고 보았다. 경기가 침체되어 소비가 감소하면 임금과 물가가 하락할 것이고 저임금은 결국 고용을 촉진하며 낮은 물가로 인해 소비도 점차 증가할 것으로 보았다. 따라서 일시적 불완전 고용은 발생할 수 있지만 곧 완전고용의 상태로 회복될 것이다. 나아가 일시적 경기침체는 있을 수 있으나 장기간의 경기침체는 없다는 것이 신고전주의경제학의 입장이었다. 그럼에도 불구하고 전세계는 1929년을 기점으로 공황에 돌입하여 장기간 동안 회복하지 못했다. 이를 목격한 케인즈는 공급이 스스로의 수요를 창출한다는 세이의 법칙에 오류가 있다고 주장했다. 케인즈의 이론은 수요는 공급에 의해 창출되는 존재가 아니라 스스로 독립적인 존재라는 이론을 제시했다.

케인즈의 주장은 우선 시장에 비자발적 실업involuntary unemployment이 존재한다는 것이었다(Keynes 1936: 15). 즉 총수요와 공급 간의 균형이 잠재적 산출output 수준에 밑도는 지점에서 형성될 수 있다는 것이다. 이런 상황에서는 일자리를 갖고 싶어도 또는 자격이 있어도 고용이 되지 못하는 현상이 발생할 수 있다. 시장이 자기조정 메커니즘에 의해 완전고용상태로 회복되지 않는 경제적 침체 상황이 지속된다면 총수요 역시 침체될 것이다. 시장의 소비 성향과 고용의 정도는 투자의 양에 따라 결정이 되지만 투자에 대한 결정은 단순히 이자율에 따라 결정되는 것이 아니라 미래에 대한 전망에 의해 결정되는 것이라고 주장한다(Keynes 1936: ch.5). 이런 상황을 타개하기 위한 대안은 국가가 총수요를 자극하기 위한 통화 및 재정정책을 사용하는 것이다.

케인즈경제학에서 제기하는 또 하나의 문제는 투자의 결정에 관한 것이다. 신고전경제학에서는 이자율interest rate이 유연하게 움직여서 저축을 투자로 연결해 준다고 가정하고 있다. 즉 저축이 증가하면 이자율이 하락하고 이는 투자의 증가(저축의 수요증가)를 유발한다는 것이다(Caporaso and Levine 1992: 117-118). 그러나 케인즈는 이자율의 하락이나 저축의 증가가 투자의 증가로 귀결된다는 주장에 동의하지 않았다. 투자에 관한 결정에는 이자율rate of interest뿐만 아니라 정치, 사회 그리고 미래의 불확실성 등 생산품의 수요에 영향을 미칠 수 있는 다양한 요인들이 영향을 미친다고 보았다.

투자와 관련하여 신고전경제학이 갖고 있는 또 하나의 가정은 부유한 이들이 소유하고 있는 잉여자본superfluity이 투자의 재원이 되는 저축을 형성한다는 것이었다. 이러한 관점에서 자본주의체제 하에서의 계층 간의 불평등은 정당화될 수 있었다. 부가 분배된다면 저축의 여력은 그만큼 상실될 것이기 때문이다. 부의 잉여가 형성되어야 저축으로 전환될 수 있는 여유가 생긴다. 그러나 케인즈는 공황이 엄습한 1930년대 초반의 상황에서 존재하는 극심한 빈부 간의 격차는 신고전주의 경제이론이 정당화될 수 있는 수준을 넘어섰다고 주장했다. 케인즈는 불평등이 제거되어야 한다고 보았다(Keynes 1936: 372-374). 돈을 가진 소수의 소비의사에 경제를 맡기는 것은 위험하다고 본 것이다.

케인즈는 완전고용을 달성하기 위해서 가계는 소비를 충분히 하고 기업은 투자를 충분히 하는 것을 대안으로 제시했다. 만일 개인들이 버는 돈을 모두 소비하고 기업이 저축한 돈을 모두 투자해 준다면 세이의 법칙이 성립할 수 있다. 그러나 저축한 돈이 모두 투자되리란 보장이 없다. 저축한 돈이 소비되지도 투자되지도 않으면 총수요가 총공급을 하회할 것이며 과잉공급을 유발하여 결국 경기의 침체로 이어질 것이다. 따라서 저축보다는 소비가 중요하다. 계층 간의 경제적 형평이 제고되어 소비의 주체가 확대되어야 한다. 케인즈는 승수효과multiplier effect를 통해 적은 양의 소비가 전체적으로 큰 규모의 투자로 귀결될 수 있다고 주장했다. 나아가 적은 양의 투자 증가라 하더라도 완전고용을 유발할 수 있다고 주장했다(Keynes 1936: 116-119). 돈을 쓸수록 연쇄반응의 속도는 증가한다는 것이다.

경제의 활성화 여부를 소수 자본가의 투자결정에 의존할 수는 없으며 따라서 국가의 역할이 중요하다는 것이 케인즈 경제학의 주장이다. 정부의 역할은 적절한 양의 소비를 경제에 투입하여 생산량과 소비량의 차이를 보충하는 것이다. 불경기의 재정균형정책은 오히려 불경기를 심화시킨다. 정부의 세입이 줄더라도 적자재정을 감수하고라도 재정을 집행해야 한다. 즉 불경기에는 적자재정, 호경기에는 흑자재정이 유지되어야 한다는 것이 케인즈 경제학의 처방이었다.

케인즈 경제학의 수요에 관한 관심은 노동의 문제로도 연결되었다. 즉 비고용 상태에 처한 노동자가 많을수록 이들이 시장의 생산활동에 참여할 수 있는 기회는 줄어들 것이고 시장에서 수요를 확대하는데도 기여할 수 없을 것이다. 임금의 하락에 따른 비용의 하락이 투자를 자극하지 못한다면 결국 수요의 축소만을 유발할 것이고 이는 결국 다시 고용의 하락으로 귀결될 것이다. 노동자들은 자신들이 초래하지 않은 일로 인해 생계의 위협을 받는 상황에 직면할 수 있다. 따라서 케인즈는 고용주와 피고용자 간의 관계를 안정화시킬 수 있는 방안이 필요하며 국가의 간섭이 경제의 안정화stabilization에 기여할 수 있다고 보았다. 즉 국가는 소득과 수요의 증감이 노동시장에 미치는 연계를 약화시키기 위해 역할을 해야 한다는 것이었다. 노사 간의 단체협상collective bargaining이 그 대안 중의 하나라 할 수 있다. 단체협상은 유연한 임금정책에 비해 노동자들의 임금 변동을 완화할 수 있다고 주장했다(Keynes 1936: ch. 19; Caporaso and Levine 1992: 114-119).

케인즈의 입장에서 정부의 개입은 시장을 안정화시킬 수 있는 가장 효과적인 방법이었다. 신고전주의경제학은 정부개입이 시장의 실패가 명백할 때만 사용되어야 한다는 시장중심적 입장을 견지한 반면, 케인즈주의는 시장의 자기조정 능력을 그다지 신뢰하지 않으므로 국가의 일상적 그리고 즉각적 간섭을 주장했다. 국가가 자원분배권을 독점함으로 인해 시장행위자들의 지대추구행위가 발생한다하더라도 국가의 개입이 효율적으로 이루어질 경우 거래비용을 축소시킬 수 있다(Khan 1997)는 논리이다. 더욱이 국가는 개인의 이익추구행위가 시장에 부정적 영향을 미치지 않도록 거시적인 경제환경을 조성해야 한다고 주장했다.

케인즈주의는 국가간섭의 구체적인 방법으로 정부지출과 정부차입 그리고 세금의 징수를 제시하고 있다. 정부는 민간부문으로부터 상품을 구입하거나 노동을 고용하고 소비자에게 보조금을 지급하기 위해 정부지출을 확대한다. 또 국채를 발행함으로써 민간부문에서 돈을 빌려 정부지출을 위한 자원으로 사용하기도 한다. 국가가 징수하는 것 보다 많은 양의 자금을 정부가 지출하기 위해 돈을 민간으로 빌리는 것은 소비되지 않을 수도 있는 자금을 강제로 시장에서 회전시키는 효과가 있다. 또 다른 방법은 세금의 징수인데, 정부는 세금을 거둠으로써 그렇지 않을 경우 투자되지 않고 저축으로 고여 있을 자금을 소비자들에게 직접 전환시킬 수 있다(Caporaso and Levine 1992: 121).

이러한 방법으로 국가는 수요와 고용을 자극할 수 있다. 국가의 지출은 부족한 민간부문의 투자를 보완할 수 있고 소득을 고용된 노동에서 비고용된 노동으로까지 확대 지급할 수 있는 효과를 창출한다. 결국 국가의 간섭으로 인해 소득이 저축되기보다는 상품을 소비하는 데 사용될 수 있는 여지를 높일 수 있다.

케인즈는 나아가 국가가 생산수단means of production에 영향을 미칠 수 있는 방안을 확보할 필요가 있다고 주장했다. 특히 투자를 총체적으로 사회화socialize함으로써 완전고용을 달성할 수 있다고 강조했다. 물론 이것이 반드시 생산수단에 대한 국가의 소유를 의미하는 것은 아니었다. 그는 생산수단을 증대시키기 위해 투자되는 자원의 양과 그것을 소유하고 있는 이들에 대한 보상의 비율을 국가가 결정할 수 있다면 충분하다고 보았다. 전후 케인즈주의적 경제원리에 입각한 복지국가가 영국에 수립되면서 주요 기간산업에 대한 국유화가 추진되긴 했지만 케인즈는 생산수단의 국유화를 주장하지는 않았다. 그의 주장은 자본주의적 개인주의가 대규모 실업을 양산하고 있으며 이에 대한 국가의 중앙집권적 대책이 필요하다는 것이었다(Keynes 1936: 378-379). 이러한 맥락에서 케인즈주의는 후일 생산수단의 국유화방안에 대한 단초를 제공하고 있는 것도 사실이다. 부를 유동적인 형태로 보유하여 자신의 욕구를 즉시 충족하고자 하며 장기적인 관점보다는 단기적인 관점에서 투자를 하는 것이 유리하고 안전하다고 생각하는 개인보다는 국가 또는 사회가 기간산업을 소유함으로써 장기적 관점에서 대규모의 축적을 도모해야 한다는 것이 전후 등장한 케인즈주의적 복지국가의 운영원리였다. 이는 근시안적 기대short-term expectation에 입각한 경제운영은 자본주의 경제의 안정성을 훼손하고 이익추구적 투기행위는 가격의 불안정을 유발한다(Keynes 1936: ch. 12)는 케인즈의 주장에 기반한 것이라 할 수 있다.

이처럼 케인즈주의는 시장에 대한 국가의 정치적 역할을 강조하고 있다. 비록 정치가 시장을 대체할 수는 없지만 시장이 정치의 논리에 의해 작동되는 것은 불가피하고 현실적으로 당연하다고 주장했다. 그리고 정책을 결정하는 과정 역시 정치화되는 것이 불가피하다고 보았다.

케인즈주의적 발전이론은 중상주의적 접근법과 마찬가지로 한 국가의 발전과 경제적 안정을 위해서 국가의 책임과 역할이 중요함을 강조하는 이론이다. 따라서 경제적 발전에 있어서 국가의 역할을 매우 핵심적인 것으로 상정하고 있다. 2차대전 후 유럽에서 수립된 복지국가의 경제운영원리로 활용된 것도 바로 이 이론이었다. 그러나 1980년대에 들어 신자유주의가 확산되면서 케인즈적 발전방식은 실질적 성장이 아니라 인플레이션에 의한 성장이라는 비판에 직면하였고 그 이론적 유효성이 통화주의이론 진영으로부터 신랄하게 비판받았다. 그러나 신자유주의패러다임이 팽배해 있는 현재에도 경제 불황을 타개하는 이론으로 그리고 저발전국이 초기 산업화를 달성할 때 국가의 간섭이 필요함을 정당화하는 이론으로 여전히 주목받고 있다.

05 발전국가

일반적으로 국가는 국가—시장관계의 유형에 따라 간섭국가interventionist state와 조정국가regulatory state라는 두 모델로 분류된다. 전자는 국가가 시장에 대한 간섭을 통해 시장을 관리하는 모델이다. 국가가 시장의 기능을 대체하는 것은 아니지만 적어도 정치적 논리가 시장운영에 개입하는 것을 당연한 현상으로 본다. 반면 후자는 국가와 시장관계를 분리된 것으로 상정한다. 즉 시장은 정치적 논리로부터 자유롭고 국가간섭은 최소한에 머물러야 한다는 논리다. 이에 따라 국가 또는 정부의 역할은 가급적 시장에서 경쟁이 자유롭게 이루어 질 수 있도록 시장을 감독하는 것에 한정된다.

간섭국가는 대체로 두 종류로 구분된다. 하나는 2차세계대전후 유럽에서 등장한 복지국가이고 다른 하나는 후기산업화 모델을 모방하여 1960년대부터 동아시아 지역에서 등장한 발전국가the developmental state이다. 본 장에서는 이 중 발전국가에 관하여 살펴볼 것이다.

1. 발전국가의 등장

발전국가는 일본은 물론이고 한국, 대만, 싱가포르와 같은 동아시아 신흥 공업국의 발전을 설명하는 핵심적인 개념 중의 하나이다. 비록 신자유주의적 패러다임의 전세계적 영향으로 인해 이들 국가에서 발전국가적 양상들이 다소 퇴조하긴 했으나 경제운영에 있어서 발전국가적 유산은 경우에 따라 상당 기간 잔존하였다. 발전국가를 간단하게 정의하자면 "국가(좁게는 정부)가 전략적 간섭intervention을 통해 시장을 지도guide함으로써 압축적 경제성장을 달성하는 발전양식"이라고 할 수 있다. 여기에서 간섭이란 정부가 민간기업의 사적 결정에 간섭하여 영향을 미치거나, 시장의 자원분배에 개입하여 가격을 의도적으로 왜곡하고, 전략적으로 중요하다고 여겨지는 산업을 보호하며 나아가 보조금 등 각종 지원정책을 통해 육성하는 것을 의미한다. 따라서 발전국가는 복지국가와 마찬가지로, 국가가 시장에 효과적으로 간섭할 수만 있다면 불필요한 거래비용을 감소시킴으로써 시장운영의 효율성을 제고할 수 있다고 믿는 전형적인 간섭국가의 한 형태이다.

이러한 국가주의적 발전이론을 완전히 새로운 것이라고 보기는 어렵다. 19세기 독일, 프랑스를 비롯한 유럽국가들과 미국 등 소위 후기산업화국가들이 선발 공업국이었던 영국을 추격하기 위해 사용한 전략(Trebilcock, 1981)이기 때문이다. 뿐만 아니라 비록 발전국가라고 불리지는 않았지만 프랑스가 20세기 전후복구를 위해 채택한 전략(Loriux 1999) 역시 국가주도적인 것이었다. 유럽의 후기산업화국가들과 동아시아의 발전국가들이 사용한 전략은 양자 모두 국가주도적 중상주의 전략이었다는 점에서 공통점을 가지고 있다.

이러한 유사성에도 불구하고 동아시아의 발전국가가 주목을 받았던 이유는 지속적인 경제성장과 상대적으로 공평한 소득 재분배를 동시에 달성한 것으로 평가되었기 때문이었다(Deyo 1987a). 당초 발전국가의 괄목할 만한 업적에 주목한 그룹들 중의 하나가 종속이론과 세계체제론의 관점에서 남미의 저발전 현상을 연구하던 학자들이었다. 남미는 2차대전 후부터 1960년대 까지 수입대체 산업화에 입각한 공업화를 추진했다. 그러나 수입대체산업화가 진행될수록 무역수지의 적자폭은 심화되었고 동시에 소득격차 또한 확대되었다. 1960년대 중반 브라질을 시작으로 수립된 관료적 권위주의정권들은 이를 극복하기 위해 중화학공업부문을 수입대체import-substitute하는 대규모 산업화Big Push전략을 추진했다. 그러나 이 과정에서 자본과 기술을 보유한 다국적 기업들의 영향력이 오히려 한층 강화되었다. 브라질의 경우 수입대체산업화에 기반한 수출증대 정책으로 수출이 다소 증가하긴 했으나 이것이 불평등을 개선하는데 기여하지는 못했다(Gillis, Perkins, Roemer and Snodgrass 1987: 462).

저발전 이론가들은 남미의 저발전이 서구중심적 발전이론인 근대화이론과 자유교역을 강조하는 시장중심적 경제이론에 대한 피식민국들의 무비판적 수용에 기인한다고 보았다. 특히 종속이론가들은 발전된 서구 식민모국과 자유교역을 하면 할수록 피식민국의 경제적 종속상황은 심화되며, 진화론에 입각하여 서구의 역사적 경험을 모방할 것을 강요하는 근대화 이론은 경제는 물론 정치 및 사회분야에서도 식민지배를 위한 제도를 고착화시켰다고 주장했다(Frank 1967; Cardoso and Faletto 1979).

이러한 관점에서 동아시아 발전국가들은 남미와는 현격하게 구분되는 사례로 주목받기 시작했다. 무엇보다도 남미에 비해 대외적으로 개방적인 경제발전전략 즉 자유교역에 입각한 수출주도적 산업화를 추진하는 동시에 해외의 자본을 적극적으로 도입하여 경제성장에 활용하는 전략을 취했음에도 불구하고 남미와는 달리 종속적 저발전의 고통을 겪지 않는 이유가 무엇인가(Deyo 1987a: 15)에 관한 원인 분석이 시도되었다.

발전국가론자들은 이러한 질문에 대한 해답의 실마리를 정책집행과정에서 발휘되는 국가 또는 정부의 시장간섭 능력에서 찾았다. 즉 동아시아의 국가들은 국가의 전략적 목표를 달성하기 위해 사기업 부문의 정책결정과정과 시장거래 부문에 대해 전략적strategic이고 선택적selective으로 간섭할 수 있는 능력을 보유하고 있었다는 것이다. 또한 발전에 필요한 경제적 자원을 할당하거나 시장을 보호하고 육성할 수 있는 능력이 우수하다는 점도 지적되었다(Deyo 1987a; White and Wade 1988; Haggard 1990).

이처럼 탁월한 간섭능력을 보유하게 된 저변에는 발전국가가 발휘하는 고도의 자율성이 있었기 때문이라는 분석이 제기되었다. 찰머스 존슨Chalmers Johnson은 동아시아 국가들이 정책결정과정을 사회적 영향력으로부터 차단insulate할 수 있는 능력을 보유했고, 국가에 대응할 만큼 강력한 부르조아 그룹이 등장하지 않았으며, 정부가 재정적으로 자립할 수 있었고, 반공주의를 견지하는 권위주의적 정권의 등장으로 인해 국가 자율성이 제고될 수 있었다고 주장했다(Johnson 1985).

1980년대 들어 전세계에 본격적으로 확산된 신자유주의적 시장주의의 영향으로 국가주의가 퇴조하기 시작하고 1990년대 후반 금융위기 발생함으로 인해 발전국가의 해체가 가속화되었다. 그러나 오늘날에도 동아시아국가에는 발전국가적 유산이 여전히 남아있다. 이러한 관점에서 동아시아국가들이 여전히 발전국가적인 것인지 아니면 영미식 규제국가로 변화한 것인지에 관한 논쟁도 제기 되고 있다. 그렇다면 과연 발전국가란 어떤 개념을 가지고 있고 어떤 조건에서 성립될 수 있는 것인가?

2. 발전국가의 개념과 속성[1)]

발전국가의 개념과 속성은 발전국가 모델을 규제국가 모델과 비교함으로써 가장 잘 이해될 수 있다. 중상주의적 발전국가의 본질은 '압축적 산업화의 달성을 지상목표로 하고 공동체적 이익의 증진을 도덕적 이념으로 삼는 국가'로 정리될 수 있다. 국가가 전략산업을 육성 또는 보호하고 계층 간의 물질적, 심리적 형평성을 제고하기 위해 시장간섭을 행하는 것을 정당화된다는 점에서 시장의 우위와 개인의 자유를 강조하는 자유주의적 규제국가와는 구분된다(Johnson 1982: 19-20; White and Wade 1988; Deyo 1987a).

그러나 중상주의적 발전국가는 자유주의적 규제국가와 경제에 관한 시각에 있어서 한 가지 중요한 공통점을 갖고 있다. 즉 종국적으로 시장의 제도화 및 확대를 추구한다는 점에 이해를 같이 하고 있다. 두 입장의 차이점은 이를 달성하는 방법에 있다. 발전국가론자들은 강한(일면 권위주의적인) 국가의 효율적인 시장개입(즉 산업지원 및 시장보호)을 통해 시장의 발전이 조속히 달성될 수 있다고(Johnson 1985; Deyo 1987a) 본 반면, 자유주의경제론자들, 특히 신고전주의 경제론자들은 국가가 자원의 직접적인 배분을 삼가하고 시장의 규칙을 수립하고 운영하는 역할만을 수행할 때 시장의 자율적인 운영과 발전이 가능하다는 입장을 갖고있다(Kreuger 1982). 그렇다면 왜 동일한 목표를 추구하면서도 상이한 접근법을 선택하게 된 것일까?

1) 이 부분은 졸고(1999a)에 크게 의존하였다.

접근법에 있어서 차이가 발생하는 이유는 전략을 마련하는 시점에서 개별국가가 처한 정치경제사회적 여건이 달랐기 때문이었다. 발전국가전략을 취한 국가들은 대부분 경제발전초기 단계, 발전도상 단계 또는 심각한 경제침체 상황에 처해 있었다. 그러므로 이들의 주요 관심은 저발전에서 시급히 탈피하여 보다 발전된 국가를 단기간 내에 경제·산업적 차원에서 따라잡는 catching up 것이었다. 이와 달리 시장중심적 발전전략을 취한 국가들은 시장의 안정과 자유화를 이룩하고자 했으며 발전과 성장도 이 두 원칙을 해하지 않는 한도 내에서 달성하려고 했다. 결과적으로 전자는 경제발전 및 성장을 이론적 목적으로 삼고 있지만, 후자는 이 문제에 상대적으로 낮은 관심을 갖고 있었다.

시장주의자들은 발전국가론자들을 사회주의자(또는 심지어 공산주의자)의 아류로 취급하는 이론적 오류를 범하기도 한다. 그러나 발전국가론이 국가개입의 필요성과 공동체적 가치를 강조한 측면은 있지만 급진적 사회주의 모델을 지향한 것은 아니었다. 오히려 발전국가의 지상목표는 시장의 형성과 확대였다(Johnson 1985: 68). 그러나 발전도상국들에는 정치사회적 안정을 유지할 만한 제도가 부재했고 이를 운영할 국가가 불안정했기 때문에 자율적인 시장 역시 존재할 수 없었다. 공정한 제도에 의해 운영되는 시장이 존재하지 않았기 때문에 신고전주의자들이 주장하는 시장의 자율성이나 안정성을 논의할 여유가 없었던 것이다. 헌팅톤과 같은 정치발전론자들이 정치, 사회, 경제적 질서를 담보할 자율적 정치행정 세력이 존재해야 한다고 주장하고(Huntington 1968), 또 1950-60년대 UN과 미국을 비롯한 원조제공자들이 아시아 개발도상국들에게 경제발전을 위해 강력한 국가주도의 산업정책을 시행할 것을(Haggard, Kim and Moon 1991) 주문한 이유도 바로 여기에 있었다. 혼란이 지속되면 신맑스주의자들이 주장했던 것처럼 국가는 토착자본가들의 도구가 되어 공공선의 증진에 기여하기 보다는 약탈자predator의 역할을 수행하게 된다(Miliband 1970). 발전국가가 갖추어야 할 조건 중의 하나로 높은 자율성이 언급되었던 이유도 토착자본세력을 통제하여 전체 사회의 공공선에 기여하도록 강요할 수 있는 힘이 필요했기 때문이었다.

발전국가론이 국가의 시장개입을 강조한 주된 이유는 극도로 위축되어 있는 시장에 국가의 재정을 투입함으로써 시장을 활성화시키기 위해서이다. 국가가 자원분배권을 독점함으로 인해 시장행위자들의 지대추구행위rent-seeking가 발생한다하더라도 시장제도가 불비한 상황에서는 국가의 개입이 효율적으로만 이루어진다면 거래비용을 축소시켜줄 수 있다고 보았다(Chang 1993; Khan 1997). 결국 발전국가론자들의 주요 관심사는 자율적 시장의 수립 및 확대를 촉진할 국가의 역할이었다. 이 점에서 시장에 대한 영구적 국가통제state guidance를 상정하는 사회주의적 지도시장경제체제socialist guided market system와는 구분된다(Johnson 1985).

압축적 성장을 달성하기 위하여 발전국가적 정책을 도구적으로 수용하는 것만으로는 발전국가가 탄생할 수 없다. 발전국가의 외형적 기능, 즉 사회의 반대를 무릅쓰고 국가의 의지를 관철하는 기능, 사회적 영향력으로부터 국가정책 결정과정을 격리시키는 기능, 그리고 국가의 시장개입기능을 구비한다고 해서 모든 국가가 발전국가가 될 수 있는 것은 아니었다. 개발도상에 있는 아시아국가들이 동북아시아 발전국가들을 모방했지만 발전을 성취하는 발전국가를 수립하지는 못했다. 내재되어 있는 정치사회적, 경제적 그리고 정책적 요인들에 의해 뒷받침될 때 발전국가는 수립될 수 있는 것이며 이를 기반으로 발전국가적 제도들이 긍정적인 결과를 도출할 수 있는 것이다.

발전국가의 형성요인은 아래와 같이 정리될 수 있다.

우선 정치사회적 요인의 측면에서 볼 때 발전국가는 개인의 이익보다는 공동체적 이익을 우선시하는 사회적 가치에 기초해 있다. 전체적이고 집단적 이익을 성스러운sacred것으로 인식하기 때문에 개인의 특수성과 자유보다는 집단적 보편성이 강조된다.[2)] 서구적 복지국가처럼 제도화된 사회안전보장장치를 갖추고 있지 못함에도 불구하고 계층 간 또는 지역 간 불균형이 발생할 경우 공동체적 이익을 위해 불가피하다는 논리를 앞세워 개인의 희생을 강요하는 것이 정당화된다.

사회구조적 차원에서 사회세력은 국가의 정치적 통제력에 대응할 만큼 강하지 못하며 특히 부르조아계층이 국가에 대응할 만큼 강력한 독립성을 갖고 있지 못하다(Deyo 1987b: 232-5). 국가는 사회세력에 대하여 우위를 점하여 통제권을 유지하려는 권위주의적 속성을 갖는다. 발전국가가 이해하는 권위주의란 정치사회적 요구로 인해 경제성장이 저하되는 것을 방지하기 위해서 사회 및 시장의 이기적 요구를 억압하고 정치사회적 안정을 유지하는 것이 정당화되는 것을 의미한다. 이러한 관점에서 정치적 권위주의와 자본주의가 병존할 수 있다는 논리가 성립된다(Johnson 1985: 67). 따라서 국가와 사회의 관계는 평등하다기 보다는 위계적으로 배열된다. 국가를 성스러운 존재로 묘사하며 국가가 사회에 대하여 가부장적 권위를 행사하는 것이 정당화된다. 특히 국가 엘리트들에게 권위가 집중되는 경향을 보인다. 이러

2) Apter는 근대화를 달성하기위한 두가지 정치경제체제모델로서 세속적인 자유주의모델(Secular-Libertarian Model)과 신성한 집단주의모델 (Sacred-Collective Model)을 제시하고 있다. 전자는 개인적 자유, 공리적 가치등을 중시하는 반면 후자는 집단적 이익을 강조한다. 이러한 관점에서 보면 신자유주의적 규제국가와 발전국가는 각각 전자와 후자의 개념에 입각해 있다고 볼 수 있다 (Apter 1978).

한 도덕적 권위를 바탕으로 국가는 사회의 다양한 이익표출을 직접조정, 중재하여 공동체적 이익을 증진시킬 수 있는 방향으로 대안을 제시한다. 이는 이익표출행위가 공정하게 진행될 수 있도록 관리하는데 국가의 역할을 한정하는 자유다원적 모델과 구분된다(Lee 1997). 아울러 경제의 지속적이고 효율적인 발전을 위해서는 경제정책결정과정이 정치사회적 영향력으로부터 차단되어야 하며 국가는 질서와 안정을 확보하는데 정책의 우선순위를 두어야 한다고 보고 있다.

경제적 속성의 측면에서 볼 때 발전국가는 경제운영의 초점을 경제의 성장 또는 발전에 두고 있으며 발전초기단계에서는 국가의 경제에 대한 간섭이 지대추구rent seeking를 유발하는 부작용에도 불구하고 시장운영의 효율성을 증진시킬 수 있다는 믿음에 기초해 있다(Johnson 1985: 64). 국가의 시장에 대한 역할은 사회주의경제처럼 시장억압적market repressing이지 않고 시장유지적market sustaining이며 나아가 시장확대적market augmenting이다. 정치적 계획에 입각하여 시장통제를 실행하는 사회주의국가들과는 달리 수요와 공급에 의해 움직이는 시장원리를 전제로 한 경제간섭을 실행한다. 경제운영 방식은 특정 전략산업의 지원과 보호를 수반하는 중상주의적 성격을 갖는다.

이와 더불어 민족국가간의 경쟁, 그리고 해외자본의 영향력으로부터 토착산업을 보호 육성하고자 한다는 점에서 민족주의적 성격을 갖는다. 예컨대 외국회사의 독립적이고 자유로운 활동을 완전히 보장하지 않는 경우도 있다(Deyo 1987b: 237). 국가의 시장에 대한 간섭이 정당화되기 때문에 정치와 경제분야 간의 구분이 신자유주의적 국가에서처럼 명확하지 않고 다소 모호한 경향을 보인다. 기업들도 이익증대에 의한 기업 가치제고보다는 규모에 입각한 시장 지배력을 추구하는 경향이 있다. 국가의 전략적 지원 하에 독점적 자본이 형성되는데 독점자본은 국가의 지시에 순종하고 국가 전체의 이익에 기여하는 대가로 독점을 보장받게 된다. 그러므로 기업의 가치도 이익창출의 효율성보다는 전체 시장 규모에서 차지하는 비중에 의해 결정되기 때문에 시장의 행위자들은 정치적 행위자들과 마찬가지로 권력(또는 규모) 추구적인 성격을 갖는 경향을 보인다.

끝으로 산업정책적 차원에서 볼 때 국가는 시장을 통솔하기 위해서 강력한 산업정책을 실행한다. 국가가 시행하는 산업정책의 목표는 시장의 안정과 자유보다는 '선발국 따라잡기' catching up이다. 국가는 산업정책을 수립하고 실행하는 부서를 운영하며 이러한 선도기관pilot agency의 지도하에 민 · 관 간의 협조가 유기적으로 이루어지는 것을 지향한다(Johnson 1985: 71). 경제정책을 수립함에 있어 민간부문의 견해를 풍부하게 수용하기 보다는 국가의 독자적 판단에 의지하는 폐쇄성을 보인다. 민간분야의 참여는 형식적인 모양갖추기에 그치는 경향이 있다. 사회, 경제적 목표를 설정하고 이의 달성을 위해 보호 및 지원 수단을 강구한다는 점에서(Lee 1997: 93) 공정경쟁을 위한 시장운영의 룰을 설정하고 이의 준수 여부를 감시하는 신자유주의적 규제국가와는 구분된다(Johnson 1982: 19). 발전국가는 일반적으로 상당한 규제를 광범위하게 운영하고 있지만 시장의 건정성확보를 위한 것이기보다는 시장진입규제처럼 주로 산업의 지원과 보호를 위한 것이다. 아울러 국가는 경제에 대한 강한 통솔력을 유지하기 위해 주요 전략산업에 대한 통제력를 유지하려고 한다. 또한 사기업을 통제하기 위한 장치로서 금융부문에 대한 강력한 통제가 유지된다(Deyo 1987b: 237).

3. 발전국가적 속성으로서의 권위주의

발전국가는 불가피하게 권위주의적 속성을 가지고 있다. 그 이유는 발전국가가 중상주의적 국가의 속성을 가지고 있기 때문이다. 동아시아지역의 발전국가는 결코 완전히 새로운 모델이 아니다. 서구의 역사를 들여다보면 민족주의에 입각한 근대국가가 형성되던 16세기부터 19세기에 이르는 기간 동안 발전국가와 유사한 중상주의적 국가가 여러 나라에서 존재했었다. 민족국가적 정체성이 형성되기 시작하면서 영토의 확보, 그리고 교역을 위한 해외시장의 개척을 중심으로 국가 간 경쟁이 치열하게 진행되었다. 이 두 가지 사업은 필연적으로 무력충돌 나아가 전쟁을 수반하였으며 이를 매개로 하여 왕을 비롯한 지배세력과 해외교역을 바탕으로 급부상한 상공업자들 간의 결탁이 형성되었다. 상공업자들은 시장을 개척하였고 국가는 군사력을 제공하여 이들을 보호하였으며 또 새로운 시장을 추구하도록 도왔다. 국가가 국내시장을 보호하고 해외시장을 적극 개척하여 국내의 상공업을 육성하는 발전전략인 중상주의의 개념은 이러한 역사적 사실에 기인한 것이다. 유럽국가들의 해외시장개척은 14세기 중국을 필두로 중동, 인도 그리고 미주대륙으로 점점 확대되었다. 중상주의를 중금주의라고도 했는데 이는 16세기 중미대륙으로부터 금과 은이 유입되면서 금은의 양에 따라 국가의 부 나아가 국가의 힘이 결정된다고 보았던 것에 기인한다.

국가와 상공업자들간의 결탁은 정치화된 경제politicized economy를 창출했다. 즉 경제적 성장을 위해서는 정치적 개입이 불가피하다고 상정했다. 중상주의를 단적으로 보여주는 예가 17세기 초반부터 등장하기 시작한 독점적 무역회사들이다. 예컨대, 동인도회사East Indian Company, 버지니아 컴파니

Virginia Company, 잉그리시 아마존 컴파니English Amazon Company, 메사추세스 컴파니Massachusetts Company, 왕립아프리카회사Royal Adventure into Africa, 허드슨베이 컴파니Hudson's Bay Company 등은 국가의 인가Royal Charter를 받아 해당 지역에서 공격적으로 교역을 시행함으로써 막대한 부를 축적한 독점적 무역회사들이었다(Robbins 2005: 80-2). 해외에 많이 수출하고 적게 수입할수록 국내에 축적되는 금은의 양은 더욱 증가하게 되는데 이러한 일은 상공업자들만의 힘으로는 불가능한 것이었다. 이들에 대한 국가의 적극적 보호와 육성이 절대적으로 필요했다. 이러한 국가주도적 경제 운영방식은 결국 계층간 불평등을 유발할 수밖에 없었다. 영국의 경우 왕과 귀족 그리고 중간계층의 상층부를 차지하고 있는 상공업자들만의 이익이 국가 전체의 이익으로 정당화되는 것에 대해 시민들 특히 누구보다 하류노동자 계층의 비판은 점점 거세질 수밖에 없었다. 이러한 사회적 불만을 억압하기 위해서는 정치체제가 권위주의적으로 유지되어야 했다. 실제로 입헌적 근대국가가 성립된 18세기 중반까지도 왕의 자의적 지배는 여전히 존재했고 귀족과 상부중간계층으로 구성된 의회가 배타적으로 국가를 운영했다.

영국의 경쟁자였던 프랑스 역시 강력한 중상주의를 채택한 국가였다. 루이 14세의 재무장관이었던 콜베르J.B. Colbert는 극단적인 중상주의를 추진한 것으로 유명하다. 중상주의적 산업화전략은 19세기와 20세기 초반에 서구유럽 즉 독일, 프랑스, 스웨덴과 미국 그리고 아시아의 일본에서 다시 강력하게 추진되었다. 19세기 말에 들어서는 영국조차도 시장중심적 전략을 포기하고 국가의 개입을 강화하는 전략으로 선회하였다(Chang 2002).

19세기 후반 후발산업국들에서 추진된 압축적 산업화과정을 분석한 연구들은 산업화 나아가 경제적 발전에 있어서 국가의 역할을 결정적인 것으로 보고 있다. 거센크론A. Gerschenkron은 산업화 시작단계에서 경제가 낙후되어 있을수록 국가나 은행같은 선도적 기관의 역할이 중요하다고 주장했다(1962). 리스트F. List는 아담 스미스의 개인중심의 경제이론을 비판하며 국가차원의 경제운영을 강조했다(1966). 그는 지나치게 규제적인 정부가 나쁘다 하더라도 경제의 발전을 사회의 자율적인 노력에만 맡겨놓은 것은 더 좋지 않은 정책이라고 주장했다. 나아가 그는 보호주의야말로 산업적으로 뒤쳐진 국가를 선진국가 대열로 끌어올릴 수 있는 가장 효과적인 방법이라고 주장했다. 로스토우W. Rostow는 경제발전이 비약take-off단계에 진입하기 위해서는 정치적 요인 즉 효율적으로 중앙집권화된 국가의 등장이 결정적으로 중요하다고 주장했다 (1960).

이처럼 중상주의적이고 국가주도적인 정책이 옹호되었던 가장 중요한 이유는 자본축적의 효율성을 촉진하기 위해서였다. 역사적으로 자본축적을 촉진하기 위한 방법으로 두 가지가 사용되어 왔다. 하나는 중상주의적으로 국가가 자본을 보호하고 육성하는 것이고, 다른 하나는 자본을 국가의 통제로부터 해방시킴으로써 자유롭게 자본축적을 도모하도록 하는 것이다. 전자의 방법은 역사적으로 발전 초기단계에서 많이 사용되는 방법이다. 시장의 제도적 성숙도가 미약하거나 규모가 작아 국제적 경쟁력이 약하고 시장의 실패가 빈번하게 발생할 때 국가가 주도적으로 시장을 형성하고 육성한다. 이 모델의 경우 국가가 시장메커니즘을 직접 관리하는 모델과 제한적으로 경제자유화를 허용하는 모델로 나뉘지만 기본적으로 권위주의적인 정치를 통해 정치의 영역을 최소화하고 행정적 그리고 경제적 논리를 이용하여 경제적 효율의 극대화를 도모한다는 점에서 일치한다. 후자의 경우는 경제적 자유화의 진전도가 높고 시장의 규모가 국가가 통제할 수 없는 정도로 확대되었을 때 국가가 시장의 공정한 경쟁여부만을 감독하고 시장간섭을 자제하는 규제국가적 국가-시장관계 모델을 지칭한다.

발전국가는 전자의 방식을 주로 차용했다. 그런데 중상주의적 전략은 국가의 역할이 강조되지만 정치적 요인의 작동범위는 매우 제한되는 양상을 보인다. 중상주의적 국가의 역할은 '통치'로서 시장과 사회를 대상으로 한 관리나 통제를 주로 의미한다. 국가와 자본이 협력적 관계를 유지하지만 그 혜택이 일반국민들에게 직접적으로 분배되는 것은 아니다. 국가는 국민들이 제기하는 분배 요구를 억압하려는 경향을 보인다. 이는 국가와 사회가 동등하게 서로 소통하는 정치와는 구분된다. 결국 중상주의적 속성을 갖는 발전국가가 권위주의적 정치체제와 친화성을 갖는 것은 일상적인 일이다.

권위주의는 정부의 통치능력을 제고하는 방편으로 가장 손쉽게 활용되어온 정권의 형태이다. 효율적인 자본축적을 위해서는 정치사회적 요인이 국가운영과정에 지나치게 간섭하지 못하도록 만들 필요가 있었기 때문이다. 발전국가는 사회와 시장을 통솔하고 지도하는 행정관리적 국가이다. 정치와 시민사회가 수평적으로 소통하고 협조하는 정치가 작동할 수 있는 여지는 상대적으로 제약되어 있다.

그러나 자본주의가 발전하고 민주화에 대한 국민들의 요구가 증대하면서 권위주의적 정체는 한계를 보일 수밖에 없다. 슘페터가 지적했듯이 자본주의의 성공은 사회주의의 등장을 불가피하게 한다(Schumpeter 1992). 정치적 자유화와 민주화로 인해 국가운영에 있어서 정치의 역할이 확대될수록 권위주의가 유지될 수 있는 여지는 줄어들 수밖에 없다. 발전국가의 지속성이 정치적 한계를 보일 수밖에 없는 이유가 여기에 있다.

4. 발전국가론의 이론적 한계

이론적 차원에서 발전국가론은 여러 가지 약점을 보인다. 우선 지적할 수 있는 것은 국가의 제도적 다양성을 무시한 채 국가를 하나의 단일한 덩어리로 보는 단순화의 오류를 범한다는 점이다. 발전국가를 최고 통치자의 명령에 따라 일사분란하게 효율적으로 움직이는 제도로 보는 시각은 국가가 성장하면서 나타나는 정부부처 간의 이익 다원화와 그에 따른 내부적 갈등을 간과하고 있다. 이러한 시각은 간접적으로 정부의 권위주의적 통치를 정당화할 수 있다는 문제까지 유발한다. 뿐만 아니라 국가의 정책결정은 항상 옳으며 또 그렇게 할 수 있는 능력이 있다고 가정하는 '국가만능주의' 그리고 '영웅적·애국적 관료주의' 도 비판받고 있다. 관료들을 항상 이타적이며 자신의 이익을 배제한 채 국가의 이익만을 추구하는 애국적 존재라는 인식은 이들 역시 거대한 이익집단에 불과하다는 공공선택이론public choice theory에 의해 비판받았다(Moon and Prasad 1994; Buchanan and Tullock 1962).

이와 관련하여 제기되는 또 하나 중요한 비판은 발전국가가 정책결정과정의 정치사회적 영향력으로부터 격리insulate시킬 수 있는 고도의 자율성을 가진다는 가설에 관한 것이다. 그러나 케인즈도 이미 지적한 것처럼 시장이나 정책결정과정은 정치화될 수밖에 없다(Caporaso and Levine 1992: 22-125). 예컨대 한국의 경우 정부가 고도의 자율성을 가지고 집행했던 것으로 알려졌던 정책들도 그 내면을 살펴보면 정부와 기업이 비밀리에 상호조율한 경우가 많았다. 비록 당시에는 밝혀지지 않거나 통치차원의 불가피한 사안으로 포장되었지만 실제로는 정부의 특혜 조치에 대한 재계의 물질적 보상이 통치자에게 직접 주어지곤 했다.

아울러 지적되어야 할 발전국가의 중요한 문제는 발전국가적 전략과 정치적 권위주의가 많은 경우 상호 간에 제도적 친화성을 갖는다는 점이다. 발전국가가 강조하는 격리insulation가설은 발전국가론만의 고유한 이론은 아니다. 1960년대 말과 1970년대 초반에 개발도상국을 대상으로 미국의 정치학계가 산출한 일련의 정치발전 관련 연구들은 개도국의 지속적인 경제적 성장을 위한 대안으로서 사회적 압력으로부터 격리된 정치체제, 엘리트들이 대중을 통제할 수 있는 정치체제, 공공의 이익을 추구할 수 있는 자율적인 정치체제, 그리고 위기에 대응할 수 있는 강력한 정치체제의 수립을 제시한 바 있다 (Huntington 1968; Binder et al. 1971). 이들은 가족, 부족 그리고 사회계층 등 특정 사회적 그룹의 영향력에 의해 장악된 조직은 자율성을 결여한 착취적 조직이 될 수밖에 없다고 보았다. 사적 이익이 아닌 공적 이익을 추구하기 위해서는 자율성을 보유한, 즉 제도화된 정치체제가 있어야 한다고 주장했다.

그러나 국가의 자율성을 강조하는 미국의 정치발전이론들은 결국 냉전체제 하에서 개도국들이 권위주의적 정권을 수립하는 것을 사실상 정당화해 주는 결과를 낳았다. 개도국이 진정한 민주주의를 구축하기 보다는 지배엘리트 중심의 강력한 국가를 건설하여 궁극적으로 미국의 이익에 부합하는 정치제도와 자본주의를 수립하기를 바라는 미국적 의도를 반영하고 있었다 (Cammack 1997: 31; Higgott 1989: 18-19). 헌팅톤이 제시한 정치적 제도화라는 개념은 국가가 사회적 이익에 의해 오염되지 않은 자신만의 공적 이익을 설정할 수 있게 되는 것을 의미했다(Huntington 1968: 20-25). 즉 국가가 사회집단의 이익을 수렴하기보다는 자신이 설정한 공적 이익에 따라 정책을 입안하고 추진할 수 있는 능력을 보유하는 것을 지칭했다. 또한 발전 초기에는 권력이 근대적 엘리트의 손에 집중되어 혁신을 주도하며 나아가 대중을 통제할 수 있어야 한다는 점을 강조했다(Huntington 1968:147). 이처럼 정치질서를 유지하기 위해 강력하고 자율적인 정부를 수립하도록 제안한 것이 민주주의의 기반이 약한 개도국에서는 이 이론들이 의도했던 그렇지 않았던 권위주의적 국가를 정당화하는 논리로 이용되었다. 마찬가지로 국가의 자율성을 강조하는 발전국가 역시 정치적으로 권위주의화하는 경향을 보였는데 미국을 비롯한 서방권 국가들은 경제적 성장을 도출하고 정치적 안정을 담보한다는 관점에서 친미적 개도국의 권위주의적 지배를 너그러이 용인했다. 그러나 권위주의적 체제 하에서 배양된 정치적 부패와 경제력 집중으로 인한 빈부격차의 심화현상은 후일 국내정치를 불안정하게 만드는 요인으로 작용했다. 따라서 발전국가를 근대적 정치체제로 이전하는 과정모델로서 간주한다면 모르지만 이를 궁극적인 발전목표로 장기간 설정하는 것은 민주화를 지연시키고 권위주의를 고착화시키는 결과를 유발할 수 있음에 유의할 필요가 있다.

1980년대 들어 신자유주의가 전세계적으로 확산되어 경제자유화, 민영화, 그리고 경제안정화가 경제운영의 규범으로 정착되면서 발전국가론은 서서히 이론적 수정을 시도하게 되었다. 그 중 대표적인 것이 네트워크이론이다. 네트워크이론은 국가가 시장 및 시민사회를 의도적으로 억압하기보다는 양자간에 학연 및 지연으로 형성된 네트워크가 작동함으로써 자율성을 확보한다는 주장을 제기하였다. 즉 국가의 자율성은 억압력에 있다기보다는 시민사회를 동반 또는 하위조직으로 만들어 그 내부에 깊숙이 침투할 수 있는 내재적 자율성embedded autonomy으로 인식되어야 한다는 것이다 (Evans 1997).

발전국가론에 결정적인 타격을 입힌 것은 무엇보다도 1997년 말에 발생한 동아시아 금융위기라고 할 수 있다. 발전국가들이 취해온 국가주도적 경제운영방식을 비판하는 이들이 제기한 문제의 핵심은 국가가 과도하게 경제에 간섭함으로써 시장의 자율적인 운영이 저해되었다는 점, 경제제도를 보다 시장중심적인 것으로 개혁할 수 있는 정치적 의지를 국가가 결여했다는 점, 국가의 지원과 보호에 익숙해진 대기업들이 방만한 다각화를 거듭함으로써 취약한 재무구조를 갖게 되었다는 점, 그리고 관치에 의해 운영되었던 시중은행들의 경영 효율성이 낮고 기업부실화의 여파로 재무상태가 취약해졌다는 점 등으로 요약될 수 있다. 아울러 국가의 경제개입 정도가 높아짐에 따라 경제행위자들이 공정한 경쟁보다는 지대추구에 의존하는 경향이 높아지며 자연히 통제하는 자와 통제받는 자 간의 부패고리가 형성된다는 점도 지적될 수 있다.

발전국가론과 관련하여 현재 관심을 가질 부분은 발전국가적 전략의 효율성에 대한 재평가와 그에 따른 발전국가의 부활이 과연 필요한가 또는 가능한 것인가에 관한 논의이다. 국가간섭의 효율성을 주장하는 일부 경제학자들은 동아시아발전국가들이 정부의 시장간섭 및 지도능력을 강화하여 재추격을 위한 산업전략을 마련해야 한다고 주장하고 있다(신장섭, 장하준 2004). 이러한 주장은 그 자체의 옳고 그름을 떠나 현실적으로 실행 가능성에 대한 의문이 제기될 수 있다. 물론 불가능한 것은 아니지만 발전국가적 전략이 부활하기 위해서는 이를 만족시킬 경제적 조건뿐만 정치적 조건 또한 충족되어야 한다. 발전국가는 특정 산업에 대한 선택적 보호와 육성전략을 취한 바 있다. 이러한 전략은 잘만 수행될 수 있으면 성공적인 경제발전이 가능하지만 실패할 경우 정치적 결정에 대한 부담을 정부가 감당해야 하는 문제를 수반하고 있다. 앞서 지적한 것처럼 발전국가의 한 측면으로 권위주의적 정권이 언급되었던 것도 이와 관련이 있다.

그런데 문제는 정치적 민주화가 진행되고 경제자유화가 진전될수록 국가간섭 전략의 실효성이 매우 저하된다는 것이다. 우리나라의 경우도 어느 정부가 들어서건 국가가 특정 산업의 육성을 위해 재정적 보증자의 역할을 수행하고자 자임할 수 있기는 더 이상 어렵다. 기껏해야 대만처럼 전략적 육성산업에 대한 제도적 지원책을 마련하고 사기업이 그 틀에서 자유롭게 신산업에 진출할 수 있도록 여건을 마련해주는 소극적 지원국가의 모습을 가질 수밖에 없다.

발전국가가 과연 지속적으로 존속이 가능한 국가모델인지에 관해서는 보다 장기적인 고찰이 필요하다. 예컨대 싱가포르의 경우는 여전히 발전국가 모델로 설명이 가능하다는 주장도 제기되고 있다(Pereira 2008). 그러나 소규모 도시국가인 싱가포르의 사례를 일반화하기에는 한계가 있다. 발전국가적 전략의 유효성을 강조하는 기존의 주장은 경제적인 측면만을 강조하는 경향이 있다. 그러나 발전국가의 한계는 오히려 정치적인 측면에서 더 분명하다. 즉 민주화가 진전되었을 때 이러한 국가주의가 더 이상 지탱될 수 없었음을 역사의 경험이 증명하고 있다. 민주주의를 지탱하는 국가는 규제국가처럼 작은 국가일 수도 있고 복지국가처럼 큰 국가일수도 있다. 그러나 이 중 어느 쪽도 발전국가처럼 권위주의적 속성을 근간으로 하지는 않는다. 바로 이러한 점에서 발전국가를 단순히 국가가 산업을 지원하는 국가로 협소하게 정의하는 것은 이론적 문제를 야기한다. 국가가 산업을 지원하는 것이 발전국가만의 전유물은 아니다. 발전국가는 중상주의적 국가모델이며 이를 성립시키는 정치, 경제 사회적 조건에 대한 폭넓은 고려가 필요하다.

06

복지국가

1. 복지국가의 성립

복지국가란 국가가 사회보험, 세제상의 혜택, 임금 및 고용안정 등을 직접 책임짐으로써 국민들의 복지를 증진하는 것을 우선 과제로 삼는 국가이다(Barr 1988). 생산과 성장 못지 않게 부의 계층 간 분배를 지향하는 국가이다. 노동자들이 시장임금 이상의 급여를 받을 수 있고 각종 사회보장제도의 혜택을 누리며, 대량생산 및 대량소비가 산업체제의 근간을 이루는 국가이다. 유럽 특히 영국에서 복지국가는 자본가-중간계층과 노동자 간의 대립을 치유하고 계층 간 갈등을 치유하려는 대안으로 등장하였다. 복지는 사회적 안정을 위해 빈자에게 지급되는 소모성 경비가 아닌 하나의 소비증대 수단이며 대량생산체제의 유지를 위해 필요한 수요창출 수단이라는 논리에 자본가계층과 노동자계층이 상호 합의함으로써 수립되었다.

자본가계층이 복지국가 수립에 동의하고 보수당도 이를 받아들였다는 사실은 역설적으로 분배적 형평을 요구하는 민주주의적 압력이 그만큼 강했다는 것을 암시한다. 19세기가 전반적으로 자유방임적 또는 고전주의적 자유주의의 시대라고 불리우지만 영국사회의 한켠에서는 스펜서Herbert Spencer와 같은 극단적 자유주의자들의 견해를 비판하는 수정주의적 자유주의이론이 등장했다. 19세기 신자유주의new liberalism라 불리는 수정주의적 자유주의의 사조는 홉하우스 Leonard Hobhouse와 그린T.H. Green 등에 의해 발전되었다. 그린은 적극적 자유를 보장하기 위하여 법을 세우고 집행하는 기관으로서 국가의 중요성을 강조했다(Sabine and Thorson 1973: 651-668). 그는 국가가 국민들이 자유와 능력을 계발할 수 있는 물질적 여건을 창조하기 위하여 적극적으로 기능해야 한다고 주장했다. 19세기에 등장한 적극적 의미의 자유주의와 공동체와 평등이 개인의 자유보다 중요하다는 신념에 입각하여 사회의 재도덕화를 추구하는 도덕적 사회주의는 20세기 초반 노동당과 노조운동의 정신적 기초를 형성하는 등 중요한 사상적 전환을 가져왔다.

영국 및 유럽에서 복지국가가 등장하게 된 근본적인 동기는 시민권citizenship의 확대에서 찾을 수 있다. 시민권이란 한 사회 또는 국가의 정식적인 구성원으로서의 자격을 갖는 것을 의미한다. 복지체제의 형성 또는 복지국가의 등장은 바로 이러한 시민계층을 확대하고 정착시키기 위한 대안이었다고 볼 수 있다. 마샬T.H. Marshall이 주장한대로 자본주의는 시민계층을 탄생시키고 확대시켰으나 한편으로는 무산계층을 시민계층에서 배제시킴으로써 시민권의 확산을 제약하는 딜레마에 봉착했다. 국가로 대표되는 공적 영역과 가족으로 대표되는 사적 영역의 사이에서 존재하는 시민사회는 현실적으로 재산을 소유하고 교육을 받은자 만이 구성원의 자격을 가질 수 있는 한계를 내포하고 있었다(Marshall and Bottomore 1992: 8-17). 복지국가는 이같은 한계를 넘어 재산을 보유하지 않은 노동계층들도 시민권을 누릴 수 있도록 하기 위한 정치적 대안이었다.

19세기 후반에 나타난 사회사상적 전환과 더불어 20세기 초반 두 차례의 세계대전과 세계 대공황을 경험하면서 시장의 실패를 예방하고 계층 간의 평등을 제고하기 위해서는 국가가 경제운영을 직접 주도해야 한다는 인식이 형성되었다. 바야흐로 민주주의와 자본주의체제가 복지국가라는 형태로 조화를 모색하기에 이른 것이다.

영국의 복지국가는 베버리지Beveridge적이고 페이비언Fabian적인 전통에 기초한 복지주의 그리고 케인즈주의적 경제원리에 의해 지탱되었다(Kavanagh and Seldon 1994: ch.2). 페이비언 사회주의자들은 맑시스트 사회주의와는 달리 과격한 혁명이 없는 사회주의를 주창했다. 이들은 또 온정주의적 박애를 통해 빈곤을 해결하기보다는 과학적인 사회정책을 통해 근본적인 원인을 제거하는데 관심을 가졌다. 웨브Webb부부가 임페리얼대학Imperial College의 설립을 주도한 것이나 사회정책을 연구하기 위한 런던정경대학London School of Economics and Political Science을 설립한 것도 교육의 혜택이 상류층뿐만 아니라 일반대중 나아가 노동자들에게도 전달될 수 있도록 하기 위한 노력의 일환이었다(Harrison 2000: ch.7).

한편 1942년 베버리지W.H. Beveridge가 제출한 '사회보험 및 그 관련 사업Social Insurance and Allied Services' 에 관한 보고서를 통해 광범위한 국민보험체계가 의회에 건의되었고, 1944년 처칠의 전시연립정부는 케인즈의 '완전고용에 관한 백서'를 기초로 완전고용의 목표를 천명하였다. 또 의회는 보편적인 무상 교육을 보장하는 교육법을 같은 해 통과시켰다. 1945년 수립된 노동당의 애틀리C. Attlee 정부는 이를 계승하여 복지개혁을 완성하였다. 이후 1945–8년에 걸쳐 베버리지의 국민보험계획이 법제화되고 국민보건서비스NHS: National Health Service계획이 입법화되었다(김영순 1998: 80–81).

케인즈의 수요중심의 경제이론은 상호 갈등적 관계로만 보였던 민주주의적 원리와 자본주의적 경제체제 간의 조화를 가능하게 만들었다. 아담 스미스 이래 영국에서 발전해온 고전주의 경제학은 집단적 이익보다는 개인의 이기적 이익추구를 정당화하는 이론이었다. 또한 국가의 시장간섭을 비판하면서 국가와 시장의 분리를 주장하고 경제의 공급 측면을 강조해왔다. 이에 반하여 케인즈이론은 민간경제가 시장의 자동기능만으로는 완전고용에 이르지 못할 수 있으며 정부가 의도적으로 재정지출을 확대함으로써 경제를 활성화시켜 불완전고용을 극복할 수 있도록 해야 한다고 역설했다. 고전주의적 경제이론이 공급과 수요의 자동적인 균형을 상정한 반면 케인즈주의는 양자 간의 불균형 가능성을 지적하면서 불황시 정부가 의도적으로 수요를 촉진함으로써 경기를 회복시킬 수 있다고 주장했다. 정부가 재정지출을 증대함으로써 고용이 증대되고 재화가 분배되면 대중의 소비가 확산되고 이는 다시 투자의 증대를 야기시켜 결국 소비와 생산이 동시에 부양된다는 것이다(Keynese 1936). 또 고전적 이론이 자본가의 자의적인 투자 결정을 중시한 반면 케인즈의 이론은 근시안적 안목을 가진 자본가보다는 장기적 이익을 추구하는 국가가 유효수효를 창출할 수 있다고 보았다. 케인즈는 국가가 시장을 대체할 수는 없지만 시장이 정치화되는 것은 불가피한 일이며 따라서 경제도 정치적 변수를 고려하여 운영되어야 한다는 믿음을 가지고 있었다.

케인즈이론은 전후 유럽의 생산체제로 자리잡은 포드주의Fordism와 조화할 수 있는 경제이론이었다. 포드주의는 획일화되고 규격화된 생산방식을 통한 대량생산경제체제이며 대량고용체제이다(Allen 1992). 케인즈주의는 유효수요 증대를 통해 자본가들이 요구하는 대량소비와 노동자들이 필요로 하는 물질적 보상을 동시에 만족시킬 수 있는 이론으로 간주되었다. 영국의 복지국가는 국가, 자본가 그리고 노동자들이 타협하고 협조할 수 있는 코포라트스트적 체제를 골격으로 삼고 있었다. 이러한 체제에서 복지가 중요했던 이유는 복지가 사회적 안정을 위해 빈자에게 지급되는 소모성 경비가 아니라 하나의 소비증대수단이며 대량생산체제의 유지를 위해 필요한 수요창출수단이었기 때문이다(김영순 1998: 78). 자본가계층이 복지국가의 수립에 전적으로 동의하고 보수당도 이를 받아들였던 것도 바로 이러한 이유에서였다.

그러나 복지국가가 민주주의와 자본주의를 조화롭게 공존시킬 수 있었던 기간은 그다지 길지 않았다. 전후복구가 마무리 되고 정치적 안정이 자리잡게 되자 자본주의의 고유한 본성 즉 자유롭고 효율적인 자본재축적의 욕구가 발현되었기 때문이다. 복지국가의 피로현상은 1970년대 들어 분명해지기 시작했으며 1980년대에 와서는 영국과 미국에서 신자유주의적 개혁이 본격화 되면서 급격하게 퇴조의 길을 걷게 되었다.

2. 복지국가의 종류

복지국가 유형분류에 있어서 가장 고전적인 것은 에스핑-엔더슨의 모형이라 할 수 있다(Esping-Andersen 1990). 그는 복지국가유형을 자유주의적liberal 유형, 보수적 국가주의corporatist state유형 그리고 사회민주주의적 social democratic 유형으로 분류하였다.

먼저 자유주의적 복지국가란 자산 및 소득조사에 기초한 실업수당 및 보조금 지급means tested assistance, 보편적 소득이전universal transfers 또는 미약한 정도의 사회보험을 중심으로 복지가 운영되는 유형이다. 복지의 주요 수혜자는 저임금 노동자들이다. 이 모델을 차용한 국가에서는 국가의 복지 제공을 확대하려는 노력들이 자유주의적 노동규범에 의해 제약된다. 아울러 복지를 청구할 수 있는 자격도 엄격하게 제한되며 복지혜택을 누리는 것이 종종 수치스러운 행동으로 여겨지기도 한다. 복지혜택의 규모도 상대적으로 미미한 수준이다. 국가는 기본적으로 복지가 시장을 통해 제공되도록 하는 전략을 사용한다. 예컨대 민간에 의해 운영되는 복지장치를 국가가 보조함으로써 개인이 시장을 통해 복지를 구매하도록 한다. 이 유형에 속하는 국가들로 미국, 캐나다 그리고 호주 등이 있다.

보수적 국가주의 유형의 사례로는 오스트리아, 프랑스, 독일 그리고 이탈리아 등을 꼽을 수 있다. 이 유형은 후기산업적 계층구조에 적응하려는 노력의 결과로서 사회적 지위의 차이를 보존하려는 의도를 반영하고 있다. 즉 권리의 정도가 계층이나 신분에 따라 차이가 날 수 있음을 인정하고 있다. 시장이 아니라 국가가 복지의 제공자로서 역할을 담당한다. 이 모델에서는 시장의 효율성이나 복지의 상품화commodification같은 것들은 별로 중요한 이슈가 아니며 민간보험같은 것들은 복지에 있어서 매우 작은 부분을 차지할 뿐이다. 국가가 사회적 신분의 차이를 인정함으로써 복지를 통한 재분배효과는 사민주의적 유형에 비해 제한적으로 이루어진다.

보수주의 유형은 아울러 전통적인 가족의 가치와 그 보존을 상대적으로 중시하고 있다. 사회보험은 미취업 가정주부를 이론적으로 고려대상에서 제외시키고 있다. 가정에서 부인과 어머니의 역할 중시하기때문에 취업여성을 위한 탁아서비스 같은 사회적 서비스를 제공하는 제도는 상대적으로 덜 발달되어 있다. 이 유형의 기본적인 원칙은 가장이 가족구성원들에 대한 복지를 제공할 능력을 상실했을 경우 국가가 간섭한다는 것이다.

마지막으로 사회민주주의 유형은 복지제공의 보편주의와 사회적 권한의 비상품화 원칙이 신중산계층까지 확대 적용되는 유형이다. 이 유형은 시장과 국가 그리고 노동자와 중산계층이라는 이분법적 사고를 배제하고 국가가 전계층의 형평성을 제고할 수 있는 최상의 복지를 제공하는 것을 목표로 한다. 우선 사회서비스와 혜택은 중산계층의 가장 까다로운 기호까지도 만족시킬 수 있는 수준으로 격상된다. 또 노동자들조차도 상류계층이 누리는 정도의 권리를 충분히 누리는 형평성을 상정한다. 사민주의적 유형의 복지는 사회집단의 기호별로 맞추어진 복지프로그램을 보편적으로 제공하고 복지를 비상품화de-commodifying하는 것을 전제로 하고 있다. 따라서 산업노동자들도 사무직 노동자나 공무원들이 누리는 것과 동등한 수준의 권리를 누릴 수 있다. 모든 시민이 단일한 체계의 보편적 사회보험체제의 혜택을 받는다. 물론 각종 혜택은 일정 수준의 소득이 초과하면 제공되지 않는다.

사회민주주의 유형은 가족의 복지충당 능력이 소진되기 이전에 복지를 제공함으로써 가족이 유지될 수 있도록 하는 데 중점을 둔다. 그러나 가족에 대한 의존을 증가시키기보다는 개인의 독립을 촉진하려는 의도를 가지고 있다는 점에서 적극적 자유주의의 성격을 가지고 있기도 하다. 국가는 보조금을 어린이들에게 직접 이전하고 어린이와 노약자 그리고 기타 사회적 최빈곤자들을 직접 관리한다. 따라서 복지중 사회서비스social service 제공에 대한 국가의 부담이 매우 큰 비중을 차지한다. 여성들도 가정에서 가정과 육아를 담당하기보다는 직접 경제활동에 종사하도록 유도한다. 이 유형은 노동과 복지를 융합한 것으로 완전고용을 보장하려는 시도도 포함하고 있다. 반면에 복지 제공을 위해 엄청난 비용이 소모될 수밖에 없다. 따라서 이 유형이 원활하게 운영되기 위해서는 모든 국민이 노동에 종사하고 복지에 기생하는 무임승차가 없어야 한다는 전제가 필요하다.

3. 동아시아 복지국가 유형

1990년대 들어 동아시아국가들을 대상으로 독자적인 복지유형을 제공하려는 시도가 전개되었다. 그 예로 유교적 복지국가론(Jones 1993; 조영훈 2002)이라든가 동아시아 복지유형 모델(Goodman and Peng 1996) 등을 들 수 있다. 이들이 공통적으로 주장하는 것은 1) 복지를 유지함에 있어서 가족과 친족의 역할이 중요하다는 점, 2) 유교적 가치관의 영향으로 가족주의가 강하게 유지되고 있다는 점, 3) 기업주가 가부장으로서 종업원들에게 관대한 복지를 제공한다는 점, 4) 이러한 연유로 국가의 복지정책 확대요구가 미약하며 따라서 경제규모에 비해 사회복지 수준이 높지 않다는 점, 5) 만약 복지를 확대 하더라도 이는 국제적 압력이나 정치적 위기에 대응하는 양식에 불과하다는 점 등을 제시하고 있다.

굳이 동아시아의 복지 유형을 에스핑 엔더슨의 분류에 적용한다면 보수주의 유형에 가깝다고 할 수 있다. 사회보험 중심적이고 권위주의적 보수세력의 영향이 강했기 때문이다. 그럼에도 불구하고 보수주의 모델의 동아시아적 한계는 분명하다. 독일 등에서 발견되는 보수주의 모델이 가부장주의를 유지하기 위해 가부장을 매개체로 하여 국가가 사회복지의 전달을 꾀한 반면 동아시아의 국가들은 개인복지의 책임을 가족 전원이 수용하도록 하고 있다. 또한 보수주의 국가들은 높은 사회복지 지출을 유지하고 있는 반면 동아시아국가들은 그 비율이 낮다. 전자에서는 가부장 중심의 사회체제를 유지하기 위해 국가가 간섭을 시도한 반면, 후자에서는 국가간섭이 최소화되는 것은 물론 심지어 복지의 책임을 가족에게 전가하는 등 무관심하게 대응했다는 중요한 차이가 있다(조영훈 2002).

동아시아국가를 복지국가의 유형에 넣어 분류하는 작업은 이론적으로 한계가 있다. 앞에서도 지적한 것처럼 복지국가란 국가가 사회보험, 세제상의 혜택, 임금 및 고용안정 등을 직접 책임짐으로써 국민들의 복지를 증진하는 것을 우선 과제로 삼는 국가이다. 이러한 관점에서 본다면 한국을 비롯한 동아시아 국가가 복지체제를 가지고 있었다고는 볼 수 있으나 이것이 복지국가였다고 보기는 어렵다. 동아시아국가들은 복지를 제공하는데 주체적인 역할을 담당하지 않았다. 이들 국가에서 복지의 주체는 1차적으로 가족이거나 가족화된 개념의 기업이었다. 즉 사회집단인 개인이나 경제집단인 기업이 복지를 제공하는 상황에서 이를 복지국가로 규정하기에는 이론적으로 무리가 있다.

일부 측면에서 동아시아의 복지유형과 자유주의적 유형 간에 유사한 면이 있기도 하다. 대부분의 동아시아 국가들이 소득재분배를 위한 시장개입에 소극적이라던가 자유주의모델 역시 개인복지에 대한 가족의 책임을 강조한다는 점에서 그러하다. 동아시아와 서구의 자유주의적 국가들은 시장에서 도태된 이들에게 선택적으로 복지를 제공하는 데 중점을 두고 있다. 즉 가족이 책임지지 못하는 경우와 시장주의적 복지를 획득하지 못한 경우에 한해 국가가 복지를 제공하는 것이다.

그럼에도 불구하고 동아시아국가들을 복지국가 유형으로 분류하는 것은 여러 면에서 무리가 있다. 복지국가로 유형화하기보다는 복지체제유형을 분석하는 것이 보다 바람직하다고 볼 수 있다.

4. 복지국가의 위기와 재구성

복지국가는 중간계층과 노동계층의 전반적인 생활 및 복지수준을 향상시킴으로써 계층 간의 갈등을 완화하고 사회적 안정을 도모하였다는 점에서 긍정적인 역할을 했다. 그러나 1970년대에 들어 이 체제의 경제·정치·사회적 한계가 극명하게 드러나기 시작했다. 1970년대 이후 서유럽 복지국가를 위기에 처하게 한 일반적인 원인들로는 오일쇼크로인해 촉발된 경제위기와 이에 따른 재정 위기, 자본의 국제화에 따른 국가의 시장간섭능력 약화, 기존의 포드주의를 대체하는 유연생산방식의 확산으로 인한 계층구조의 복잡화 그리고 복지확충에 대한 일반적 의지의 약화 등을 들 수 있다(Jessop 1993; Lash and Urry 1987; Offe 1987).

전후 고도의 경제성장을 구가하던 서유럽 복지국가들은 고도성장이 마감되면서 과거와 같은 복지지출을 더 이상 감당할 수 없게 되었고 따라서 복지에 필요한 재원조달과 수혜 범위를 둘러싼 계급 및 계층 간의 정치적 갈등이 심화되었다. 고도 성장기에는 나타나지 않았던 복지국가의 문제점들이 표면화되었으며 이에 따른 논쟁들은 복지국가의 정당성을 크게 훼손했다.

자본주의가 가지고 있는 문제점을 효율적으로 해결하는 메카니즘으로 여겨졌던 복지국가가 서유럽 국가들이 직면한 위기의 원인으로까지 지적되기에 이르렀다(Olsson 1990: 249).

이러한 상황은 복지국가가 어떤 형태로든 재편되어야 한다는 논의에 정당성을 부여했다. 각 국가별로 다양한 재편방식이 논의되었지만 그 중 공통적인 것은 국가개입의 축소와 민영화의 확대였다(김영순 1995: 104). 유럽에서 이러한 흐름의 중심에 서 있던 나라는 영국이었다.[1] 우선 냉전체제 하에서 이루어진 막대한 군비지출과 복지재정의 지출은 물가상승을 자극하는 주된 요인이었다. 1974년과 1975년에 영국은 각각 28.7% 그리고 24.2%에 달하는 고율의 인플레이션을 경험하였다(Wilson 1992: 5). 전후부터 1950년대까지 영국의 물가상승은 매우 안정된 수준에서 억제되고 있었다. 예컨대 1959년의 인플레이션율은 단지 1%에 불과한 수준이었다. 급격한 인플레율의 상승과 경제의 침체는 영국 파운드화의 약화로 이어졌다. 1976년에 파운드화의 대(對)달러 환율은 2:1이하로 하락하였으며 1:1의 수준을 향해 추가로 하락할 것이라는 예측이 매우 설득력있게 받아들여지기 시작했다. 영국 파운드화의 붕괴는 금융산업의 비중이 매우 큰 영국 경제에 아주 치명적이 충격을 안겨줄 수 있었다. 영국 파운드화가 붕괴되면 영국내에 저축된 국내외 금융자원들이 이탈하게 되고 이는 파운드화를 더욱 약화시켜 영국뿐만 아니라 유럽 전체의 공황으로까지 확대될 수 있었다. 이를 예방하는 방법은 국제통화기금(IMF)에서 기금을 지원받아 파운드를 매수함으로써 환율을 방어하는 것이었다. 1976년 영국정부는 국제통화기금으로부터 50억 파운드 상당의 자금을 대여받아

1) 영국에 관한 부분은 졸고(1999b: 93-95)에 크게 의존했음을 밝혀둔다.

파운드화 매수작업을 시작하는 한편 은행금리를 무려 15%대로 인상하는 결정을 하기에 이른다. 그러나 인상된 금리로 인하여 투자활동은 더욱 위축되고 경제적 침체 또한 한층 심화되는 악순환이 발생했다.

국영화된 산업들의 낮은 생산성은 무역적자와 높은 실업율을 야기하는 주된 요인이었다. 1969년 3억 8천 7백 만파운드의 경상수지 흑자를 기록하던 것이 1974년에는 35억 9천 1백 만파운드의 적자로 급반전되었다. 산업의 침체는 실업율의 증가로 이어졌다. 1970년대까지 2.5%를 넘지 않던 실업율은 1975년 4.2%로 1978년에는 6.1%로 증가하였다. 일반적으로 필립스커브이론에 의하면 인플레이션과 실업율은 역의 관계를 유지하는 경향이 있지만 1970년대 영국에서는 양자가 동시에 고율을 유지하는 스태그플레이션이 발생했다는 데 문제의 심각성이 있었다(Wilson 1992: 6-7). 비숙련된 노동력, 불안한 노사관계, 낮은 연구개발투자, 국제화된 자본의 국내산업 외면 등이 영국의 산업을 침체시키고 실업율을 증가시키는 요인들이었다.

그렇다면 영국경제의 위기를 불러온 구조적 요인들은 무엇이었는가? 우선 가장 먼저 지적되어야 할 요인은 국가능력의 약화였다. 영국의 복지국가는 복지재정을 감당하고 공공지출의 증대를 통해 실업을 구제하는 기능을 한다는 점에서 매우 거대한 국가였으나 노동계층과 자본가계층의 영향력에 종속되어 있는 약한 국가였으며 동아시아의 발전국가들처럼 국가발전에 필요한 자원을 동원하고 효율적으로 배분할 수 있는 능력을 결여한 국가였다. 영국의 국가주의는 상당히 제한된 국가주의였다. 국가는 시장의 실패로 인해 발생할 실업과 불황을 예방하기 위해 총수요관리정책을 도구로 하여 거시경제관리를 위한 간섭만을 시도하였을 뿐 전략적 산업의 육성을 위한 중상주의적 기능을 수행하는 국가는 아니었다. 국영화된 산업들—대표적으로 석탄

산업-의 부채를 탕감하고 고용효과가 큰 민간산업들(자동차, 조선 항공산업 등)의 적자를 보충하기 위해 정부보조금이 지급되었지만 산업의 경쟁력강화를 위한 자본 투자는 유럽대륙의 국가들에 비해 훨씬 낮은 수준을 유지할 뿐이었다(Wilson 1992: 7). 1960년 당시 영국의 GNP에 대한 자본투자율은 유럽대륙 국가들의 평균보다 4.4%낮았으며 1979년에 이르러서는 무려 18%나 낮은 수준을 유지했다.

이러한 문제점들을 극복하기 위해서 국가의 적극적인 리더십이 요구되었으나 영국의 국가는 노동자와 자본가들의 요구를 거부할 수 있을 정도의 강한 자율성을 보유하지 못했다. 우선 국가는 노동조합의 협조 없이는 경제정책을 수행할 수 없었다. 특히 노동당정부 하에서 내각은 결정된 경제정책을 시행하기전 노조 지도자들을 수상관저에 초청하여 설명한 후 동의를 받는 것이 관행이었다. 1906년에 입법된 노동쟁의법Trade Disputes Act으로 인해 노조회원들은 노조활동 수행시 광범위한 법적 보호를 누릴 수 있었다. 이러한 노조우선주의는 복지국가적 국가운영을 통해 더욱 강화되어 노조의 자율성은 강화된 반면 국가나 사용자가 간섭할 수 있는 여지는 매우 축소되었다.

노조회원만 고용될 수 있는 소위 클로즈드숍closed shop들이 늘어나고 실업으로 이어질 수 있는 생산기술의 혁신(예컨대 자동화)을 예방하기 위한 노조의 자율규제적 장치들이 속속 제도화되었다. 역대 정부들은 이를 교정하기 위해 시도를 했으나 대부분 성공하지 못했다. 1970년 보수당 정부는 산업관계법Industrial Relations Act을 입법하고 노조 통제를 시도하였으나 오히려 노동분쟁을 유발하여 국가경제에 엄청난 손해를 유발한 채 1974년 집권한 노동당 정부에 의해 이 법이 폐기되고 말았다. 이처럼 강한 노조였지만 영국의 전체 노조가 단일하게 통일된 것은 아니어서 국가가 거대노조의 지도자들과 타협을 한다 해도 노조 전체의 동의를 얻어낼 수 없다는 데에 더욱 심각한 문제가 있었다. 전국노동조합회의TUC: Trade Union Congress가 가장 큰 전국 단위 노조였으나 모든 노조에 대해 통솔력을 행사할 수는 없었다.

영국의 국가는 노동계층뿐만 아니라 자본계층으로부터도 소외되어 있었다. 영국의 자본은 상당히 국제화된 특성을 갖고 있었다. 따라서 이윤을 내지 못하는 국내산업에 투자하는 것을 기피했고 수출을 증대시킬 수 있도록 파운드화를 약화시키는 정책에도 동의하지 않았다(김영순 1998: 128-130; Wilson 1992: 9). 영국의 환율 및 이자정책은 금융자본과 영국 재무성의 협의에 의해 거의 전적으로 결정되었다. 금융자본은 시장운영에 있어서 거의 절대적인 자율권을 누리고 있었다. 시장운영은 자율적 규제에 의해서 이루어졌으며 국가의 감독적 규제는 거의 작동하지 않았다. 따라서 시장운영의 비효율성과 불공정성이 명백함에도 불구하고 국가차원에서 이를 교정하려는 시도는 거의 이루어지지 않았다. 이처럼 영국의 국가는 엉성한 조합주의와 무능한 국가주의를 바탕으로 하여 운영되었으며 막대한 복지지출의 부담으로 인해 위기에 봉착하게 된 것이다.

한편, 스웨덴은 인구 약 800만의 소규모 경제로서 수출에 크게 의존하는 '개방경제' 였다. 스웨덴 경제는 1960년대 초반의 내수 중심 경제에서 1960년대 중반 이후에는 수출 중심의 경제로 변화하였다. 1960년대 초반 스웨덴 경제의 GDP창출에 있어서 수출 의존 비율은 25% 이내였던 반면 1970년대 초에는 45%, 1970년대 말에는 60%에 이르렀다(Pontusson 1992: 310-322). 이러한 스웨덴의 경제구조는 국제경제 환경 변화에 특히 민감하게 노출되어 있었으며 전 세계를 강타했던 오일쇼크는 스웨덴 경제에도 커다란 타격을 주었다. 또한 오일쇼크 이후에 심각한 경기침체를 겪었던 서유럽 국가들이 스웨덴의 주요 무역상대 국가들이었다는 사실 또한 스웨덴 경제를 위기로 몰아가는 중요한 이유로 작용하였다. 이와 더불어 1960년대 이후 스웨덴의 주요산업이었던 제철, 제강, 목재 및 조선 산업은 값싼 노동력에 기반하여 국제 비교 우위를 점하게 된 아시아와 남미의 신흥공업국들의 진출에 따라 가격경쟁력이 급속히 떨어졌고 스웨덴의 국제시장 점유율은 하락하였다(Martin 1984: 303).

이러한 스웨덴 경제의 문제점을 해결하기 위하여 스웨덴 기업들이 외국의 여러 생산기지에 연구개발 및 생산 자원 등의 기반을 두는 초국적기업으로 변모해야 한다는 의견이 대두되었으며 이는 1980년대에 접어들면서 설득력 있게 받아들여지기 시작했다. 이에 따라 스웨덴 자본의 국제화는 점점 더 가속화되었다. 대규모 제조업체들은 해외에서 얻은 이익을 해외에 다시 투자함으로써 더 큰 이윤의 창출을 꾀하였다. 즉 성장 부문의 고임금과 기타 부문의 저임금 간의 폭을 양 방향에서 압축시키는 연대적 임금억제 방식을 통해 성장 부문에서의 과다한 이윤 축적이 재투자되도록 유인하며 이를 생산 및 고용의 증대로 연결시킨다는 스웨덴 복지국가 모델의 전제가 해외 투자의 활성화에 의해 위협받게 된 것이었다(Pontusson 1992: 319-322; 안재흥 2002: 405; 김영순 1995: 107).

이제 기업 이윤의 증대와 성장은 국내에서의 투자 및 고용 증대와 점차 연관성을 상실하게 되었으며 이는 거대한 스웨덴 복지국가를 떠받칠 납세의 근간을 부식시켰다. 자본국제화의 경향은 국가의 자본에 대한 전반적 규제력을 약화시켰고 이는 복지국가 체제의 약화를 가속화시키는 중요 원인으로 작용하였다. 해외 투자로 인해 보다 큰 이윤을 획득하게 된 자본은 경직적인 완전고용과 그것을 기반으로 하는 복지국가 체제 자체에 대한 비판의 목소리를 높였으나 사민당 정부는 효율적인 대책을 강구하는데 어려움을 겪어야 했다. 이러한 상황에서 1976년 GDP의 3.6%였던 공공적자는 1978년 GDP의 8.3%, 1980년 12.3%, 1982년 16.3%로 증가하였다. 그럼에도 불구하고 공공지출에서 차지하는 복지지출의 비중은 1960년에 이미 50%를 넘어섰고 1970년에는 56.5%, 그리고 1980년에는 61.1%에 이르러 세계 최고의 수준을 보이고 있었다(Pontusson 1992: 321-322; Olsson 1986: 41).

1960년대 말 스웨덴 경제가 부딪혔던 경직적인 고용체제와 이로 인한 구조적인 실업 문제에 대한 대응 방안이었던 유연화전략은 신기술을 적극적으로 도입하는 한편 이에 조응하는 노동의 기능적 유연화 및 임금 유연화를 추구하는 방식으로 진행되었다. 그런데 이러한 유연화 전략, 특히 기능적 유연화와 임금 유연화 전략은 스웨덴에서 노동의 대규모 분절화를 가져왔다(Atkinson 1985). 기능적 유연화는 기술집약적 노동에 종사하는 숙련 노동자군을 탄생시킴으로써 이들과 나머지 노동자들 사이의 단절을 가속화시켰다. 수출지향적이고 기술집약적 상품을 생산하는 민간 기업에 소속된 고숙련 노동자군은 기업의 고이윤이 임금상승으로 직결되지 않는 기존의 연대적 임금억제 정책에 반발하여 최상위 수준의 중앙단체협상에서 이탈하려 했다. 이러한 경향은 임금 유연화를 추구하며 교섭의 분산화를 선호하는 기업주들의 이해와도 일치하는 것이었다.

결국 유연화에 따른 노동자계층의 분절화는 그동안 중앙 집중적 단체교섭에 기반한 노동자 계층의 정치적 능력을 토대로 성장해온 스웨덴 복지국가에 대한 중대한 위협으로 작용했다. 이와 같이 1970년대 이후 나타난 재정위기와 케인즈주의적 국가의 능력 약화, 그리고 유연적 생산방식의 확산에 따른 노동자 계층의 분화는 스웨덴에서도 복지국가의 재편을 불가피한 것으로 만들었다(김영순 1995: 107−108).

네덜란드 역시 복지국가의 위기를 경험하였다. 1970년대에 오일쇼크의 충격이 최초로 전 세계를 강타하고 있을 때 네덜란드의 사회보장 지출은 다양한 발전단계를 거쳐 최대로 확대된 상태에 있었다. 네덜란드 정부의 사회보장 부담비율은 1970년대 동안 2배 이상 증가하였는데, 국가의 조세수입이 순수입의 26%에서 30%로 완만하게 증가했다는 긍정적 통계와 천연가스에서 얻는 막대한 수입을 감안하더라도 최대로 확대된 정부지출을 감당하기에는 크게 부족했다. 1979년까지 4.4%를 넘지 않았던 재정적자 비율이 이후 빠르게 증가하여 1983년에는 10.7%까지 치솟았다(Visser and Hemerijck 1997: 130).

1970년대에 시작된 네덜란드의 심각한 불황은 1980년대 초반까지 지속되고 있었으며 공공부문의 적자확대, 대규모 경상수지 적자, 강력한 인플레이션 압력 등으로 경제는 심각한 불균형 상태에 놓이게 되었다. 그럼에도 불구하고 1970–1983년의 기간 동안 공공부문의 지출은 GDP 42%에서 61%로 증가하였으며, 공공부문에서 증가하는 지출의 재원을 마련하기 위한 조세부담 역시 같은 기간 동안 GDP의 51%에서 55%로 증가했다. 전반적인 경제사정의 악화 못지 않게 노동시장의 상황도 크게 나빠져서 조세부담 등의 요인에 의하여 임금수준 또한 상승했다(정석규 2004: 44).

1950년대에 이미 실업보험과 노령연금이 도입되면서 네덜란드의 사회보장 적용 범위는 확대되기 시작하였고 연이어 새로운 보장 프로그램이 도입되었으며 수혜의 수준 또한 향상되었다. 사회보장 프로그램의 확대 결과, 네덜란드 경제는 구조적인 고임금 경제로 변화하였고 전통적으로 노동집약적인 제조업 중심의 소규모 경제 체제를 유지해 왔던 네덜란드는 1970년대의 오일쇼크와 뒤따르는 불황으로 인하여 장기적인 침체에 빠져들기 시작했다. 섬유, 의복, 신발, 가죽 제조업 등 전통적 제조업 분야의 규모가 크게 축소되었으며 이에 따라 수많은 노동자가 일자리를 잃었다. 실업 인구는 여전히 1950년대 이후 확대된 사회보장 프로그램의 지원 대상으로 존재하고 있었으며 사회보장 신청자의 규모는 크게 증가하였다. 따라서 네덜란드 정부는 실업률의 완화와 더불어 사회보장 비용의 통제라는 두 마리 토끼를 모두 잡아야 하는 어려움에 직면하게 되었다. 1979년의 2차 오일쇼크는 1차 오일쇼크보다 네덜란드에 더 큰 타격을 주면서 경제와 재정을 더욱 심각한 상태에 빠뜨렸다. 그러나 정부는 임금법을 채택하여 임금동결을 실시하는 외에 별다른 수단을 찾지 못하였다(Visser and Hemerijck 1997: 133).

네덜란드 고용 체제의 고임금 구조와 오일쇼크로 인한 경기 침체는 임금-물가 연동제의 실시로 최저임금과 실업보험을 비롯한 각종 복지비용까지 민간 부문의 평균임금에 연동되어 있던 네덜란드 경제에 물가-임금-복지비용의 동반상승을 불가피하게 만들었다. 이러한 상황에서 사회복지는 오히려 일자리를 축소시키고 경쟁력을 약화시키는 방향으로 작동하게 되었고 성장의 둔화는 다시 복지예산 비율의 확대와 재정적자를 심화시키는 악순환을 유발했다. 그 결과 1970년대 후반에 접어들면서 네덜란드 경제는 저성장-고실업의 구조화에 직면하게 되었고 그럼에도 불구하고 과잉사회복지가 존재하는 고비용·저효율의 수렁에 빠져들게 되었다(Hemerijck 1995: 205-212).

이에 따라 네덜란드 임금 구조의 특징이었던 임금인상 물가연동제가 폐지되었고, 정부는 기존의 복지국가를 떠받치고 있었던 조세 수입을 낮추는 정책을 실시하게 되었다. 임금삭감 정책이 뒤따라 실시되었으며 기업의 생산 및 고용 확대를 촉진하기 위해 노동 시간 및 임금 부분에 대한 유연화가 광범위하게 도입되었다. 전통적 제조업 중심의 생산 구조하에서 형성된 노동의 동질성은 사라지고 다양한 노동시간, 다양한 임금, 다양한 기능으로 분화된 노동의 분절성이 강화되었다. 가장 특기할 만한 것으로 주당 평균 노동시간이 40시간에서 38시간으로 단축됨으로써 대규모 파트타임 노동자군이 등장한 것을 들 수 있다(정석규 2004: 33). 결국 전통적인 네덜란드의 복지국가 체제는 1982년을 고비로 노동시간 단축을 통한 일자리 나누기, 복지예산 삭감 등의 정책을 통해 재편되게 되었으며 기존의 체제와는 다른 새로운 코포라티즘의 시대를 열게 되었다.

07
신자유주의와 **규제국가**

1980년대 영국과 미국을 중심으로 시작된 소위 신자유주의적neo-liberalism 개혁의 결과 복지국가와 발전국가로 대표되는 간섭국가는 서서히 퇴조하고, 시장에 대한 국가간섭을 철회하는 대신 시장의 건전성을 감시하기 위한 규제제도를 대폭 확충하는 규제국가regulatory state가 등장했다. 신자유주의적 패러다임은 국가의 후퇴와 시장의 우위, 국가의 시장간섭 철회, 국가규모의 축소와 민간자율성의 증진, 복지국가의 후퇴와 경쟁국가competition state의 등장 등의 현상으로 묘사될 수 있다(Harvey 2005). 이러한 맥락에서 신자유주의 개혁은 시장·사회의 자유화 또는 자율화를 주된 내용으로 하고 있다. 국가로부터 시장의 독립을 정당화한다.

신자유주의neo-liberalism는 신보수주의neo-conservatism와 밀접한 관계를 가지고 있으며 양자를 포괄하는 의미에서 신우파New Right라는 용어가 사용되기도 한다. 본래 자유주의와 보수주의는 다소 상충되는 개념이다. 전자는 국가보다는 개인의 자유, 시장의 자율성 그리고 작은 국가를, 반면 후자는 국가의 강한 권위를 강조하는 경향을 보이기 때문이다. 그럼에도 불구하고 두 개념이 서로 결합될 수 있었던 것은 양자가 공히 복지국가를 개혁의 대상으로 상정했기 때문이었다. 복지국가는 개인보다는 집단의 이익을 그리고 국가의 시장간섭을 옹호했기 때문에 신자유주의의 공격을 받았다. 또한 복지국가는 노동을 비롯한 각종 사회세력의 영향력에 지나치게 노출되어 자율성이 약했다는 점에서 강한국가를 지향하는 보수주의의 비판을 받았다. 신우파라는 개념은 복지국가에 대한 비판을 매개체로 하여 신자유주의와 신보수주의가 결합하게 되자 이를 포괄적으로 통칭하는 개념으로 제시된 것이다(Held 1987: 243-245).

유럽대륙의 국가들에 비해 코포라티스트적 사회·경제체제를 효율적으로 활용할 수 없었던 미국과 영국은 시장을 정치적 간섭에서 해방시키는 친시장적 개혁을 단행함으로써 자본주의의 효율성을 제고하고자 했다. 19세기 급속한 산업화를 추진했던 유럽대륙 국가들은 계층 간 갈등이 심화되어 사회가 불안정해지는 문제를 경험했고 이를 타개하기 위한 방편으로 2차세계대전이 종료되자 거의 예외없이 복지국가 모델을 도입하고 사민주의적 정치체제로 전환하였다. 그러나 광범위한 국가개입을 전제로 하는 복지국가 모델은 1970년대에 발생한 석유파동을 기점으로 하여 다양한 한계를 노정하기 시작했다. 우선 케인지어니즘에 입각한 수요 중심의 경제운영 방식은 임금상승과 인플레이션의 발생, 수출품의 국제경쟁력 약화, 노조의 정치화, 지대추구현상의 심화 등의 문제를 유발했다. 특히 이러한 현상은 코포라티스트적 전통이 약하던 영국과 미국에서 심각하게 나타났다.

1979년 5월 보수당 대처Margaret Thatcher정부의 집권과 함께 본격화된 신자유주의적 또는 신우파적 개혁은 2차세계대전 이래 영국을 지탱해온 정치경제체제에 근본적인 변화를 가져왔다. 국민의 복지증진에 주안점을 두었던 복지국가가 개인의 경제적 자유와 경쟁을 강조하는 경쟁적 규제국가로 대체되었다. 영국에서 신우파적 개혁의 결과로 등장한 규제국가는 작지만 강한 국가였다. 대처와 메이저의 보수당정부 집권기간 동안 국가의 시장규제력과 통제력은 오히려 강화되었으며 정권의 성격도 중앙집권화가 심화되면서 다소 권위주의적으로 변화하였다(Wilks 1997; Majone 1997; Moran 2001; Gamble, 2000). 국가자율성의 강화 또는 국가능력의 증대가 없었더라면 신우파적 개혁은 불가능했다고 해도 과언이 아니다. 일반적으로 복지국가는 시장의 개입 능력도 우월하고 규모도 큰 국가이지만 실제로는 필요 이상으로 비대하고 자율성을 결여한 약한 국가였다. 국가의 개입으로 인해 국민의 복지수준이 향상된 것은 사실이지만 새로운 성장가능성이 있는 신산업보다는 효율성이 매우 저하된 전통산업을 지원하는데 국가의 재정이 낭비되었다. 이러한 문제를 해결하려 해도 자본가집단과 노동자집단의 저항에 막혀 국가는 번번히 개혁에 실패했다. 약한 국가의 존재가 바로 영국의 침체를 장기화시킨 가장 주된 요인이었다.

본 장에서는 복지국가에서 규제국가로의 전환을 가장 극명하게 보여주는 영국의 사례를 통해 신자유주의적 개혁의 결과 등장한 규제국가의 성격을 살펴보고자 한다.[1)]

---

1) 영국의 사례에 관한 분석은 졸고(1999b)에 크게 의존했다.

1. 복지주의에서 신자유주의로의 전환

보수당정부에 의한 신자유주의적 개혁은 1979년 대처Thatcher정부의 집권과 함께 본격적으로 시작되었지만 신자유주의적 개혁이 이때 처음으로 시도된 것은 아니었다. 1947년 보수당이 전당대회에서 완전고용, 복지국가와 국가간섭의 증대, 기간산업의 국유화 등을 골자로 하는 산업헌장Industrial Charter을 승인한 이래 보수당과 노동당 간의 이념적 차이는 사실상 존재하지 않게 되었다(Letwin 1992: 56). 보수당은 비록 사회주의적 집단주의에 동조하지는 않았지만 개인의 이익보다는 집단의 공익 개선을 위하여 국가가 전략적으로 경제에 간섭하는 것을 인정하는 소위 중간노선the middle way정책을 수립함으로써 전통적인 자유방임원칙을 사실상 유보하는 입장을 취했다. 부츠켈리즘Butskellism 또는 합의의 정치Consensus Politics라는 단어들이 대변하듯 전후에 등장한 복지국가는 완전고용 그리고 노동조합들과의 협의와 같은 집단주의적 요인들에 기초해 있었다.

보수당의 중도노선화에 반대하고 전통적인 시장경제로 복귀하자는 주장이 1940년대말 머드Maude와 우틀리Utley 같은 이들에 의해 제기된 바 있지만 큰 영향을 미치지는 못했다. 그러나 1950년대에 들어 자유시장경제로의 복귀 그리고 국가간섭의 철폐에 관한 주장이 보수당 내에서 에노크 포웰Enoch Powell같은 이들에 의해 다시 제기되었다. 특히 1957년에는 하이예크Hayek 등이 주창한 자유주의 경제사상을 연구하고 파급하려는 의도에서 앤토니 피셔Anthony Fisher와 로버트경Sir Robert이 공동 출자하여 경제문제연구소IEA: Institute of Economic Affairs를 설립하였는데 이 연구소를 통해 자유주의적 사상이 보수당에 재주입되고 당내에 신자유주의자 집단이 형성되는 계기가 마련되었다(Letwin 1992: 81). IEA는 국영화된 산업의 민영화를 주장하지는 않았지만 당시로는 매우 파격적으로 환율의 자유화 및 공공서비스에 대한 시장개념 도입 등을 제안하였다.

보수당의 이념을 회복하려는 본격적인 노력은 1965년 보수당의 지도자로 선출된 히쓰Edward Heath에 의해 시도되었다. 히쓰가 보수당의 개혁을 위해 주장한 것은 사기업의 중흥, 복지국가 개혁 그리고 영국의 유럽공동시장 가입이었다. 1970년 보수당이 집권하자 히쓰는 계획경제의 폐기, 국가 보조금의 재조정, 감세, 노동조합통제 그리고 경쟁정책의 도입 등을 시도하였다. 그러나 집권 후 1년이 지나지 않아 이러한 정책은 노조의 엄청난 반대에 직면하게 되었다. 게다가 인플레이션의 증가, 파업의 확산, 임금상승, 그리고 산업생산성의 하락등 부정적인 경제상황이 전개되었다. 결국 1971년 롤즈로이스Rolls-Royce의 항공기 엔진 생산부문이 국유화되고 어퍼클라이드Upper Clyde 조선소에 대한 정부보조금 지급이 재개됨으로서 히쓰의 개혁시도는 사실상 실패로 종결되었다.

비록 히쓰의 개혁은 실패로 종결되었으나 1970년대를 통해 보수당 내의 신자유주의 옹호세력은 더욱 확산되었다. 이 시기 신자유주의 이념 확산에 가장 큰 기여를 한 인물은 조셉Keith Joseph경으로 그는 보수당이 중도노선과 모든 형태의 집단주의를 포기할 것을 주장하였다. 조셉경의 논리는 다분히 통화주의적 이론에 근거하고 있었다. 그는 완전고용을 유지하기 위한 정부의 초과적 지출이 초과적 통화공급을 유발하고 그 결과 인플레이션이 발생한다고 주장했다. 또한 과도한 규제와 법 그리고 정부의 자의적인 간섭이 국가의 부를 창출하는 기업가들의 의욕과 모험적 시도를 좌절시킨다고 비판했다 (Gamble 1988: 80-83).

1970년대 말에 이르러 경제문제연구소와 조셉경을 위시한 신자유주의자들의 목소리는 보수당의 정치센터가 1977년 출판한 '경제에 대한 올바른 접근' The Right Approach to the Economy이라는 제하의 보고서를 출판하는 것을 계기로 힘을 얻게 되었다. 이 보고서는 신자유주의자들의 입장이 무엇인가를 잘 보여주고 있다(Letwin 1992: 87). 여기에 나타난 신자유주의적 입장은 조합주의적 체제의 완화와 의회 권위의 강화, 통화공급의 통제, 정부지출의 축소, 규제의 완화, 세금부담의 완화, 지방정부의 무모한 자산취득 금지, 지방정부의 효율성 증대 등으로 요약될 수 있다.

한편 국제정치 · 경제적 측면에서 신자유주의의 등장을 설명할 때 가장 중요하게 언급되어야 할 요인은 1970년대 초반과 후반에 발생한 석유파동이다. 복지국가의 방만한 재정지출로 인해 통화량이 증가하고 인플레이션의 위기가 고조된 상황에서 석유가격의 폭등은 전세계적으로 불황을 초래하는 동시에 실업과 물가상승압력이 배가되는 소위 스태그플레이션Stagflation을 발생시켰다. 이러한 국내외적 상황에서 케인즈주의가 당연한 것으로 간주했던 인플레이션은 경제안정을 위해서 반드시 통제되어야 하는 공공의 적으로 탈바꿈되었다. 정부의 간섭에 의한 의도적 성장보다는 시장의 안정이 강조된 것도 이러한 맥락에서 이해될 수 있다. 국가의 간섭에 의한 방식으로는 지속적이고 안정적인 경제성장을 도출해 낼 수 없다는 결론이 제기되었다(Harvey 2005: ch.1).

1945년부터 1970년대 초반까지 국제금융질서를 지배했던 브레튼우즈Bretton Woods체제의 붕괴 또한 시장주의의 부활을 부추기는 요인으로 작동했다. 유럽의 전후복구사업을 주도하고 베트남전쟁을 치르기 위해 과도한 비용을 지출한 미국은 1970년대에 접어들어 더 이상 달러를 금으로 태환해

줄 수 있는 여력을 상실했다. 당초 금 1온즈는 35달러의 가치로 고정되어 있었으나 달러가치의 하락으로 이 비율을 더 이상 유지할 수 없게 되었던 것이다. 결국 미국은 1971년 금-달러 간 태환 중지를 선언하였으며 이로서 미국 달러의 가치를 금의 가격에 고정시키고 여타의 통화가치를 달러에 연동시키는 소위 금달러본위제는 붕괴되었다. 미국의 달러가치가 붕괴된 이유로 무엇보다도 막대한 군사비지출로 인해 전 세계에 유통되는 달러의 양이 늘어났다는 점 그리고 정부의 재정적자 증가와 산업부문의 국제경쟁력 상실로 인해 경상수지가 악화되었다는 점 등을 지적할 수 있다. 특히 미국의 제조업 부문은 일본과 독일상품의 수입증가로 인해 피폐해졌고 그 여파로 실업이 증가했다. 1981년 집권한 공화당의 레이건행정부는 이러한 문제를 타개하기 위한 방안으로서 시중에 유통되는 통화의 양을 조절하여 인플레이션을 통제하는 방안을 모색했다. 아울러 정부가 시장행위자들이 자발적으로 투자를 할 수 있도록 환경을 조성하는데 역점을 두는 소위 공급 중심적 경제 운영방식으로 전환했다. 자유화, 안정화를 중심으로 한 미국정부의 새로운 경제 운영방식은 전세계적으로 영향을 미쳤으며 이를 통해 신자유주의적 경제 운영방식이 급격히 파급되는 계기가 마련되었다.

2. 신자유주의와 통화주의

2차 세계대전 후 영국에서 형성된 정치경제체제는 케인즈주의적 복지경제, 포디즘Fordism에 입각한 대량생산체제 그리고 베버리지Beveridge적 사회복지주의가 견고하게 결합되어 만들어진 것이었다. 대처정부는 이러한 복지경제체제가 영국의 위기를 불러온 장본인이라고 간주하고 신자유주의적 개혁을 통해 이를 타파하고자 했다. 여기에서 신자유주의적 개혁이란 수요측면을 강조하는 케인즈적 경제와 반대되는 공급중심 그리고 통화주의monetarism적 자유경제원리를 도입하는 것, 대량생산체제를 통해 과대성장한 노동계층의 정치적 세력을 타파하는 것, 국가의 복지부담을 경감시키기 위하여 자조원칙에 입각한 복지체제로 전환하는 것 등으로 요약될 수 있다. 이러한 목표를 달성하기 위해 대처정부는 공공지출의 삭감 및 긴축정책의 도입, 민영화와 규제완화를 통한 시장경쟁원리의 확립, 그리고 세금인하를 통한 경제활동의 활성화 등을 시도하였다.

정권의 전반기에 해당하는 1979-82년의 기간 동안 대처정부는 당시 만연하고 있던 인플레이션을 억제하기 위한 긴축재정정책을 단행하였다. 재무장관이 1979년 6월에 발표한 재정운영계획은 재정긴축을 통한 인플레이션 억제와 세금징수제도의 개혁을 골자로 했다. 부가가치세율이 8%에서 15%로 두배 가량 증가된 반면 소득세는 33%에서 30%로 경감되었다. 개인 세금공제율이 상향되었고 고소득에 대한 세율은 83%에서 60%로 하향 조정되었다. 투자소득세에 대한 과세기준을 높이고 토지개발세는 폐지되었다. 또 NHSNational Health Service를 이용하는 환자들에게 청구되는 치료 및 처방비가 상향조정되었다. 통화공급측면에서는 최저대출금리minimum lending rate를 12%에서 14%로 올리고 공공부문대출의무PSBR: Public Sector Borrowing Requirement를 축소했으며, 공공지출을 삭감하였다(Gamble 1988: 99-100). 보수당내각은 경기후퇴가 본격화되고 난 이후에도 긴축적 통화주의 경제정책을 결코 포기하지 않았는데 이러한 정책을 실행함으로써 경제활동의 자발적 동기를 촉진하고자 하였다.

대처정부는 아울러 과거 노동당정부가 시장간섭을 위해 활용하던 기관들을 정리했다. 1979년 10월에 외환에 관한 모든 규제를 폐기했고, 전국기업위원회NEB: National Enterprise Board의 자산을 매각토록 했으며, 국영정유회사British National Oil Corporation가 갖고 있었던 북해유전 탐사권 및 소유지분을 매각토록 했다. 코비Corby에 있는 국영철강회사의 공장을 폐쇄한 것을 비롯하여 정부가 보유하고 있던 컴퓨터회사 ICL, 정유회사British Petroleum, 항공기제작회사British Aerospace 등의 지분을 정리했다.

1979년 말 경기침체가 급격히 진행되기 시작하자 대처정부는 오히려 보다 강화된 긴축정책을 시도했다. 1980년 3월에 발표한 중기재정운용전략Medium Term Financial Strategy을 통해 영국 내에서 통용되고 있는 파운드의 총계인 M3의 증가를 1983/4년도까지 6%대로 낮추겠다는 정책목표를 분명히 하는 한편 (Gamble 1988: 100) 인플레이션 억제를 위해 공공지출 축소를 더욱 강화했다.

1980년 경기침체는 보다 빠르게 진행되었다. 높은 이자율과 고유가는 파운드의 가격을 12% 상승시켰고 그 결과 영국산업의 국제경쟁력은 현격하게 약화되었다. 이익률과 유동성이 급격하게 축소되자 기업도산, 공장폐쇄, 대규모 감원이 대폭 확산되었다. 1980년 말 실업인구수는 213만에 달했고 인플레이션 통제도 실패하여 21.9%까지 상승하였다. 경제상황이 이처럼 심각해지자 대처정부는 국영회사에 보조금 지급을 늘렸으며 실업자들에 대한 사회보장비 지출을 확대하기에 이르렀다(Budge, Crew, McKay and Newton 1998: 77). 이러한 정부정책의 변화로 인하여 대처정부가 긴축정책을 완화할 것이라는 기대가 확산되었지만 1981년 들어 정부는 긴축정책을 오히려 더욱 강화하는 정책을 발표했다.

대처정부가 초기에 추진했던 엄격한 통화주의적 처방을 다소 누그러뜨리기 시작한 것은 경제가 회복되기 시작한 1981년 하반기 이후였다. 대처정부가 출범하면서 시행한 긴축 및 안정화정책이 경기회복에 주효했던 측면도 있지만 미국의 경기회복으로 세계적으로 수요가 회복되었던 것이 보다 중요한 요인이었다(Gamble 1988: 111). 실업율이 하락하고, 파운드화가 약세로 돌아섰으며, 불황기 동안 전통적인 제조산업이 거의 붕괴되었지만 산업생산량도 점차로 회복되기 시작했다. 경기회복이 가시화되자 경제정책의 관심도 재정긴축과 인플레이션의 억제를 강조하는 통화주의적 시각에서 경제회복을 촉진시키기 위한 공급 중심supply side의 경제 운영방식으로 개편되었다.

실업인구가 300만 정도에서 유지되고 인플레이션도 5%이하로 억제되자 대처정부는 경제활성화 방안으로 세금인하를 본격적으로 단행하였다. 정권 초기부터 신자유주의적 개혁의 일환으로 세금인하가 시행되기는 했지만 인플레이션에 대한 우려 그리고 경기침체의 심화로 인해 그 시행 범위가 상당히 제한적이었다. 그러나 이러한 부담에서 다소 해방되자 투자동기 유인책으로서 세금인하가 확대 실시되었다.

다소 느슨한 긴축정책으로 돌아서게 되면서 공공지출에 대한 억제도 다소 누그러졌다. 대량 해고로 인해 실업인구가 증가한 상태였기 때문에 의료 및 사회보장비용은 사실상 삭감되지 않았다. 대처정부는 그 대신 지방정부 지출과 국영기업에 대한 보조금을 삭감하기 위한 노력에 집중했다. 또 국영기업의 민영화와 공공 서비스산업의 민영화를 촉진함으로써 세금인하로 축소된 정부의 재정수입을 보충하고자 하였다.

3. 복지국가의 신자유주의적 개혁

영국의 대처정부가 추진하고자 했던 신자유주의적 개혁의 핵심은 국민의 복지향상이라는 공동체적 목표를 담보로 사회·경제분야에 과도하게 뻗쳐있던 국가의 간섭을 축소함으로써 자유로운liberal 즉 개인의 자유와 이익이 증진될 수 있는 사회와 시장을 건설하는 것이었다. 세부적으로는 다음과 같은 목표가 설정되어 추진되었다.

1) 자조원칙에 입각한 복지제도의 재편
2) 산업에 대한 국가간섭 (즉 지원과 규제)의 축소 및 자율적이고 경쟁이 강화된 시장환경의 조성
3) 과대 팽창한 국가 규모의 축소
4) 개인의 경제행위동기 부여
5) 노동조합의 약화, 국가의 대(對) 사회 장악능력 강화 및 노동시장의 유연성제고
6) 지방정부에 대한 중앙정부의 통제력 강화
7) 의회의 권위와 법의 지배의 강화 (예컨대 경찰력의 강화)
8) 국방력 강화

물론 이러한 대처정부의 시도가 어느 정도 성공적으로 달성되었는가에 대해서는 논란의 여지가 있다.[2] 그러나 대처의 신자유주의적 개혁조치들은

2) 대처정부의 개혁에 대하여 비판적인 견해를 보이는 입장들은 다음과 같은 비판을 제기하고 있다(Gamble 1988: 123-4을 참조).
가. 통화주의가 정책의 지침이기는 했으나 실제로는 영국국가에 깊숙이 내재되어 있는 케인즈주의적 시장운영원리가 결코 포기되지 않았다. 고용과 성장을 어느 정도 유지하기 위해 국가의 자의적인 시장간섭이 반복되었다.
나. 세금감면의 폭도 매우 적었으며 공공지출도 실질화폐가치의 차원에서 볼 때 다소 증가했다.

실제적 성과의 달성 여부를 떠나 정치·경제적 환경이 과거의 집단이익 중심적인 것에서 개인이익 중심적인 것으로 변화하였다는 인식을 국민들에게 심어주었다는 점에서 그 가치를 인정받을 수 있다. 개혁 과정에서 대처정부는 전후 이래 보호되어온 각종 기득권 세력들과 불가피하게 대치하였는데 이전에 비슷한 시도를 했던 보수당 히쓰정부와는 달리 반대세력들의 저항을 극복함으로써 어느 정도 개혁의 목표를 달성할 수 있었다.

대처정부의 개혁에 대항한 가장 강력한 저항세력은 노동조합이었다. 신자유주의 개혁은 노동세력을 세 가지 측면에서 위협하였다. 첫째, 국영기업의 구조조정과정에서 노동자들이 직접적인 피해를 당했다. 둘째, 노동조합들간의 분열이 발생하고 실업율이 증가함에 따라 노동세력이 행사할 수 있는 정치사회적 영향력이 위축 되었다. 마지막으로 복지제도가 재편됨으로써 노동자들이 국가로부터 누릴 수 있는 혜택이 축소되었다.

대처정부는 정권 초기부터 강력하게 추진했던 긴축정책의 일환으로 국영산업에 대한 정부 보조를 대폭 감축했다. 1981년부터 시작된 석탄산업 구조조정 결과 생산성이 낮은 다수의 탄광들이 폐광되자 1984년 광부들은 11개월에 걸친 파업을 전개했다. 이 파업은 탄광노조의 완벽한 패배로 종결되었는데 이를 계기로 대처정부는 보다 본격적으로 국영산업 구조조정을 추진했다. 대표적으로 1982년부터 1987년 기간 동안 국영전화회사British Telecom, 국영가스회사British Gas, 그리고 국영항공사British Airways 등의 기업이 민

다. 공공분야의 전반적인 크기도 그다지 크게 감소하지 않았다.

라. 복지제도의 근본적인 개혁도 이루어지지 않았다. 예컨대 NHS의 민영화는 결코 추진되지 않았다.

마. 민영화가 기업경영의 효율성을 제고하지 못했다.

영화되었다. 노동쟁의시 파업에 불참하는 조합원들을 감시하는 관행인 피케팅picketing 그리고 조합원만을 고용하도록 하는 클로즈드 숍closed shop을 규제하는 법안을 1980년 통과시킨 데 이어 대처정부는 1982년과 1984년에 노동결사권을 제한하고 쟁의로 인해 발생한 손해를 조합기금으로 변상케 하는 입법을 단행하였다(Gamble 1988: 116-7). 이로써 이미 대량해고로 인해 (1982년 당시 300만 이상) 크게 축소된 노동조합의 세력이 더욱 위축되기에 이르렀으며 그 결과 정부는 임금감축에 대항하는 노동자들의 반발을 보다 용이하게 견제할 수 있었다. 노동조합의 세력이 양적으로 축소되고 조합들 간의 분열이 확대됨에 따라 중앙정부의 정책결정과정에 전국노동조합회의TUC가 참여하던 조합주의적 관행도 폐기되었다(Gamble 1988: 125-126).

복지제도의 재편도 노동자들의 세력이 감소되는 데 결정적인 역할을 했다. 1970년대를 지배했던 영국경제의 침체로 인하여 대처정부가 들어서기 이전 실업인구의 수는 이미 100만을 상회하고 있었다(김영순 1998: 247). 완전고용을 유지하려는 노력이 인플레이션과 생산성의 저하를 가져온다는 통화주의적 논리를 내세우면서 대처정부는 노동시장의 유연화를 모색하였고 그 결과 1980년대에 들어 실업율은 더욱 상승했다. 1985년에 들어 실업자 수가 3백만을 초과했음에도 불구하고 대처정부는 오히려 실업자들을 복지의존자들이라 비난하면서 실업급여를 삭감하는 정책으로 일관했다. 대처정부는 1980년 사회보장법을 개정하여 급여산정방식을 소득이 아닌 물가에만 연동하도록 함으로써 실업급여를 5% 정도 삭감했다. 1982년 6월에는 질병급여와 실업급여의 소득비례급여를 폐지함으로써 실업자들은 균등률의 기본급여만을 지급받게 되었다. 또 1983년에는 실업수당에 대한 과세가 이루어졌다(김영순 1998: 259). 이와 같은 직접 삭감 외에도 대처정부는 실업급여의 수급자격 규정을 까다롭게 운영함으로써 노동자들이 급여 수령을 포기토록 하는 조치도 병행하였다. 대처정부가 실업급여 개혁을 통해 성취하고자 했던 것은 급진적인 하층 노동계급의 고립화였다. 1980년의 사회보장법은 파업참여 노동자들의 연금보충급여권이 박탈당할 수 있음을 규정하였는데 이는 노조의 힘을 약화시키는 강력한 제도적 장치였다(김영순 1998: 261–262).

물론 노동의지를 갖고 있는 상층노동자들까지 공격대상으로 삼은 것은 아니었다. 오히려 이들 상층노동자들에게는 자유주의적 개혁의 혜택을 맛볼 수 있는 기회가 주어졌다. 공영주택council house 민영화가 그 예이다. 공영임대주택제도는 주택을 소유할 수 없는 이들에게 민간임대료보다 훨씬 낮은 임대료로 주택을 제공하여 이들의 주거를 안정시키는 역할을 했다. 대처정부는 1980년 주택법을 개정하여 공영주택에 거주하고 있는 이들에게 시장가격보다 최고 50% 할인된 가격에 융자를 제공받아 현재의 주거주택을 구입할 수 있는 권리를 부여했다. 이는 매우 성공적인 민영화 프로그램이었는데 이를 통해 상층노동자들로부터 민영화에 대한 지지를 이끌어낼 수 있었다(김영순 1998: 266).

대처정부가 국영산업의 민영화와 더불어 전통적 제조업의 몰락을 사실상 방관하는 정책을 취한 것도 노동세력의 약화를 촉진시킨 직접적인 요인이었다. 1979년부터 1986년 기간동안 제조산업의 고용인원은 28%의 감소를 보여 약 200만명의 실업자가 발생했다. 대처정부 초기 2년간 제조업분야의 생산성은 14% 감소하였으며 1987년까지 이전 수준을 회복하지 못했다. 제조업부문의 무역흑자는 1978년 50억 파운드 흑자에서 1986년 54억 파운드 적자로 반전되었다(Gamble 1988: 125). 제조업의 추락에도 불구하고 대처정부는 산업을 부흥시키기 위한 아무런 조치도 취하지 않았다. 오히려 구조조정을 가속화하고, 시장경쟁을 제고하기 위한 규제완화를 촉진하며 노동시장의 유연성을 제고하기 위한 노동개혁을 추진하고 자유항과 자유기업지대enterprise zone를 건설하며, 외국인의 직접투자를 증대하기 위한 유인책을 모색했다. 사실, 대처정부는 금융서비스업의 육성에 지대한 관심을 보인 반면 제조산업의 공동화에 대해서는 거의 무관심으로 대처하였다고 해도 과언이 아니다. 신자유주의적 관점에서 대처정부가 중요시 했던 것은 어떤 산업인가가 아니라 어떻게 이윤을 창출할 것인가 하는 점이었다. 따라서 제조산업이 더 이상 영국에서 이윤을 낼 수 없는 산업이라면 퇴출되어도 무방하다는 입장을 포기하지 않았다. 이러한 무관심은 교육 및 사회간접자본에 대한 투자 감소로 이어졌다.

대처정부가 유망산업으로 육성코자 했던 분야는 원자력 산업과 군수산업 그리고 금융서비스업이었다. 특히 금융서비스업은 대처정부가 대대적인 규제완화deregulation와 재규제re-regulation를 통해 세계적인 경쟁력을 확고히 하도록 육성한 산업이라 할 수 있다. 금융업은 노동세력의 영향력으로부터 자유로왔으며 고부가가치 산업이라는 점에서 대처의 신자유주의 이념에 부합되었다.

존 메이저John Major 수상이 1990년 대처의 뒤를 이어 보수당의 지도자로 등장한 이후에도 대처가 추진해왔던 신자유주의적 정책의 기조는 근본적으로 변화하지 않았다. 철도, 석탄산업과 같은 국가 기간산업의 민영화가 지속적으로 추진되었고 정부기구의 축소, 지방정부운영에 있어서 서비스용역발주제도contracting out의 확대 등이 시도되었다. 1991년 발표된 시민헌장Citizen's Charter에서 발견할 수 있듯이 메이저정부는 정부를 소비자인 시민들에게 공공서비스를 제공하는 기업과 같은 존재로 탈바꿈시키려 했다. 메이저 정부가 NHS와 교육기관의 민영화를 유보한 것은 이러한 시민우선주의의 관점에서 이해될 수 있다.

경제 운영 역시 대처정부의 통화주의적 노선에서 크게 벗어나지 않았다. 약간의 변화가 있다면 마이클 헤절타인Michael Heseltine이 상무성 장관으로 취임한(1992) 이후 친 기업적 정책이 발표된 정도였다. 그리고 경쟁정책의 집행 강도가 다소 완화되는 경향을 보였다. 그러나 이러한 입장의 변화가 산업지원정책의 부활로 연결되지는 않았다. 영국의 대표적인 자동차회사인 Rover사가 독일의 BMW에 인수되는 것을 승인한 예에서도 볼 수 있듯이 전통적으로 비효율적인 산업에 대한 지원은 계속 감소하였으며 정부의 연구개발비와 교육훈련비 지출도 증대되지 않았다(Kavanagh and Seldon 1994: 213). 결론적으로 메이저 정부 역시 규제국가의 모델에 충실했다고 볼 수 있다.

4. 작고 강한 국가로서의 규제국가

대처정부의 신자유주의 개혁을 가능케 했던 조건으로서 국가성격의 변화는 어떻게 정의될 수 있는가? 앞서 살펴보았듯이 대처정부가 등장하기 이전인 1970년대 말까지 존재하던 영국국가의 성격은 가부장적 복지국가로 정의될 수 있다. 개개인의 이기적 이익보다는 공동체적 이익을 우선시하는 이념적 가치를 갖고 있는 이 복지국가는 시장간섭을 통해 산업을 보호하고 지원하는 국가자본주의적 국가이다. 이처럼 거대한 국가이기는 하지만 강한 국가라고는 볼 수 없었다. 오히려 사회의 기득권세력들(예컨대 노동세력)의 힘에 의해 침투당하여 자율적인 결정을 하기 매우 어려운, 즉 자율성이 약한 국가였다. 사실 영국이 직면한 문제를 이전의 정부들이 전혀 인지하지 못했던 것은 아니었다. 앞서 살펴보았듯이 히쓰정부도 대처정부와 유사한 자유주의적 개혁을 시도한 바 있다. 그러나 이전의 정부들이 개혁을 달성할 수 없었던 이유는 국가의 성격을 변화시키는데 실패했기 때문이다.

그러면 대처정부의 신자유주의개혁을 성공할 수 있도록 만들어준 새로운 국가의 성격은 어떻게 규정될 수 있는가? 대처 집권 이후 등장한 국가는 강력한 규제국가로 규모는 축소되었지만 강한 자율성을 갖춘 국가이며 권력이 중앙정부에 집중되어 다소 권위주의적인 성격마저 가지고 있는 국가이다. 정부는 한편으로 시장에서의 경쟁을 촉진하기 위해 보호적·지원적 규제를 완화하면서도, 다른 한편으로 공정한 거래행위를 정착하기 위한 규제는 강화했다.

이처럼 규제가 강화된 이유는 생산수단means of production의 사유화가 이루어지면 이에 대한 객관적인 감독이 필요하기 때문이다. 과거 복지국가하에서는 주요 생산수단 예컨대 주요 기간산업들이 개인이 아니라 공공을 대표하는 국가에 의해 소유되었었다. 이러한 상황하에서는 자율적 규제만으로도 충분하다고 보았다. 생산수단의 국유화를 실시한 이유는 생산수단이 개인의 수중에 있으면 빈부 간의 격차와 같은 부정적인 문제가 발생하므로 이를 해결하기 위해서는 생산수단의 소유를 사회화socialization할 필요가 있었기 때문이다. 즉 생산수단에서 창출되는 부가가치를 개인이 사유화하는 것이 아니라 공공의 이익으로 환원시키는 것이다. 따라서 생산수단이 공적으로 소유된 형태를 띠게 되면 이를 감독할 이유는 없어진다. 국가와 같은 공적 기관은 국민에게서 권한을 위임받은 정의로운 존재였다. 따라서 만일 규제가 필요하다면 이는 자율적인 규제만으로도 충분하다고 보았다(Majone

1997; Moran 2001). 외부적인 규제장치를 통해 공적기관을 규제하는 것은 논리적으로도 설득력이 없다는 것이다.

그러나 이러한 자율적 규제는 공적기관이 자신들의 주장대로 정직하고 공공의 이익을 위해 봉사하며 정의로운 존재라는 가정이 성립될 때만 그 적실성이 있었다. 만일 공적기관 역시 공익추구라는 명분 하에 자신들의 이기적 이익을 추구하고 사회전체의 공익을 침해한다면 이러한 가정은 부정될 수 밖에 없다. 규제국가의 논리는 바로 이처럼 공적기관의 정당성에 의문을 가지고 있었다. 즉 국가기관에 근무하는 관료도 자신의 이익을 극대화 하기 위해 노력하는 이익집단에 불과하다는 것이다(Buchanan and Tullock 1962). 따라서 신자유주의적 패러다임은 주요 생산수단이 국가에 의해 소유되어 이를 운영하기 위한 관료적 조직을 비대화시키고 나아가 비효율적 운영으로 인해 납세자의 부담을 증가시킨다면 생산수단이 사유화되는 것이 옳다고 보았다. 단 생산수단이 사유화될 경우 이에 대한 규제는 엄격하게 집행되어야 한다는 전제를 가지고 있었다.

여기서 대두된 또 하나의 문제는 그렇다면 시장에 대한 규제는 누가 담당해야 할 것인가 하는 것이었다. 규제를 국가에 전적으로 맡길 경우 신자유주의의 기본원리 즉 국가의 시장에 대한 간섭 축소라는 원리에 위배된다. 따라서 국가가 규제기구를 전적으로 운영하기 보다는 이를 국가에서 분리된 조직으로 전환하고 민간인을 참여시켜 비정부적 또는 유사정부적qusi-governmental 공적 조직으로 만들어 규제업무를 수행토록 하는 방식이 채택되었다. 이처럼 규제기관을 탈정부화시킬 경우 국가기구 및 여기에 근무하는 국가 공무원의 숫자를 축소하여 작은 국가를 만들면서도 시장에 대한 규제는 강화시킬 수 있는 이점이 있었다.

규제국가가 상정하는 규제의 대상은 시장, 국가행정기구 그리고 환경, 보건과 같은 사회공익적 분야였다. 우선 시장부분에 대한 규제장치가 강화되는 양상은 영국금융산업 개혁 사례를 통해 단적으로 관찰할 수 있다. 1986년 가을 대처정부는 금융개혁을 위한 두 가지의 조치를 과감하게 단행했다. 10월 27일에는 증권거래시장에서 통용되고 있는 각종 자율규제적 관례들을 폐지했다. 후일 빅뱅Big Bang이라고 불리는 이 조치를 통해 런던 증권거래소는 주식거래 수수료를 고정시키는 관행을 폐기했고, 금융기관들이 시장조성자market maker 또는 중개자broker 중 하나의 역할만을 수행케 하는 규정을 삭제했으며, 일반은행과 외국금융기관에도 회원가입을 허가했다. 2주 후인 11월 7일에는 금융산업법Financial Service Act을 제정하여 규제의 제도화·형식화·법제화를 한층 강화했다. 이 법안이 통과됨으로써 비정부 민간규제 기구인 증권투자위원회Securities and Investment Board와 다섯 개의 자율규제기관self regulatory organizations이 설립되었다(Vogel 1996: ch. 5).

대처정부가 이처럼 불필요한 규제를 완화하고 공정경쟁을 촉진하는 새로운 규제를 마련한 것이 결과적으로 금융산업의 경쟁력을 강화시키는 결과를 낳았다. 금융개혁은 다음과 같은 세 가지 원칙에 입각해서 진행되었다. 과감한 자유화, 통제 및 감독권의 분권화, 그리고 규제의 형식화 및 제도화가 그 것이다(Vogel 1996: 114). 즉 규제완화와 재규제가 복합적으로 되풀이되었다. 먼저 은행부문에서 정부는 1980년에 규제를 대폭 완화함으로써 시중은행들이 대출시 광범위한 자율권을 행사할 수 있도록 허락한 바 있으나 1987년에는 은행법 개정을 통해 중앙은행인 영란은행Bank of Eugland의 은행감독권을 대폭강화했다. 영란은행은 시중은행들의 대형 여신과 은행인수에 관해 감독할 수 있는 권한을 새롭게 획득했다. 또 1986년에는 경쟁을 촉진하기 위한 취지로 주택조합Building Society이 기존의 수신 및 여신사업 이외의 사업에도 진출할 수 있도록 허락했다. 이 입법으로 주택조합은 자산의 5%까지 미수여신unsecured loans으로 충당할 수 있게 됨으로써 신용카드 및 송금 업무 등의 사업으로 진출할 수 있게 되었다. 이러한 규제완화와 동시에 정부는 주택조합위원회Building Society Commission를 발족, 규제권을 부여함으로써 주택조합의 업무에 대한 규제를 대폭 강화하고 기존의 규제관행들을 명문화함으로써 규제를 대폭 제도화했다. 아울러 정부는 주택조합이 시중은행과 직접 경쟁할 수 있는 권한을 대폭 부여했다.

대처정부 하에서 단행된 금융산업 개혁은 규제완화, 자유화, 그리고 재규제가 동시에 진행된 복합적 과정이었다. 영란은행이 주도한 빅뱅Big Bang을 통해 금융산업진입규제 등의 규제가 완화됨과 동시에 통상산업부Department of Trade and Industry가 주도한 금융산업법입법을 통해 부당한 사업행위를 감시하고 통제할 수 있는 규제가 대폭 강화되었다. 즉 경쟁촉진을 위한 규제완화와 감독적 규제의 강화가 동시에 진행되었던 것이다. 금융기관들에게 정직한 사업관행을 요구하고 보다 엄격한 규정을 적용했다는 점에서 적어도 금융산업 분야는 노동부문과 더불어 규제국가의 가장 주요한 규제개혁 대상이었다.

영국의 규제국가 모델이 상정한 공공부문의 개혁 대상은 공기업 외에도 정부관료조직과 지방정부가 포함되어 있었다. 대처수상은 관료를 비효율적이고 낭비적인 조직이며 국가의 재정적 부담을 증대시키는 주된 요인으로 간주하였다. 관료직은 상당히 느슨하고 안정된 조직이어서 우수한 젊은 인재들이 지망하는 경향이 있는데 이러한 우수 인재들이 민간분야로 진출하지 않는 것은 국가적 손해라는 인식을 갖고 있었다. 따라서 대처수상은 관료조직의 불필요한 부분을 제거함으로써 신자유주의적 이념에 걸맞는 작고 강한 정부를 만들고자 했다. 이전의 보수당 히쓰정부가 관료들의 자율적 노력에 의한 감축을 시도했다가 실패한 경험을 거울 삼아 민간분야의 전문가를 책임자로 임명하여 관료조직을 개혁하고자 시도했다. 컴퓨터 사업가였던 호스킨스John Hoskyns는 대처의 정책부서Policy Unit를 이끌면서 개혁을 진행했고 후임으로 임명된 유통전문회사 막스 앤 스펜서Marks and Spencer출신의 레이너Derek Rayner는 능률부서Efficiency Unit를 맡아 관료조직의 비효율적인 부분을 도려내고 기업가적 사고방식을 불어넣는 작업을 추진했다. 대처수상 집권기간 동안 관료의 숫자는 73만 2천 명에서 56만 7천 명으로 22.5% 감축되었다. 정부가 정책입안에 있어 관료조직에 의존하는 정도를 줄이고 내각과 관료조직 간의 위계관계를 확고히 함으로써 정치인의 명령을 수행하는 추진기관으로 활용하고자 했던 것이다. 총무부Civil Service Department와 같은 부서는 폐지하면서도 자신의 수상실Prime Minister's Office의 기능은 강화함으로써 수상을 중심으로 국가의 권력이 집중되도록 유도해 나갔다 (Gamble 1988: 128-139). 아울러 관료들의 업무수행정도를 평가하는 시스템을 개발하여 관료조직을 개혁하는 자료로 활용했다.

이러한 중앙집권화 현상은 중앙정부와 지방정부간에도 나타났다. 대처정부는 지방정부의 예산에서 중앙정부의 지방정부 보조금이 차지하는 비중을 63%에서 49%로 축소하는 한편 지방정부를 배제하는 정책을 추진하려 했다. 대처정부는 노동당이 강세를 보이는 지방정부를 축소하거나 아예 폐지함으로써 보수당의 세력기반을 확충하려는 의도를 갖고 있었다. 지방정부의 폐지까지 이르지는 않았지만 대처정부 하에서 지방정부의 권한을 제한하는 조치들이 다수 시행되었다(Gamble 1988: 115). 지방세를 중앙정부가 통재하는 인두세poll tax 또는 community charge로 대체하고 사업세율 결정권을 중앙정부로 귀속시켰으며 학교를 비롯한 지방정부 자산을 지방정부의 통제 대상에서 제외시키는 조치를 취하였다.

정부재정을 긴축적으로 운영하면서도 경찰력을 강화시키는 작업은 오히려 증강되었다. 상기한 바와 같이 개혁과정에서 시위가 빈번하게 발생하였는데 대처정부는 이러한 국지적 소요가 정치사회적 불안으로 연결되지 않도록 하기 위해 경찰력을 대폭 강화하였다.

결론적으로 신자유주의 개혁을 추진하는 과정에서 등장한 국가의 성격은 강력한 규제국가라는 개념으로 정리될 수 있다. 국가의 외형적인 규모는 다소 축소되었다. 왜냐하면 국가가 시장의 지원과 보호를 위해 보유하고 있던 기능이 축소되었기 때문이다. 그러나 시장을 규제하고 시장행위자들이 경쟁원리를 준수하도록 강요할 수 있는 국가의 힘은 한층 강화되었다. 사실 신자유주의를 추구한 결과 강한 국가가 등장하였다는 것은 다소 역설적이다. 강한 규제국가의 등장을 설명하기 위해서는 1980년대 등장한 신자유주의가 신보수주의와 결합했으며 전체적으로 신우파적 패러다임을 형성했다는 사실에 주목할 필요가 있다(Held 1987: 243-245). 즉 신자유주의와 19세기의 고전적 자유주의는 작은 국가와 시장의 자유를 강조한다는 점에서 공통점이 있다. 그러나 후자가 시장의 자유방임을 중시하였다면 전자는 시장에 대한 감독을 전제로 한 자율성을 상정한다는 점에서 다르다. 시장을 감독하기 위해서는 시장을 규율할 수 있는 강한 국가가 필요하다는 논리이다. 자유주의가 이처럼 강한 국가를 배태할 수 있었던 것은 국가의 권위를 되살리려는 신보수주의와의 결합이 있었기 때문에 가능했다.

규제국가가 시장의 규제를 강조했음에도 불구하고 영국국가의 규모가 축소될 수 있었던 비결은 독립적 규제기관independent regulatory agency의 수립에서 찾을 수 있다. 시장규제 기능을 강화하여 그 기능을 정부의 관료들의 관할 하에 두는 것과 동시에 정부로부터 독립적인 규제기관들을 각종 위원회에 부속시킴으로써 투명성을 제고하고 정부의 규모도 축소시킬 수 있었다.[3] 대처정부 등장 이후 시장에 대한 감독기능은 해당 정부부처와 이들 독립적 규제기관들이 공유하고 있다. 국가와 사회의 접경지역에 존재하는 이들 규제기관들을 통해 규제장치가 개발되고 제도화되어 시장에 대한 공적이며 합리적인 감독이 가능해진 것이다.

5. 규제국가와 재규제 re-regulation

영국의 경험에 비추어 볼 때 신자유주의 개혁의 결과 등장한 국가는 대(對)사회적 자율성이 매우 강한 규제국가였다. 신자유주의 개혁이 불필요한 국가의 규제를 완화하고 국가의 간섭을 축소하는 것을 주 내용으로 하고 있다는 점을 인식한다면 강력한 규제국가가 등장하였다는 사실이 다소 역설적으로 받아들여진다. 신자유주의 개혁은 통화주의자들이 주장한 바를 좇아 재정긴축정책을 정책의 핵심으로 삼았다. 인플레이션을 억제하기 위해서 국가의 재정지출은 극도로 억제되었다. 이러한 맥락에서 국가의 산업지원은 축소되었고 규제완화를 통해 시장의 지원과 보호를 위한 간섭도 억제되었다. 따라서

3) Vogel (1996: ch. 5–6)은 영국과 일본의 사례를 비교하면서 영국은 각종 독립적 규제기관의 수립을 통해서 규제를 강화하여 국가기능의 축소와 규제 강화를 동시에 달성한 반면 일본은 규제기능을 정부관료들에게 전적으로 귀속시킴으로써 시장자유화와 더불어 국가기능의 확대가 발생했다고 분석하고 있다.

규제 완화는 분명히 진행되었다. 그렇다면 규제가 없어졌다는 말인가?

앞에서도 살펴보았듯이 규제완화와 규제의 강화(즉 재규제re-regulation)는 복합적으로 동시에 진행되었다. 시장의 보호와 육성을 위한 규제는 시장경쟁을 촉진하기 위해 완화되었다. 그러나 시장행위자가 시장의 규율을 정직하게 준수토록 하기 위한 감독적 규제는 오히려 강화되었던 것이다. 케인즈적 경제운영원리는 1970년대까지 영국의 복지국가와 포드주의에 입각한 대량생산체제를 밑받침하는 이론적 근거가 되어왔다. 케인즈주의 핵심은 완전고용을 달성하기 위해서 수요를 촉진시킬 수 있는 인위적인 자극이 필요하며 국가는 재정적자를 감수하고서라도 공공지출을 확대함으로써 수요를 자극하는 역할을 수행해야 한다는 것이었다. 케인즈주의는 고용율을 높이고 규모의 경제에 입각한 대량생산체제를 운영하기 위한 경제원리였다. 이와 같은 케인즈적 경제체제 하에서 운영되던 국가의 규제는 시장의 보호와 육성을 목표로 하고 있었다. 시장진입 규제가 대표적인 예라 할 수 있다. 이러한 보호적 규제가 산업의 경쟁력을 약화시키고 비효율을 야기함으로써 영국의 침체가 발생했다고 대처는 보았다. 대처가 개혁을 통해 제거하거나 완화하려 했던 규제는 바로 이러한 보호적 규제였다.

반면에 대처가 강화하려했던 규제는 보호적 규제와는 상반되는 감독적 규제들이었다. 대처정부는 국가의 보호막 뒤에서 안주하던 국내산업을 과감하게 경쟁으로 내몰음으로써 자율적으로 경쟁력을 강화하도록 유도하였다. 국가가 불필요하게 간섭하는 것을 없애는 대신 국가에게 도움을 요청할 여지도 허락하지 않았다. 공정한 경쟁을 수립하기 위한 규칙을 세우고 이를 정직하게 준수하는 지의 여부를 감시하는데 국가의 역할을 한정하였다. 여기에서 소위 '관용적 무시' benign neglect의 원리가 성립하게 된다. 즉 국가는 시장행위자들이 규칙을 자율적으로 준수할 것을 상정하여 최소한의 실효성 있는 규제를 수립하되 이를 위반할 경우 매우 엄하게 처벌하는 것이다. 신자유주의적 개혁을 통해서 오히려 규제는 더욱 정비되었고 제도화되었으며 강화되었다. 관례적으로 통용되던 규제들이 명문화되었고 규격화되었다. 그리고 규제를 지키도록 유도하기 위한 국가의 개입 역시 강화되었다.

신자유주의국가는 곧 자유방임적인 국가 또는 야경국가라는 등식은 엄밀한 의미에서 성립하지 않는다. 오히려 국가가 규제하고자 의도하면 언제라도 합법적이고 체계적으로 개입할 수 있는 능력을 가진 국가였다. 18–19세기를 통해 형성된 영국의 고전적 자유주의 국가는 그 이전까지 관행처럼 존재해왔던 중상주의적 국가의 간섭적 행태를 비판했다는 점에서 자유방임적 국가로 인식되었다. 중상주의 국가에서는 공동체의 목표를 증진한다는 이유로 국가의 경제정책이 정치가와 상인들간의 부정한 타협에 의해 결정되곤 했다 (Cameron 1993: ch.6). 아담 스미스를 비롯한 고전적 자유주의자들은 이러한 국가의 부정한 간섭이 개인이 자신의 이익을 추구하는 자유를 억압하기 때문에 제거되어야 한다고 주장했다. 그러나 이처럼 자유방임적 견해를 제시한 아담 스미스도 안전과 시민의 자유와 그리고 시장의 안정적 운영을 보장하기 위해 국가는 적극적으로 간섭해야 할 것이라고 주장했다 (Smith 1993: 440-441). 영국의 신자유주의적 국가는 국가가 시장을 보다 합리적으로 규제할 수 있고 또 간섭할 수 있는 능력을 갖추고 있다는 점에서 약한 국가가 아니었다. 신자유주의 개혁의 성공조건은 바로 시장 감독적 규제를 가동할 수 있는 국가의 수립 여부에 달려 있음을 영국의 사례가 보여주고 있다.

08
자본주의, 민주주의 그리고 국가

슘페터는 자본주의가 궁극적으로 민주주의적 사회주의에 의해 대체될 것이라고 주장한 바 있다(Schumpeter 1992). 물론 그의 예언이 정확하게 적중한 것은 아니지만 자본주의가 수정되는 과정에서 민주주의적 요소, 나아가 사회주의적 요소를 흡수하여 생존력을 보강했다는 점에서 그의 주장은 의미가 있다. 특히 자본주의의 퇴조가 자본주의의 붕괴에 의한 것이 아니라 자본주의의 성공에 기인할 것이라는 그의 주장은 다시 한번 음미해볼 필요가 있다. 19세기 유럽에서 자본주의는 자유주의의 번성과 궤를 같이 했다. 그러나 19세기 자유주의적 자본주의의 성공은 사회주의적 반동을 불러 일으켰다. 슘페터가 지적했듯이 시장의 성공에 기초한 자본주의의 성장은 역설적으로 분배와 형평을 강조하는 민주주의의 확산을 유발했다. 자본주의를 유지하기 위해서 자본은 노동에 대해 전략적 양보를 하였고 그 대가로 자본주의는 생명력을 유지했다.

그러나 1945년에서 1979년에 이르는 기간 동안 존재했던 복지국가의 시대가 퇴조하고 신자유주의가 전면에 등장하면서 자본주의는 민주적 요소를 축소하고 경제자유적 요소를 강화하여 19세기와 같은 자유주의적 자본주의로 회귀했다. 20세기 말에 등장한 자본주의는 경제적 자유화를 통해 분배와 형평 같은 민주적 가치에 의해 억눌려 있던 자본축적 기능을 회복하려는 시도였다.

자본주의체제는 경제적 자유화와 민주주의라는 두 가지의 요소가 시대에 따라 그리고 정치경제적 상황의 변화에 따라 그 비율을 달리하며 변화하는 양상을 보여주었다. 경제적 자유화와 민주주의는 자본주의체제 내에서 끊임없이 긴장을 유발하는 주된 요소들이다(Hawthorn 1993; Whitehead 1993). 본 장에서는 자본주의와 민주주의의 관계를 분석하고 이 두 요소들이 국가-시장관계의 변화에 어떤 영향을 미쳤는지 살펴보고자 한다.

1. 민주주의와 경제발전

민주주의와 경제발전 간의 상관관계에 관한 논의는 자본주의와 민주주의에 관한 연구에 있어서 가장 중요한 주제 중의 하나이다. 기존의 규범적인 연구들은 민주주의만이 지속적 경제성장을 담보할 수 있다고 주장하거나 반대로 권위주의적 정치체제가 오히려 경제를 보다 효율적으로 성장시킬 수 있다고 주장하고 있다. 우선 이러한 주장의 내용을 살펴 본 후 이를 경험적으로 분석한 연구결과를 바탕으로 재논의하겠다.

민주주의와 경제발전은 긍정적 상관관계가 있다.

민주주의와 경제발전 간의 긍정적 상관관계를 주장하는 논리는 다음과 같다. 우선 경제적으로 번영하는 국가는 경제적으로 가난한 국가들에 비해 민주주의적 정치체제를 지속적으로 보유할 가능성이 높다고 주장한다. 일반적으로 경제적 진보는 민주주의, 특히 자유민주주의가 작동할 수 있는 우호적 환경을 조성하는 경향이 있다. 시장이 정부의 불필요한 간섭으로부터 자유로울 수 있는 환경 속에서 시장의 행위자들은 자신의 이익을 추구하는 행동을 극대화할 것이기 때문이다. 게다가 경제가 성장하면 시민들의 복지가 증진될 것이고 개인의 재산권도 확립될 것이다. 그 결과 개인들 간의 신뢰가 제고될 것이며, 보다 책임있는 행동할 것이다. 아울러 높은 수준의 교육을 받은 경영인, 기술자, 과학자의 존재는 대외무역과 투자를 증진시키는 데 필요한 조건들이다. 한 국가가 세계교역에 적극적으로 참여할 수록 시민들이 자유로운 사회분위기에 노출될 것이고 그 결과 권위주의로의 회귀는 더욱 불가능해질 것이라는 논리이다.

요컨대 이 관점은 양자 간의 관계를 양립적compatible인 것, 즉 민주주의가 경제성장에 기여하며 역으로 경제성장이 민주주의의 발전에 기여한다고 보고 있다. 이 입장은 민주주의에 의한 부의 재분배효과가 오히려 경제의 확대를 자극하며 시민의 자유가 보호될 때 시민들은 더 열심히 일하고 저축하며 투자할 것이라고 강조한다. 이 입장은 또 권위주의가 경제발전에 기여할 수 있다는 가설을 정면으로 반박한다. 권위주의 하에서 정부의 간섭을 통해 추진된 불균형성장정책은 지역 간·산업 간 불균형을 심화시켜 결과적으로 경제적 약자의 상대적 박탈감을 유발하고, 부패와 과도한 투자로 인한 낭비가 만연하며, 중앙정부의 제한된 능력으로 인해 주변부의 문제에 적절하게 대응하지 못하는 등의 문제가 있다는 것이 반박의 요지이다. 이 입장은 양자 간에 설령 비양립성trade-off이 있더라도 그 정도는 극히 제한적이라고 본다. 비록 경제적 발전이 언제나 민주주의를 가져오는 것은 아니지만 민주주의가 경제적으로 부유한 사회에서 번영하는 것은 분명하며, 따라서 양자 간에는 최소한 의미있는 제도적 친화성이 존재한다고 주장한다(Ersson and Lane 1996; Sirowy and Inkeles 1990; Przeworski, Alvarez, Cheibub and Limongi 2000).

민주주의는 경제발전에 오히려 부정적 효과를 미친다.

위에서 논의한 호환성 가설과는 반대로 양자 간의 관계를 배타적인 것으로 보는 시각도 존재한다. 이러한 입장은 특히 발전도상 단계에 있는 권위주의적 국가들이 주장하는 경우가 많다. 이들의 논리를 요약하면 다음과 같다. 우선 민주주의는 경제정책을 수립하고 추진하는 데 상당히 비효율적이라고 주장한다. 발전초기 단계에는 시장 및 시민사회의 역량이 국가의 행정능력에 비해 열세이고 따라서 공공부문이 민간부문을 선도해야하는 필요가 있다. 그러므로 정책결정과정을 불필요한 사회적 영향력으로부터 차단insulate해야 하며 이를 위해서는 권위주의적 정치체제가 더욱 유리하다는 것이다. 나아가 경제적 발전이 어느 정도 달성된 후에도 권위주의적 체제가 경제발전을 위해 더 유리하다고 주장하기도 한다. 민주적 정부는 국가의 미래를 위한 장기적 전략을 수립하기 보다는 국민에 대한 인기영합적 정책을 수립할 가능성이 많다고 비판한다.

요컨대 이 시각은 양자 간의 관계를 상호갈등적인 것으로 본다. 권위주의적 정부의 역할을 옹호하는 이 입장은 미성숙한 민주주의가 경제적 발전에 역행하는 것으로 본다. 또 민주적 정부는 상황 변화에 민첩하게 대응하기 어렵고 여론에 민감하기 때문에 장기적으로 국가에 이익이 되는 투자를 수행할 수 없다고 주장한다. 경제적 발전을 위해서는 시민들의 성마른 이익표 출행동을 통제하고 시장에 강력하게 개입할 수 있는 국가가 필요하다는 입장이다(Ersson and Lane 1996; Sirowy and Inkeles 1990).

양자의 입장이 첨예하게 대립하게 된 동기는 아시아적 민주주의Asian Democracy는 존재하는가, 그리고 아시아적 가치Asian Values는 존중되어야 하는가에 관한 논쟁의 전개와 관련이 깊다. 이 논쟁은 따라서 이론적 논쟁이라기보다는 매우 정치화된 이데올로기적 갈등의 성격을 보여주고 있다. 이 논쟁을 촉발한 중요한 촉매는 후쿠야마Francis Fukuyama가 저술한 『역사의 종언』The End of History and the Last Man이었다. 이 책에서 저자는 인류역사 발전의 궁극적 지향점은 자유민주주의와 자본주의라고 주장했다(Fukuyama 1992). 이 책이 전 세계적인 반향을 불러 일으키면서 근대화이론을 둘러싸고 전개되었던 논쟁이 재연되었다. 후진국을 발전시키기 위해서는 정치·사회·경제분야에 존재하는 전근대적 유산들을 청산하고 서구의 근대적인 제도로 대체해야 한다는 것이 근대화이론의 주된 논리였다. 이 이론은 근대화가 결국은 서구화를 상정한다는 문제를 내포하고 있었다. 결국 비서구지역의 후발국들이 발전하기 위해서는 근대화를 먼저 달성한 서구의 제도와 관습을 이식, 모방하는 것이 가장 효율적인 것이라는 논리가 성립된다(Webster 1990: ch.3). 또 이 논리는 나아가 서구에 의한 선도적 지배를 정당화한다는 비판으로도 연결되었다. 후쿠야마는 다소의 지역별 그리고 문화적 차이가 존재할 수는 있지만 전체적인 역사의 흐름은 자유민주주의와 자본주의라는 서구적 가치로 수렴되는 경향을 보인다고 주장함으로써 근대화이론의 적실성을 우회적으로 지지했다.

이러한 상황에서 미국을 비롯한 서구의 헤게모니에 반발하는 정치인, 지식인들을 중심으로 역사주의적 관점에서 아시아적 가치에 대한 논리가 개발되었고, 이를 바탕으로 공동체적 가치를 중시하는 아시아적 민주주의가 오히려 개인주의적이고 이기적인 서구적 민주주의에 비해 더 가치있는 것이라는 주장이 등장하였다. 아시아적 가치란 대체로 다음과 같이 정의될 수 있다(Robison 1996: 311).

1) 사회조직의 핵심은 국가나 개인이 아니라 가족의 개념이며 가족이라는 개념이 조직의 권위와 책임에 대한 이상적인 모델을 제시할 수 있다.
2) 집단 또는 공동체의 이익이 개인의 이익에 우선한다. 따라서 개인의 공동체에 대한 의무가 권리나 자유보다 우선한다.
3) 정책결정과정은 대의적 정치기관내에서 전개되는 대립과 경쟁보다는 합의consensus에 의해 작동된다.
4) 사회적 융합과 조화는 도덕적 원칙과 강한 정부를 통해 성취된다.
5) 경제적 성장과 발전은 사회적 융합 그리고 강한 정부에 의해 만들어지는 부산물이다.

이에 기초하여 볼 때 아시아적 민주주의는 권위주의적 요소가 내재된 비자유적illiberal 민주주의라고 이해할 수 있다. 전적으로 권위주의적인 국가에 비해 아시아적 민주주의를 체득하고 있는 국가의 시민들은 보다 폭넓은 경제적·정치적 선택이 가능하지만 여전히 자유민주주의라는 가치보다는 강력한 국가라는 가치에 우선순위를 두고 있다. 전통적 가치에 위배되는 개인의 자유는 이러한 관점에서 제약받는 것이 당연하다. 아시아적 가치에 입각하여 아시아적 민주주의를 강력하게 주창한 이들 중에는 싱가포르 리콴유Lee KwanYew 전(前) 수상 그리고 말레이시아의 마하티르Mahatir 전(前) 수상 등을 꼽을 수 있다. 이들은 개인의 방만한 자유가 규제되고 강한 정부가 통치할 때 빠른 경제적 성장이 달성될 수 있다고 주장했다(Zakaria 1994).

민주주의와 경제발전에 관한 두 주장 모두 나름의 논리를 가지고 있지만 어느 한 쪽도 경험적으로 충분히 지지되지는 못하고 있다. 양자 모두 서로 상반되는 연구결과를 제시하고 있다. 한 경험적 연구는 양자 간에 긍정적이기는 하지만 매우 약한 상관관계가 보여질 뿐이라고 주장한다. 예컨대 민주주의 자체가 경제적 성장을 도모한다는 통계적 증거는 없다는 것이다(Ersson and Lane 1996). 반면에 다른 한 연구는 민주주의가 경제적 발전에 부정적인 영향을 미친다는 가설이 검증되지 못하며 따라서 경제발전을 위해 민주주의가 희생되어야 한다는 주장은 근거가 없다고 강조한다. 이들은 민주주의는 재산권을 보호하여 투자를 촉진하고 자유로운 의사교환을 가능케 하여 분배의 효율성을 제고할 수 있으며 선거를 통해 정책결정자들로 하여금 좋은 정책을 채택하도록 압력을 가할 수 있다는 점을 들어 양자를 비양립적trade-off 관계로 보는 권위주의 옹호론을 반박하고 있다(Przeworski, Alvarez, Cheibub and Limongi 2000: 3).

같은 맥락에서 또 다른 연구는 경제적 불평등으로 인해 발생할 수 있는 사회적 저항을 억압하는 비용보다는 민주주의적 체제를 유지하는 비용이 보다 경제적이기 때문에 민주주의가 경제발전에 유리한 정치체제라고 설명한다(Boix 2003: 10-11).

이러한 경험적 근거의 모호함이라는 문제 말고도 민주주의와 경제발전

간의 관계에 관한 논쟁은 근본적으로 이론적인 문제를 내포하고 있다. 첫째로 본 논쟁은 가치의 문제를 가지고 성과performance를 평가하려한다는 점에서 무리가 많다. 즉 민주주의적 국가가 경제적 발전을 성취하는가에 관한 논쟁은 착한 사람이 나쁜 사람보다 잘사는가를 측정하는 것과 유사한 딜레마에 빠질 수밖에 없다. 물질적 성취의 정도와 당위적 가치의 존재 여부를 연관짓는 것은 이론적으로 무리가 많다. 경제적 성취의 달성 여부를 결정짓는 데는 정치체제뿐만 아니라 여러 가지 요인 예컨대 자국 및 국제적 경제환경, 안보환경 또는 운 등의 요인이 다양하게 고려되어야 한다.

또 하나 지적될 수 있는 문제는 민주주의를 막연하게 하나의 개념 또는 종류로 상정하는 경향이 있다는 것이다. 물론 민주주의의 기본요인은 민주주의적 절차가 합법적으로 준수되고 있는지의 여부일 것이다. 그러나 민주주의의 적용 범위를 단순히 정치분야에 한정할 것인지 아니면 사회 나아가 시장영역까지 확대하여 적용할 것인가에 따라 민주주의의 성격도 큰 편차를 보인다. 예컨대 민주주의의 적용을 정치부문에 한정하고 있는 대의민주주의-자유민주주의 모델과 민주주의를 보다 광범위하게 적용하는 사회민주주의 모델은 경제 부문 즉 시장에 미치는 제도적 영향이 매우 상이하게 나타난다. 따라서 이러한 민주주의의 구체적인 형태들을 논외로 한 채 성장이라는 경제적 변수와의 상관관계를 논의하는 것은 이론적으로 문제가 많다.

마지막으로 정치적 그리고 경제적 발전단계에 대한 고려없이 가치적 판단을 적용하는 것도 적절치 못하다. 거셴크론Gerschenkron, 리스트List, 로스토우Rostow 등이 주장하듯이 일반적으로 경제발전초기 단계에서는 국가나 은행과 같은 선도적 기관들의 역할이 활발하게 나타난다(Trebilcock 1981). 따라서 권위주의적 형태의 정치체제가 등장했을 때 의외로 좋은 경제적 성과를 보여줄 수도 있다. 그러나 경제발전 정도가 심화되어 국민의 교육수준이 높아질수록 그리고 재산권이 확보될수록 민주주의적 열망도 강화되는 경향을 보인다. 이러한 단계를 무시한 채 선발국의 입장에서 자국의 정치적 잣대를 개발도상국에 적용하는 것도 긍정적인 평가를 받기는 어렵다.

이러한 문제점을 고려할 때 이론적으로 그리고 상식적으로 보다 바람직한 논의는 동일한 위치에 있는 두 개념 간의 상관관계를 논의하는 것이다. 예컨대 민주주의와 자본주의 간의 상관관계에 관한 논의가 그러하다.

2. 민주주의와 자본주의

민주주의와 자본주의의 관계는 일반적으로 매우 조화로운 것으로 인식되지만 역사적 경험에 비추어 볼 때 양자의 관계는 오히려 긴장적이고 갈등적이었던 시기가 많았다. 특히 자본주의는 자본의 소수독점과 엘리트 부르주아에 의한 지배를 용인하고 있다는 점에서 다수에 의한 지배를 강조하는 민주주의 이념과 논리적으로 조화하기 어려운 문제가 있다. 생산수단의 사유 지배를 당연시하는 자본주의의 입장에서 본다면 다수의 국민에 의한 지배를 상정하는 민주주의의 이상적 모델은 오히려 바람직하지 않을 수도 있다. 그리고 과도한 민주주의는 오히려 엘리트 관료제의 합리성과 효율성을 저하시키는 것으로 볼 수도 있다(에치오니-할레비 1990: 55).

민주주의와 자본주의의 관계에 관해 보다 정밀하게 논의하기 위해서는 어떤 수준의 또는 어떤 종류의 민주주의인가 그리고 어떤 종류의 자본주의인가에 관한 고려가 있어야 할 것이다. 단순화의 위험에도 불구하고 양자간의 상관관계에 관한 일반적인 논의를 정리해 보면 다음과 같으며 여기에도 있어서도 두 가지의 상반된 입장이 존재하고 있다.

민주주의와 자본주의는 상호발전적인 관계이다.

자본주의 또는 시장을 옹호하는 관점에서는 양자 간의 관계를 상호 보완적인 것으로 보고있다. 즉 자본주의가 정치적 민주주의를 촉진한다고 주장한다(Friedman 1962). 양자는 개인의 선택이라는 원칙에 입각한다는 공통점을 가지고 있기 때문이다. 즉 자본주의는 이익을 극대화하는 것이 목표이고 생산자는 소비자가 만족할 수 있는 상품을 제공해야 한다. 민주주의는 국민 다수의 지지를 확보하여 정권을 장악하는 정치적 제도이므로 정치인은 국민의 지지를 극대화해야 한다. 국민의 지지를 극대화하기 위해서는 국민들이 원하는 정책을 제공해야 한다. 이렇게 본다면 양자는 서로 상승작용을 일으키는 관계이다. 생산자와 소비자 그리고 정치인과 유권자의 관계는 경제적 부와 정치적 권력을 어떻게 효율적으로 분배할 것인가 하는 문제와 관련되어 있다. 슘페터는 자본주의문화가 합리적 행동을 전파함으로써 정치를 민주화시킬 수 있다고 주장했다(Schumpeter 1992). 즉 근대 민주주의는 자본주의 발전의 결과라는 것이다. 자본주의 경제체제 하에서는 생산수단과 노동 간에 동등한 교환이 발생할 수 있다고 이 입장은 보고 있다. 이러한 관점에서 볼 때 봉건생산체제를 유지하기 위해 수립되었던 억압적 체제는 자본주의하에서는 유지될 수 없다.

민주주의와 자본주의는 공존하기 어렵다.

앞의 견해를 비판하는 입장은 양자를 작동시키는 논리가 상충된다고 보고 있다. 무엇보다도 생산수단을 보유하고 있는 자본과 그렇지 못한 노동 간에 동등한 교환이 이루어지는 것은 구조적으로 불가능하다는 것이다. 자본주의는 생산수단을 보유하고 있는 이들에게 강력한 정치적 권력을 제공한다. 부를 소유하고 있는 이가 실질적으로 더 많은 표를 가지고 있는 것과 마찬가지다. 그러나 민주주의체제는 보통선거원칙에 입각하여 일인일표를 상정하고 있다. 이 원칙은 누가 생산수단을 보유하고 있는가 또는 그렇게 않은가와 무관하게 지켜져야 하는 원칙이다. 자본주의체제에서는 자원이 국가 또는 시장에 의해 분배된다. 정치적 분배와 시장의 분배는 자본이 직접 국가를 통제하거나 군사적 지배력이 지배계층의 주류인 부르주아의 이익을 위해 봉사하는 경우에만 일치할 수 있다. 그러나 만일 무산계급이 다수의 힘에 의거하여 국가를 장악할 경우 무산계급에 의해 통제되는 국가와 부르주아에 의해 운영되는 시장은 서로 충돌할 수밖에 없다.

양자가 공존할 수 없다는 주장은 19세기 자유주의자들과 사회주의자들 모두에 의해서 제기되었다. 고전적 자유주의의 관점에서 리카도Ricardo와 밀Mill은 노동계급이 투표권을 갖게 될 경우 다수의 무산계급과 소수의 유산계급 간에 갈등은 불가피하다고 보았다. 이들은 인간의 가치를 양보다는 질의 관점에서 파악했다. 따라서 지식의 정도와 재산 여부에 따라 차등적으로 투표권을 제공해야 한다고 주장했다(Held 1984: 42-50). 반면에 부르주아 유산계급을 옹호했던 자유주의자들과 반대의 입장에 서있는 사회주의자들은 무산 노동자들에게도 동등한 투표권을 주어 정치적 권한을 행사할 수 있도록 해야 한다는 입장을 견지했다. 그렇지 않을 경우 빈자들은 부자들의 재산을 약탈하려 할 것이고 이에 대응하여 부자들은 재산권을 보호하기 위해 폭력을 행사할 것이며 결국 폭력적 혁명으로 이어질 것이라고 주장했다.

위의 두 주장을 종합해 볼 때 양자 간의 관계에는 조화적 측면이 분명 존재하지만 전반적으로 긴장적이고 갈등적인 양상을 가질 수밖에 없음을 부정하기는 어렵다. 왜냐하면 민주주의는 형평과 분배를 그리고 자본주의는 자본축적의 효율성을 강조하고 있기 때문이다. 그럼에도 불구하고 중요한 것은 양자가 서로의 이념적 생존과 발전을 위해 가장 기여한 존재들이라는 점이다. 19세기 근대자본주의가 봉착한 두 가지의 문제, 즉 빈부 간의 격차 확대 그리고 자본주의체제의 불안정성에 기인한 경제공황을 해결하는 방안은 민주주의적 나아가 사민주의적 이데올로기에서 착안되었다. 민주주의 역시 자본주의의 확산과 발전에 힘입어 정치이데올로기로서의 영향력을 확대해 갔다. 양자 간의 관계는 상대적이고 역사적·공간적 상황에 따라 가변적이므로 단정적 결론을 도출하는 것은 불가능하다.

3. 민주주의의 심화와 국가-시장관계의 변화

앞서 살펴본 것처럼 민주주의의 이론적 형태는 형평과 분배라는 민주주의적 가치의 배합정도에 따라 달리 나타나고 그와 연동하여 자본주의체제도 다양한 형태를 띄게 된다. 민주주의적 요소가 차지하는 비중과 그 적용범위가 넓어지는 현상을 민주주의의 심화현상democratic deepening이라고 부른다. 가장 민주주의적 요소의 비중이 낮은 것으로 법적-제도적 민주주의 모델을 상정할 수 있다. 이 모델은 분배와 형평같은 민주주의적 원리를 주로 정치적 과정에만 적용한 것이다. 법적-제도적 민주주의 모델에 비해 민주주의적 요소가 적용되는 범위를 사회분야로까지 확대된 것을 참여민주주의로,

여기에서 경제분야로까지 확대된 것을 사회민주주의 모델로 상정한다. 정치경제론에서 이야기하는 민주주의 심화란 법적-제도적 민주주의 모델에서 참여민주주의 모델로 나아가 사회민주주의 모델로 이전되는 현상을 지칭한다(Huber, Rueschemeyer and Stephens 1997).

우선 법적-제도적 민주주의는 정치에 대한 국민의 직접적인 참여보다는 국민이 선출한 대표 즉 엘리트들을 통한 집약적 참여를 주로 상정하고 있다. 이 모델이 제시하는 핵심적 요소들을 정리하면 다음과 같다(Held 1987: ch.8).

법적-제도적 민주주의Formal/Legal Democracy 모델

1) 정기적이고 공정한 선거
2) 보통선거권의 보장
3) 국민에 의해 선출된 대표들에 대한 국가 행정기관의 복종
4) 결사와 표현의 자유의 보장과 국가의 자의적 행위로부터의 보호
5) 시장의 운영과 기회제공과정에 대한 국가의 간섭 제거
6) 이익집단의 정치적 힘의 축소 (예컨대 노동시장의 유연화를 통한 노조의 영향력 축소)
7) 법과 질서를 집행할 강한 국가의 수립

법적-제도적 민주주의가 민주주의적 요소를 가급적 정치제도분야에 한정하여 적용한 모델이라고 한다면 참여민주주의모델은 상대적으로 민주주의적 요소를 정치뿐만 아니라 사회부문까지 확산 심화시켜 적용한 모델이라 할 수 있다. 위에서 열거한 법적-제도적 민주주의의 구성요소들과 더불어 아래의 요소들을 포함한다(Held 1987: ch.8).

참여민주주의Participatory Democracy 모델

8) 사회 모든 계층들의 차별없고 동등한 정책결정과정 참여

9) 자신을 개발할 동등한 권한의 보장

10) 사회주요기관의 규제활동에 대한 시민들의 직접적인 참여

11) 물질적 자원의 분배

12) 공적 및 사적 생활영역에 대한 관료적 권한행사의 최소화, 즉 국가권위의 축소와 시민사회의 개입 증대

참여민주주의의 핵심은 국민이 선출한 대표들만으로는 시민의 정치참여가 불완전하게 이루어질 수밖에 없다는 것이다. 참여민주주의모델은 엘리트 중심의 절차적 민주주의 모델이 근본적으로 주인-대리인 문제에 취약할 수밖에 없다고 보고 있다. 즉 국민의 선출된 대표들이 주인인 국민들이 위탁한 권리를 공공의 이익보다는 자신들의 이익을 위해 사용하고 정작 주인의 권리를 위축시키는 결과가 종종 발생한다는 것이다. 이러한 문제를 극복하기 위해서는 국민의 직접적 참여를 제고할 수 있는 다양한 수단이 강구되어야 한다고 주장한다(Pateman 1970). 의회와 정당을 통해 이익을 표출하는 경로 외에도 추가적으로 노·사·정 간에 이익조정 기구를 마련해야 한다고 보는 코포라티즘, 정치 과정상 매 단계마다 소수의 의견이 어느 정도는 반영될 수 있도록 제도를 마련한 협의민주주의consociational democracy, 사회세력의 조직화를 통해 시민참여를 활성화하고자 하는 결사체민주주의associative democracy 그리고 인터넷 등을 통해 시민의 토론을 활성화시켜 정치행위자들과 시민들 간의 상호의견 및 정보교류를 촉진하자는 심의민주주의deliberative democracy 등이 참여민주주의의 제(諸)형태라 할 수 있다.

끝으로 민주주의의 원리가 정치·사회뿐만 아니라 경제 부문까지 확산된 개념으로 사회민주주의 모델을 들 수 있다. 이 모델은 상술한 참여민주주의 모델이 보다 심화된 것으로 볼 수 있는데 참여민주주의 모델의 주요 핵심요소들에 더하여 경제적 산출물에 대한 사회·경제적 분배까지 지향하고 있다는 점에서 구분된다. 사민주의 모델은 계층 간 사회·경제적 불평등을 개선하겠다는 목표가 반영된 모델이다(Held 1987: ch.8). 이러한 점에서 사회민주주의 모델은 전후 영국을 비롯한 유럽에서 등장한 복지국가 모델과 제도적 친화성을 가지고 있다고 할 수 있다.

사회민주주의Social Democracy 모델

13) 경제적 산출물에 대한 분배 즉 사회적, 경제적 소득물에 대한 형평

이상에서 언급한 세 가지의 민주주의 모델은 나름의 고유한 국가-시장 관계 모델을 지향하고 있다. 먼저 절차적 민주주의 모델은 최소한의 국가, 즉 국가의 역할을 시장간섭자 또는 지배자로 이해하기보다는 시장에 대한 감독자로 상정하는 규제국가모델과 제도적 친화성을 갖는 경향이 있다. 19세기 자유주의적 근대국가에 이념적 기원을 두고 있는 규제국가 모델은 근본적으로 국가와 시장의 관계는 분리되어야 한다고 보고 있다. 국가의 역할은 단지 시장에서 공정한 경쟁이 이루어지고 있는지를 감독하는 일에 초점이 맞추어져야 한다는 것이다. 따라서 규제국가 모델은 시장에 대한 국가 및 사회의 간섭을 가급적 배제하고 민주주의적 원리를 정치 분야에 제한하여 적용하는 법적-제도적 민주주의 모델과 연계되기 쉽다.

이에 비해 참여민주주의와 사회민주주의 모델로 심화될수록 시민의 참

여, 소득의 분배 그리고 계층 간 형평같은 민주주의적 가치를 달성하기 위해 국가가 간섭하는 것을 용인하고 심지어 촉진하므로 간섭국가적 모델, 특히 복지국가 모델과 연동되는 경향을 보이기도 한다. 즉 생산수단의 소유를 사회화(극단적으로 국유화하여) 함으로써 자본주의의 부작용을 최소화하려고 시도하게 되는데 이 경우 민주주의의 원리를 정치 분야에만 한정하여 적용하는 법적-제도적 민주주의 모델보다는 시민사회의 참여 그리고 국가의 시장 간섭을 용인하는 심화된 민주주의 모델이 부상하게 된다.

4. 자본주의, 민주주의 그리고 발전

발전과정에서 자본주의와 민주주의는 어떤 관계를 형성하는 것일까? 일반적으로 자본의 효율적인 축적을 위한 국가의 역할을 두 가지로 상정될 수 있다. 하나는 국가가 자본을 보호하고 육성하여 자본축적이 원활하게 이루어지도록 하는 방법이고, 다른 하나는 국가가 자본에 대한 간섭을 철회하고 자유화하여 자본으로 하여금 스스로 효율적인 자본축적을 달성하도록 하는 방법이다. 이 두 가지 방법을 가능하게 만들어주는 정치적 조건은 자본가를 포함하는 부르주아 계층의 헤게모니가 보장되고 국가의 자율성이 확립되는 것이다. 이러한 조건들은 결국 엘리트의 지배 그리고 상대적으로 제한된 대중의 참여로 해석될 수 있다(Cammack 1997: 249-50). 분배와 형평을 포함하는 대중들의 다양하고 심지어 과도한 참여욕구는 그들이 선출한 정치엘리트들에 의해 정화되고 제도화되어 정치권에 반영되고, 이들의 이성적 판단에 힘입어 국가가 대(對)시장관계를 정립하는 것이 자본주의의 성장에 가장 현명한 방법이라고 보는 것이다.

이러한 논리에 입각해 본다면 자본주의적 발전에 가장 유리한 제도적 조합은 상기한 민주주의 모델 중 법적-제도적 민주주의 모델이라고 할 수 있을 것이다. 이 모델은 민주주의적 원리를 정치 분야에 한정하여 적용하고 국가의 간섭을 축소하거나 철회함으로써 시장의 자율성을 보장하고자 한다.

그러나 문제는 발전과정에서 제기되는 문제들을 자본주의와 법적-제도적 민주주의 모델의 조합만을 가지고는 해결하기 어렵다는 데 있다. 먼저 효율적인 경제성장을 위해 국가가 자본가에게 특혜를 제공하여 육성하는 전략을 선택할 경우 일반 국민들의 절대적 그리고 상대적 박탈감은 심화될 것이고 결과적으로 분배와 형평을 요구하는 민주적 요구는 더욱 강화되는 경향을 보일 것이다. 심지어 경제적 성장을 어느 정도 달성하여 안정을 구가하고 있는 개발국의 경우에도 경제자유화가 지나치게 진전되어 소득 간의 격차가 심화된다면 분배를 요구하는 민중들의 민주주의적 요구가 더욱 강화될 것이다. 이러한 문제를 해결하기 위해서는 보다 심화된 민주주의 모델을 도입해야 하지만 적어도 단기적으로는 자본성장의 가속도가 저하되기 쉽다는 문제에 봉착할 가능성이 높다.

효율적인 경제성장을 위해 자본주의모델과 민주주의모델을 조합하는 것은 매우 힘든 작업일 수밖에 없다. 서론에서도 지적했듯이 경제적 자유화와 민주주의라는 두 요소는 때때로 서로 충돌하면서 현대 자본주의 체제의 불안정을 야기하기 때문이다. 그러나 위에서 논의되었듯이 장기적인 관점에서 자유화와 민주주의는 상호 호혜적인 관계를 형성한다. 경제적 자유화는 자본축적을 도모할 수 있으나 불평등의 문제를 유발하는 경향이 있는데 이 문제는 민주주의의 확산을 통해 시장을 국가와 사회의 통제 하에 둠으로써 해결될 수 있다. 이러한 관점에서 국가의 역할은 중요하다. 국가가 국민들에게 장기적인 기대이익을 설명하고 그들로 하여금 개인의 일시적 손해를 감내하도록 설득해야 한다.

요컨대 민주주의와 자본주의의 관계를 논의함에 있어서 핵심은 어떤 민주주의모델과 어떤 자본주의모델과의 관계인가하는 점일 것이다. 민주주의와 자본주의에 대한 일반적인 논의는 구체적인 정치·경제적 조건을 간과하여 보다 섬세한 분석을 도출하지 못한다. 양자가 상호 간에 조화할 수 있는 하부모델들로 조합만 될 수 있다면 민주주의와 자본주의는 안정적으로 상호보완적인 관계를 유지할 수 있다. 중요한 것은 어떻게 민주주의모델과 자본주의모델이 조합하여 정치체제를 안정화시키고 발전에 기여할 수 있도록 할 수 있는가 하는 점이다. 바로 이점에서 양자간의 조화를 이끌어내는 국가의 역할이 중요하다. 양자 간의 제도적 조합이 실패할 경우 체제의 불안정은 불가피하다는 점을 과거의 역사가 보여주고 있다.

09
코포라티즘과 **노동**

1. 코포라티즘의 기원

코포라티즘은 중세유럽의 길드Guild, 즉 동일업종에 종사하는 상공업자들의 조합에 그 역사적 뿌리를 두고 있다(Lehmbruch 1984). 길드는 봉건사회적 제도에 기초한 초기 자본주의의 한 양식이었다. 절대군주가 등장하여 국민국가의 형성이 본격화되기 이전, 즉 국가의 힘이 정형화되기 전인 11세기경부터 직능별로 신분적 직업단체가 형성되기 시작했다. 이들이 이처럼 길드를 구성했던 이유는 단체적 결합을 통해 자신들의 독점적 이익을 보호하기 위해서였다. 여기서 이야기하는 독점적 이익이란 주로 상업적이고 산업적인 이익으로 재화와 관련된 경제적 이익이다(Braudel 1992: 314-6).

이처럼 자발적이며 이기적 이익집단이었던 길드가 15세기 이후 근대국가가 등장하고 중상주의적 정책이 일반화되면서 위기에 봉착하게 되었다. 한 나라의 산업과 상업을 장악할 만큼 강력해진 길드들이 금융자본과 연합하여 국왕을 정점으로 하는 국가의 정치세력에 위협으로 대두하기 시작하자 왕권 강화에 총력을 기울였던 절대군주들은 기존의 길드와는 분리되면서 자신들에게 협조적인 상업세력을 직접 육성하고자 했다. 절대군주들이 사용한 방법은 국가와 왕에게 충성하는 정치적 상인 집단에게 각종 이권(예컨대 무역면허)을 제공하여 친군주적 상업세력을 육성하거나 국가가 직접 회사를 운영하는 것이었다. 국가의 부를 증진시키기 위해서는 국적 있는 상공업자들이 필요했다. 국가는 이러한 정상(政商)들이 새로운 시장을 수월하게 개척할 수 있도록 정치적·군사적으로 지원했다(Robbins 2005: 80-2; Greenfield 2001). 결국 15세기부터 16세기에 이르는 절대주의시대를 겪는 동안 길드는 중세에 비해 훨씬 약화되었으며, 19세기 경제적 자유주의가 유럽을 휩쓸고 자유로운 시장경쟁이 확산되면서 길드의 정치·경제적 영향력은 더더욱 약화되었다.

이처럼 길드가 성장하고 쇠락하는 과정에서 길드 내부 구성원 간, 길드들 간 그리고 나아가 길드와 국가 간에 여러 가지 갈등이 있었으며 이를 조정하기 위해서 첨예한 수준의 합의와 협의가 진행되었다. 물론 여기에서 합의하고 협의한 내용 중에서는 관혼상제에 관련된 상호부조활동과 같은 것도 있었다. 중세 가톨릭의 강력한 영향으로 인해 기독교적 온정주의가 어느 정도 그 안에 자리잡고 있었다. 그러나 길드 활동의 핵심에는 무엇보다도 재화적 이익의 확보라는 문제가 자리잡고 있었다. 예컨대 길드의 회원이 되기 위해서는 자격을 얻기 위한 시작품master piece을 제출해야 했고 상당한 금액의 가

맹금액과 연회비를 납입해야 했다. 길드는 단순히 우애 활동의 수준이 아닌 엄격한 이익집단 활동이었던 것이다(박상익 역 1994: 366–377).

중세봉건시대의 주된 경제는 농업이었지만 길드를 중심으로 서서히 상업자본과 산업자본에 기반한 자본주의의 싹이 돋아나기 시작했다. 이들 중 일부는 중세 말기로 가면서 그 세력을 확대하여 토지자본을 보유한 왕과 귀족들에 견줄 수 있는 사회세력으로 성장해 갔다. 상인세력은 당시 지주계급이 가지고 있던 정치적 힘을 결여하고 있었는데 이를 보완하고 내부적 결속력을 다지기 위한 제도로서 길드를 활용했다.

유럽의 길드나 체임버chamber는 정부와 연결될 수 있는 협의 통로를 확보하고 있었다. 유럽의 상공업 길드는 금융자본과 더불어 강력한 정치사회적 권력을 행사한 중세의 이익집단이었다. 길드에 참여한 상공업자들은 근대국가의 수립준비에 필요한 중요한 수단, 예컨대 전쟁 수행에 필요한 각종 자원을 생산하고 교환하던 사람들이었다. 한 도시의 경제를 장악했음은 물론 정치에까지도 간여했다.

길드에 근간을 두고 있는 코포라티즘에서 거론되는 합의나 협의는 1차적으로 자율적 사회집단 간의 그리고 2차적으로는 국가(좁게는 군주)와 사회세력 간의 합의와 협의를 주로 의미한다(Lehmbruch 1979: 150). 이는 봉건제도의 유산이다. 봉건군주와 영주 간의 계약이나 왕과 의회 간에 맺어졌던 대헌장(1215)은 군주와 사회세력 간의 합의와 협의를 보여주는 사례이다. 또한 코포라티즘에서 말하는 화합 또는 조화harmony란 가톨릭 전통에 입각한 기관국가organic state의 맥락에서 이해되어야 한다. 즉 국가의 각 구성체들이 독립적 자율성을 갖는 것은 인정되지만 자율적인 조직들이 각자의 이기적 이익을 위해 경쟁하는 것이 아니라 상호 간에 위계적 조화를 이루어야 한다는 것이다(Panitch 1979). 여기에는 서로 다른 이익을 추구하는 자본과 노동조직 간의 그리고 각 계층 간의 조화까지도 포함된다.

2. 코포라티즘의 발전

19세기 말에 개인주의와 자본주의의 모순이 첨예하게 나타나면서 이에 대한 대응수단으로서 코포라티즘이 파시즘Fascism이나 나찌즘Nazism과 같은 형태로 재등장하기 시작했다. 또한 2차대전 후 서유럽국가들에서는 복지국가의 구성요소로서 포디즘과 더불어 사회적 코포라티즘이 부상했다. 남미에서는 민중주의의 등장과 수입대체산업화 그리고 관료적 권위주의의 등장과 더불어 국가주의적인 형태의 코포라티즘이 등장했다.

사회과학에서 코포라티즘을 보는 시각은 대체로 네 가지로 구분할 수 있다. 첫 번째 시각은 코포라트즘을 경제체제economic system로 간주하는 것이다. 이러한 관점의 코포라티즘은 '국가통제가 개입하는 자본주의'나 '사유재산권이 보장되는 사회주의'로 이해될 수 있다. 즉 자본주의와 사회주의의 중간적 형태이다. 극도의 개인주의를 강조하는 자본주의와 다원주의의 단점을 단합, 질서, 민족주의 등 공동체적 가치로 보완한다. 아울러 사적 소유를 인정하되 시장만능주의로 인해 발생할 수 있는 문제를 국가의 개입으로 해결한다(Winkler 1977: 45).

두 번째 시각은 코포라티즘을 국가의 한 형태로 보는 것이다. 코포라티스트적 국가란 의회주의, 대의제 민주주의, 자유주의 다원주의에 근간을 두는 규제국가와 상대되는 간섭적이고 심지어 권위주의적인 국가이다. 공동체적 가치를 중시하는 코포라티스트적 국가는 시장의 효율보다는 분배 및 사회적 형평을 보다 강조한다(Stepan 1978). 따라서 국가가 직접 자본을 관리하는 국가독점자본주의의 성격을 갖는 경우가 많으며 분배와 형평을 달성하기 위한 국가의 간섭을 정당화한다. 이 경우 코포라티스트적 국가는 대체로 두 가지의 형태로 나타난다. 하나는 민주주의의 원리를 정치분야 뿐만 아니라 사회 및 경제분야에까지 확산하여 적용하는 사회민주주의적 국가이다. 다른 하나는 기관 국가organic statism론에 입각하여 국가가 사회와 경제를 통제하는 권위주의적 국가이다.

세 번째 시각은 코포라티즘을 이익 대표체계(Schmitter 1979a,b)로 간주하는 것이다. 다원주의는 이익표출을 위한 이익집단들 간의 자유로운 경쟁을 상정한다. 그런데 다원주의적 자유경쟁 모델은 이익집단들 간의 힘이 불균형하다는 현실을 고려할 때 성립되기 어렵다. 결국 보다 규모가 크고 영향력이 강한 집단의 이익이 자유경쟁이라는 미명 하에 관철될 뿐이다. 따라서 이 시각은 이러한 다원주의의 모순을 극복하기 위해서는 국가가 강한 집단과 약한 집단이 동등한 수준에서 이익을 표출할 수 있도록 조정해주어야 한다 보고 있다. 즉 이익 표출 및 수렴과정을 국가가 관리하는 것이다. 그 예로 국가가 이익대표자들을 선정하는 과정에 개입하는 대신 이들을 공인하고 후원하며 이들을 통해 이익을 수렴하고 조정하는 것을 들 수 있다. 이익집단들은 국가로부터 이익표출과정을 독점할 수 있는 권한을 위임받는 대신 사회적 책임을 요구받기 때문에 사회적 공공이익에 반하는 이기적 이익을 추구하는 행위에 대해서는 제약을 감수해야 한다.

마지막으로 코포라티즘을 정책형성 메커니즘으로 보는 시각이 있다(Lehmbruch 1979, 1984). 이는 코포라티즘을 단순히 이익대표체계로 이해하는 수준을 넘어 국가정책을 결정하는 과정의 제도화로 본다. 노동조합과 같은 사회집단이 국가정책결정 과정에 참여하여 사회집단간 또는 국가와의 입장을 조율하고 논의하여 정책을 결정해나가는 협의적consociational이고 참여적인 과정을 강조한다. 이 관점에서 코포라티즘은 사회협약과 연결된다. 이 과정에서 노동을 비롯한 사회집단은 자신들의 이익을 표출하는 것은 물론 정부와 의회에 전문적인 의견을 자문하고 국가나 상대편 집단과 합의를 도출하여 이를 의회를 통해 정책화한다.

현대에 있어서 코포라티즘에 대한 가장 대표적인 시각은 바로 세 번째와 네 번째의 시각이다. 이처럼 이익대표체계와 정책결정체계의 관점에서 보는 코포라티즘은 국가코포라티즘state corporatism과 사회코포라티즘social coporatism으로 다시 분류될 수 있다. 먼저 국가코포라트즘이란 엄격한 중앙 관료적 권력에 의해 사회가 통제되며 조합은 국가의 권위에 의해 위로부터 침투되어 통솔되는 모델이다. 사회적 조직으로서 조합 등 이익집단들은 국가의 보조적이고 종속적인 기관으로 전락한다. 이는 권위주의의 한 양태로 볼 수 있으며 보통 단일정당 및 지배자에 의해 독점되는 정치체제의 형태를 띤다.

국가코포라티즘은 국가에 의한 사회집단의 배제 정도에 따라 다시 융합적inclusionary 국가코포라티즘과 배제적exclusionary 국가코포라티즘으로 구분된다(Stepan 1978: 76-77). 남미의 경우 전자는 초기 수입대체산업화 단계에서 나타난 민중주의 하에서 발생하였고 후자는 관료적 권위주의 정권이 들어선 이후 등장했다. 1960년대 이후 남미에서 등장한 배제적 국가코포라티즘은 급속한 산업화를 위한 정치적 동력을 얻기 위한 수단으로 이해될 수 있다. 이 경우 국민투표는 제한적으로 치루어지며 정치체제는 억압적이고 이데올로기적으로 배타적인 성격을 갖는다.

한때 제3세계의 정치현실을 설명하는 이론으로서 코포라티즘이 소개되면서 코포로티즘이 주로 국가주의적인 것으로 이해되는 경향이 있었지만 오늘날 코포라티즘의 주류는 사회적 코포라티즘이라 할 수 있다. 사회적 코포라티즘은 상대적으로 민주적이고 자율적인 정치체제에서 등장한다. 복지를 비롯한 국민의 국가에 대한 요구가 다양화되면서 국가의 기능은 확대되었지만 상대적으로 정당체계의 역할이 저하된 것이 발생 원인이었다. 여러 이익집단들의 자발적인 참여가 기반이 되고 계층 간의 관계도 민주적이고 협력적인 형태를 보인다. 경쟁적 선거과정과 복수정당제 그리고 다양한 이데올로기의 공존이 용인되는 다소 유연한 형태의 코포라티즘이다. 유럽의 경우 복지국가 내부의 사회적 이익대표체계로서 사회적 코포라티즘이 발달하였다.

사회적 코포라티즘은 신자유주의의 확산으로 인해 케인즈주의와 포디즘에 입각한 복지국가가 퇴조하면서 변화를 경험했다. 공급 중심적 코포라티즘supply-side corporatism의 등장이 그것이다. 공급 중심적 코포라티즘이란 신자유주의적 경제요소를 흡수한 시장주의적 사회코포라티즘이다. 공급주의적 코포라티즘은 1980년대에 시작된 신자유주의적 개혁에 대한 대응양식으로 이해될 수 있다. 신자유주의적 정권들은 자유화, 민영화, 유연화정책을 추진하였는데 이로 인해 사회적 계층갈등이 심화되는 결과를 낳았다. 그 결과 1990년에 들어서자 신우파적 정권이 다시 사민주의적 정권에 의해 대체되는 경향을 보였다(이호근 2002).

그러나 사민주의적 정권들도 신자유주의의 영향력 하에서 자유로울 수는 없었다. 이들은 기존의 수요 중심적 즉 케인즈주의적 코포라티즘에 통화주의적 경제요소를 가미한 새로운 코포라티즘을 만들어 냈는데 바로 이것이 공급 중심적 코포라티즘이다. 공급 중심적 코포라티즘은 수요 중심적 코포라티즘과는 달리 중앙집중적으로 조직화된 노동조직보다는 분산적으로 조직화된 노동시장을 지향한다. 또한 협의 수준도 거시적이기보다는 산별 수준에 준하는 중위적 수준을 지향한다. 협의의 내용도 재정 팽창을 억제하는 범위 내에서 고용을 증진하거나 적극적 노동정책을 확대하는 방안이 주류를 이루고 있고 국가의 개입도 포괄적이기보다는 제한적으로 강력한 형태를 띠고 있다(Traxler 1995).

3. 사회적 코포라티즘과 공급 중심적 코포라티즘[1)]

코포라티즘의 양태가 사회적 코포라티즘 그리고 공급 중심적 코포라티즘으로 변화해 간 원인과 과정을 살펴보면 다음과 같다. 제도적 차원에서 코포라티즘의 핵심은 노동의 계급적 또는 집단적 조직화를 용인한다는 것이다. 역사적으로 코포라티즘과 노동집단의 관계는 전혀 다른 두 가지의 양상을 보여주고 있다. 우선 언급될 수 있는 것은 코포라티즘이 노동의 통제수단이었다는 점이다. 19세기 말 서구유럽 대부분의 국가에서는 산업화의 진전과 더불어 광범위하게 노동계층이 형성되었다. 노동자들의 계급의식이 강화되면서 시민계층으로 편입되고자 하는 욕구 또한 강화되었다. 정부의 강력한 탄압에도 불구하고 노동자들의 참정권 및 복지 제공에 대한 요구는 통제할 수 없는 수준까지 팽창했다. 1891년 독일에서는 영업조례가 개정되어 공장 단위의 노동자위원회가 자율적으로 설치되었다. 1868년 영국에서는 노동조합회의Trade Union Center가 성립되었고, 1875년에 이르러서는 노동조합법의 제정에 의

1) 이 부분은 졸고(2007)의 일부를 발췌하였다.

해 노동조합이 법적으로 승인되었다(이호근 2002: 100; Hill 1985: 156-7). 프랑스의 경우에도 1884년 직업조합법의 제정에 의해 조합결성의 자유가 승인되었고 1895년에는 전국적 규모의 노동조직인 프랑스 노동총동맹이 결성되었다.

1920년부터 1940년에 이르는 시기동안 서유럽국가들에 의해 모색된 코포라티즘의 초기 형태는 이처럼 강력한 힘을 얻어가는 노동세력을 제도적으로 통제하기 위한 수단으로서의 성격이 강했다. 자유주의와 민주주의의 전통이 취약하고 1차대전의 결과 정치·사회·경제적으로 위기에 봉착했던 독일과 이탈리아는 국가주의적 코포라티즘의 한 형태인 파시즘을 채택하여 이를 극복하고자 하였다. 파시즘을 채택한 국가들은 노동조직을 통제하고 노조의 자율적인 활동과 결사 그리고 단체교섭 등의 권한을 제한했다(Stepan 1978). 또한 국가는 노동자들을 직능별로 분류하고 이들의 대표를 사실상 임명함으로써 국가의 노동에 대한 통제를 제도화했다.

요컨대 국가코포라티즘은 노동 배제적 성격을 가지고 있으며 노동조합은 엄격한 중앙 관료적 권력에 의해 위로부터 침투당하고 국가의 보조적이고 종속적인 기관으로 역할하는 경향을 보인다. 즉 단일 정당 및 지배자에 의해 사회조직이 독점되는 권위주의의 한 형태이다(신명순 1987: 411-3).

제2차대전이 마무리되고 복지국가가 등장하면서 국가의 노동에 대한 태도 역시 대전환을 겪게 되었다. 무엇보다도 통제의 대상으로 간주되었던 노동자들에 대한 인식이 변화했다. 양차대전을 수행하는 동안 노동자들이 보여준 국가에 대한 기여가 자본가들로 하여금 그들을 국가의 중요한 구성주체로 인식하게 하였다. 또한 케인즈주의와 포디즘은 노동자들이 노동의 제공자임과 동시에 소비확대의 주체로 역할할 수 있음을 보여주었다(김영순

1998: 75–9).

1970년대에 들어서는 석유위기에 따른 스태그플레이션이 심해지고 보호무역주의가 강화되면서 코포라티즘은 위기극복을 위한 대안으로 주목받기 시작했다. 코포라티즘이 노사 간의 협력을 도모할 수 있는 이상적인 제도로 인식된 것이다. 코포라티즘의 틀 속에서 노동의 경영 참여가 촉진되었을 뿐만 아니라 나아가 노사 간 사회적 합의의 책임있는 주체로 인정받기 시작했다.

노동을 자본과 동등한 주체로 인정하고 포용하는 이러한 형태의 코포라티즘은 국가가 노동을 통제의 대상으로 여기는 국가주의적 코포라티즘에 대비하여 사회적 코포라티즘으로 불렸다. 사회적 코포라티즘은 개인 또는 사회집단들이 자유로운 경쟁을 통해 이익을 표출하는 것을 상정하는 자유–다원주의와 비교되는 개념이다. 슈미터Philippe Schmitter는 코포라티스트적 이익조정 방식이란 노동자 대표조직, 사용자 대표 그리고 정부 등이 합의와 조정에 의해 이익을 조정해 나가는 것이라고 주장했다(Schmitter 1979 a,b). 나아가 렘브룩Gerhard Lehmbruch은 조직화된 사회집단 예컨대 노(勞)와 사(私)가 국가와 더불어 상호 간의 이견을 조정하고 토의함으로써 정책을 형성해나가는 협의민주적 제도로 보았다(Lehmbruch 1979, 1984).

사회적 코포라티즘이 작동하기 위해서는 노동조직이 어느 정도 포괄적encompassing으로 조직화하여 자본에 대항할 수 있는 조직적 역량을 보유해야하고 동시에 노동이 자본에 대하여 구조적인 힘의 열세를 극복할 수 있도록 국가가 배려해야 한다. 우선 포괄적으로 조직화된 노동조직의 존재 여부는 사회협의주의를 작동시키는 중요한 전제조건이 된다. 그 이유는 우선 노동조직의 이익을 대표하도록 포괄적으로 조직화된 정상조직이 존재해야 자본과 국가를 상대로 합의 또는 협의를 실행할 수 있기 때문이다. 포괄적 조직화가설은 개별 기업별로 노조가 분산화될 경우 노동조직 전체의 이익을 수렴하는 데 거래비용이 많이 소모될 것이라고 상정한다. 그러나 무엇보다도 노동의 포괄적 조직화가 필요하다고 보는 이유는 포괄적 조직이 특수이익을 추구하는 소규모의 노동조직에 비해 보다 책임을 가지고 사회 전체의 이익을 고려하는 결정을 내릴 수 있다고 보기 때문이다.

여러 가지의 집단행동이론 중 올슨Mancur Olson의 이론은 포괄적 조직이 왜 사회협의주의에 정(正)의 방향으로 기여할 수 있는지 설명하고 있다(Olson 1971). 올슨은 대규모 집단보다는 소규모 집단이 집단행동collective action을 실행할 가능성이 높다고 주장한다. 이는 구성원 개개인이 받는 집단행동의 혜택규모가 대규모집단보다는 소규모집단의 경우에 더 직접적으로 크기 때문이다. 따라서 특정한 이익을 추구하는 소규모 특별 이익추구집단special interest groups에서 집단행동이 빈번하게 발생할 가능성이 높다. 이러한 특별 이익집단의 존재 그리고 이들 간의 결탁은 경제적 효율성을 저하시키는 경향이 있다.

반면에 포괄적 조직encompassing organization은 소수의 특별이익보다는 사회 전체의 이익을 더욱 중시한다. 재분배에 소요되는 비용이 혜택을 초과하는 경우에는 사회 전체의 이익을 고려하여 재분배를 중지시킬 수 있다. 즉, 사회 전체의 이익을 고려하여 조직의 행동방향을 결정한다는 것이다. 이는 한 사회의 협소한 이익을 추구하는 특별 이익집단이 사회 전체를 위해 희생할 동기가 약한 것과 대비되는 현상이다.

노동의 포괄적으로 조직화된 역량과 더불어 친노동적 정부의 역할이나 약자의 이익이 잘 표출될 수 있는 정치제도의 존재도 사회코포라티즘의 중요한 측면 중 하나이다. 즉, 생산수단을 소유하고 있는 자본에 비해 구조적 힘이 열세에 놓여 있을 수밖에 없는 노동의 입장을 정부가 배려함으로써 양자 간의 균형을 맞추어 주는 것이 코포라티즘의 성립을 위해 매우 중요하다.

이와 더불어 사회적 소수의 이익을 배려하는 민주주의제도도 중요한 조건이다. 다수의 지배를 무조건 용인하는 제도보다는 소수의 이익을 특별히 배려하는 협의적 민주주의가 코포라티즘의 중요한 요소이다. 정당의 체제에 있어서도 양당제 보다는 다당제가 존재하는 경향을 보이는 것도 소수의 이익을 고려하는 코포라티즘의 정치 제도적 성격 때문이다. 경제적 차원에서 소득의 강제적 분배를 상정하는 경제민주주의 개념이 도입되고 그 결과 전체적으로 사회민주주의적 정치체제와 코포라티즘은 제도적 친화성을 갖게 된다(Jessop 1979: 206-7).

이러한 노동 포용적 코포라티즘, 즉 수요 중심 코포라티스트 모델은 서구 복지국가의 개혁이 시작된 1980년대 초반까지 사회적 코포라티즘의 주류를 형성했다. 케인즈주의이론과 포디즘으로 요약되는 소위 대량생산 대량소비의 산업체제에서 노동자의 임금을 낮게 유지하는 것은 국가 경쟁력의 초석이었다. 국가는 재정지출 확대 및 산업에 대한 지원을 통해 완전고용을 달성하고자 했다. 이러한 환경에서 시장경쟁 강화는 별반 강조되지 않았으며 기술혁신의 동기도 당연히 높지 않았다. 복지국가 하에서 기업은 고용을 높게 유지하여 사회적 책임을 감당해야 했다. 이익의 창출이라는 기업 본연의 목표는 사회적 분배라는 명분에 의해 희생되었다.

이처럼 비시장적 경제구조 하에서 개별기업이나 국가가 경쟁력을 확보하는 최선의 방법은 임금의 수준이 일정수준에서 동결되도록 합의를 도출하는 것이었다. 즉 노동조직과 사용조직이 합의하여 임금부상wage drift을 어떻게 예방하느냐가 국가 경제성장의 관건이었다(김동원 2003: 6). 따라서 대부분의 국가들은 임금부상현상을 가장 효율적으로 통제할 수 있는 방법에 골몰하였고 노동조직의 포괄적 조직화를 통해 이 문제를 해결하고자 했다. 즉 개별기업별로 임금을 결정하는 것은 지나치게 많은 비용이 요구되므로 중앙차원에서 결정된 임금가이드 라인을 하부 노동조직이 준수하게 함으로써 단기간에 효율적으로 임금인상을 통제하려 했던 것이다. 이런 의미에서 볼 때 사회적 코포라티즘은 복지국가의 국가경쟁력을 제고하기 위한 제도적 장치였다.

그러나 신자유주의적 조류의 확산과 더불어 사회코포라티즘의 성격에도 변화가 발생했으며 코포라티즘에서 차지하는 노동의 비중도 감소하는 경향을 보였다. 우선 코포라티즘의 형태가 케인즈주의와 포디즘에 입각해 있던 수요 중심의 코포라티즘에서 신자유주의적 요소를 가미한 공급 중심 코포라티즘supply-side corporatism으로 변화했다(Traxler 1995). 이러한 공급 중심 코포라티즘은 1990년대 이후부터 아일랜드(신동면 2005), 오스트리아(Traxler 1995), 그리고 네덜란드(정병기 2004; 이연호 2004) 등을 중심으로 등장하기 시작했다. 공급 중심의 코포라티즘은 무엇보다도 협의의 수준이 과거 수요중심 코포라티즘에 비해 중위수준으로 낮아져 산별수준으로 협상을 분산하고 중앙협의 결과를 각 기업별로 신축적으로 적용할 수 있는 자율성이 확대되었다는 점에서 다르다. 또한 과거와는 달리 고용의 양을 늘리려는 시도보다는 네덜란드의 일자리 나누기에서 보는 바와 같이 일자리를 신축적으로 조정하는 정책을 사용한다. 또 감세 등을 통해 기업들로 하여금 고용을 확대토록 하는 친 시장적 정책을 사용하기도 한다(이호근 2002: 123-4).

1990년대에 들어 공급주의 코포라티즘모델이 확산되면서 사회적 코포라티즘의 성격은 합의결과 중심에서 협의과정 중심적인 것으로 점차 전환되었다(김동원 2003: 3-5). 1980년대 초반까지의 사회적 합의는 노동의 임금양보와 기업의 고용보장을 교환하는 것이었다. 반면 1990년대에 목격되는 사회적 합의란 정부가 제시하는 노동 관련 정책, 예컨대 구조조정, 사회보장제도, 비정규직제도, 근로시간 단축 등에 관해 노사가 참여하여 협의하는 절차에 대한 합의이다. 따라서 사회적 코포라티즘의 핵심은 합의를 정당화할 수 있도록 합의에 참여한 노사당사자의 대표성을 확보하는 것으로 변화하였다.

이러한 변화가 발생한 이유는 합의내용의 지속적 유지보다는 협의과정 그 자체를 중시하기 때문이다. 이는 1980년대 영미를 중심으로 시작된 신우파적 개혁의 영향이었다고 할 수 있다. 코포라티즘을 떠받치던 두 개의 기둥, 즉 케인즈적 거시경제이론과 포드주의적 생산방식은 국가의 시장개입을 제한하는 통화주의적 경제이론 그리고 다품종 소량·유연생산방식으로 각각 대체되었다. 따라서 합의적 코포라티즘의 핵심이었던 임금과 고용 간 교환 메커니즘은 여러 면에서 한계를 보일 수밖에 없었다.

이처럼 코포라티즘의 내용이 합의에서 협의 중심으로 변화하자 네덜란드, 이탈리아, 아일랜드 등 비교적 노조조직률이 낮은 국가에서도 사회적 코포라티즘이 보다 빈번하게 등장하기 시작했다. 영국과 이탈리아 등 포괄적 노동조직이 없는 국가들도 일찍이 1970년대에 사회협약에 성공한 바가 있었다(강명세 1999: 18). 이러한 경향과 관련하여 전략적 선택이론은 비록 구조적 요건들이 완벽하게 만족되어 있지 않다 하더라도 노·사·정 3자가 전략적 선택을 통해 정치적 교환에 성공할 수 있다면 사회협의주의나 사회협약제도는 성립될 수 있다고 주장한다(Regini 1984; Katzenstein 1985).

결국 협의 중심적 코포라티즘에서 정부와 자본의 입장은 강화되는 한편 노동의 입장은 약화되는 양상을 보일 수밖에 없었다. 정부는 신자유주의적 틀 속에서 협의과정을 주도하는 힘을 갖게 되었다. 자본 역시 신자유주의의 확산과 더불어 국가별 경제 국경이 약화되어 강화된 자본 유동성의 혜택을 만끽하게 되었다. 또한 통화주의의 도입의 결과 재정정책을 통한 국가의 시장 간섭 능력이 저하되면서 국가의 간섭으로부터도 자유롭게 되었다. 과거와는 달리 이처럼 국민국가적 경제운영이 극도로 제약받는 상황에서 노동의 자본에 대한 압박이 증대될 경우 자본은 자국의 영토에 남아 있어야 할 이유가 없었다. 과거 합의 중심적 사회코포라티즘이 운영되었을 당시에 국가는 자본을 국내에 남게 하여 고용을 창출하도록 갖가지 인센티브를 제공하였다(이연호 2006). 이러한 동기부여는 자본으로 하여금 노동세력의 증대에도 불구하고 자국에 남아있을 명분이 되었었다.

반면에 노동의 입지는 매우 약화되었다. 국제화 능력이 제고된 자본은 해외투자를 명분으로 임금조건과 시장접근성이 우수한 지역으로 이전하고자 했다. 신자유주의 시대에 국가가 자본을 자국에 묶어둘 수 있는 방법은 노동시장의 유연성을 제고하는 길뿐이었다. 결국 노동은 국가가 요구하는대로 시장중심적 개혁에 동의해줄 수밖에 없었다. 비록 네덜란드가 사회적 합의를 지속적으로 유지하는 국가로 유명하지만 그 성공의 이면에서는 노동세력의 약화와 노조의 양보가 매우 중요한 요인으로 기능했다. 정부 역시도 노동에 대해 친화적이지 않았다. 1982년 바세나르 협약을 주도한 루버스Ruud Lubbers 수상의 중도우파연합정부는 전임 중도좌파정부의 실패를 교훈삼아 영국식 통화주의 정책을 도입했다. 노동정책에 있어서는 반노조적 정책을 구사하고 노조로 하여금 실질임금 감소를 받아들이도록 강요했다(이연호 2004). 시민들 역시 노조의 파업에 대해서 적대적 입장을 표출했다. 네덜란드의 노조조직률은 2000년 현재 오스트리아, 아일랜드, 덴마크, 스웨덴보다도 낮으며 심지어 영국, 캐나다, 호주 그리고 독일에 비해서도 낮다. 이처럼 노동세력이 약화되었기 때문에 결국 노동은 국가가 요구하는 정책협의 과정에 참여하고 그 결정을 수용할 수밖에 없었던 것이다.

요컨대 사회적 코포라티즘의 핵심은 노동이 계급적 이익을 보호할 수 있도록 제도적으로 보장하는 것이지만 시장주의의 확산에 따라 공급 중심적이고 협의 중심적인 코포라티즘이 등장하면서 노동은 다시 제도적 통제의 대상으로 격하되는 경향을 보였다. 이러한 현상은 코포라티즘 성립에 관한 자본결정가설을 지지해 주고 있다. 즉, 코포라티즘이 강한 노동세력의 등장을 계기로 성립되었다(Korpi and Shalev: 1979)기보다는 자본의 이익 증진에 도움이 되었고 자본이 동의해 주었기 때문에 코포라티즘이 성립될 수 있었다(Swenson 1991)는 것이다.

4. 코포라티즘과 노동[2)]

사회코포라티즘과 사회협약의 성립과 성공적 유지를 가능케 하는 조건에 관한 이론은 두 가지 그룹으로 나누어볼 수 있다. 하나는 구조적 조건에 관한 것이고 다른 하나는 참여 행위자들의 전략적 선택에 관한 것이다. 먼저 유럽의 사례를 기초로 진행된 기존의 연구들이 구조적 조건과 관련하여 제시하는 성공변수들을 요약하면 다음과 같다.

1) 높은 노조조직률

2) 작은 경제규모와 적은 노동인구

2) 이 부분은 졸고(2006)의 일부를 편집 정리하였다.

3) 개방적이고 대외 의존적인 경제구조

4) 노동 친화적(가급적 좌파적) 정권의 존재

5) 중앙집권적이고 포괄적인 노동조직의 존재

위의 요인들을 각각 살펴보면, 우선 노조조직률이 높을수록, 다시 말해 노조에 참가하는 노동자의 수가 많을 수록 노조를 통해 노동의 의견을 통·취합할 수 있는 가능성이 높아지며, 노동의 임금요구가 국민경제 전체를 위협할 수 있는 환경과 노동이 이같은 능력을 보유할 때만이 자본과 국가로 하여금 타협을 강요할 수 있다고 본다(Stephens 1979). 한 연구에 의하면 유럽의 경우 최소 44% 이상의 노조조직률을 가진 나라에서 사회협의주의적 방식이 타결되는 경향을 보였다(마인섭 2000: 143). 또한 유사한 관점에서 경제의 규모가 크지 않고 경제활동에 참여하는 노동인구가 많지 않은 것이 노동자들의 이익을 통·취합하는 데 유리하다고 본다(Lehmbruch 1975: 377-391). 사회협의주의와 사회협약이 북구 유럽 소국에서 성공적으로 이루어지는 것도 이 요인과 깊은 관련이 있다.

개방적이고 대외의존적인 경제구조를 가지고 있을 경우 해외 시장에서 경쟁력을 유지하기 위해서 노사가 협의 하에 임금조건을 적정수준으로 조정해야 한다는 데 사회적으로 동의할 수 있어야 한다. 경제의 대외의존도가 낮고 거대한 내수시장을 가지고 있을 경우 노사의 이해관계는 해외시장적인 산업인가 아니면 내수중심적 산업인가에 따라 입장이 달리 나타날 수 있을 것이다(Katzenstein 1985).

또한 정치적 조건으로서 노동친화적인 정권이 존재하는 것이 노사협약에 유리하다고 기존 연구들은 지적한다. 노동은 자본측과의 협약에 임함에 있어서 노동의 두려움을 약화시켜 줄 수 있는 정권을 선호할 것이다. 고용을 창출하는 데 필요한 자본의 국내적 투자를 보장할 수 있는 정부정책이 필요하기 때문에 노동은 우파보다 좌파정부를 선호할 것이며 임금 자제의 조건으로 집권당이 얼마나 많은 혜택을 베풀 수 있는지에 관심을 갖게 될 것이다(Cameron 1984; Lange and Garret 1985).

마지막으로 기존의 연구들은 중앙집권적이고 포괄적인 노동조직의 존재가 중요하다고 주장한다(Olson 1982; 임혁백 2000). 개별 회사별로 노사협의가 진행되는 것보다는 산업별로 또는 전국적으로 조직화된 통합적 조직이 노동 전체의 의견을 수렴하여 협상에 임하는 것이 집단행동문제collective action problem[3]의 발생가능성을 줄일 수 있다고 보는 것이다. 만일 다수의 조직이 존재하더라도 정상조직peak organization들 간의 타협이 가능하다면 집단행동문제의 발생가능성을 약화시킬 수 있기는 하다(Regini 1984; Soskice 1990; 강명세 1999). 그러나 가급적 포괄적 조직이 존재하는 것이 의견수렴 과정에서 소요되는 거래비용transaction cost을 절약하는 데 기여할 수 있을 것이다.

한편 전략적 선택이론은 비록 구조적 요건들이 완벽하게 만족되어 있지 않다 하더라도 노·사·정 3자가 전략적 선택을 통해 정치적 교환에 성공할 수 있다면 사회협의주의나 사회협약제도는 성립될 수 있다고 주장한다(Regini 1984; Katzenstein 1985). 영국과 이탈리아 등이 포괄적 노동조직이 없었음에도 불구하고 1970년대에 사회협약에 성공할 수 있었던 것도 바로 이러한

3) 집단행동문제(collective action problem)란 한 집단의 행위자들이 공동의 이익을 창출하기 위해 부담해야 할 비용이 클 경우 행위자 중 일부가 비용부담의 책임을 회피한 채 그 부담을 타인에게 전가하고 그 혜택을 누리는 일에만 무임승차(free-riding)하려는 것을 의미한다(Olson 1971).

관점에서 설명될 수 있다(Pizzorno 1978).

상기한 다섯 가지의 요인들 중 포괄적 노동조직의 존재 여부는 매우 중요한 요소이다. 이는 사회코포라티즘을 작동시키는 중요한 제도적 장치이다. 포괄적 조직 이론에 관하여 논의하기 위해서는 이 이론의 기초가 되는 집단행동이론에 관한 논의가 선행되어야 할 것이다. 여러 가지의 집단행동이론 중 올슨의 이론은 포괄적 조직이 왜 사회협의주의에 긍정적으로 기여할 수 있는지 설명하고 있다. 올슨이 제시한 집단행동이론의 핵심은 다음과 같이 정리될 수 있다(Olson 1971; 이연호 2006).

1) 집단행동collective action이 성공하기 위해서는 조직의 동질성homogeniety이 제고되어야 한다. 그룹 내의 이질성이 강하고 합의 이탈자에 대한 처벌이 약할 경우 (즉 selective incentive가 주어지지 않을 경우) 합의를 따르기보다는 무임승차하려는 동기가 강화된다.
2) 대규모 집단보다는 소규모 집단이 집단행동을 시행할 가능성이 높다. 이는 구성원 개개인이 받는 집단행동의 직접적 혜택 규모가 대규모집단보다는 소규모집단의 경우에 더 크기 때문이다. 따라서 특정한 이익을 추구하는 소규모의 특별이익추구집단special interest groups이 많이 생길 가능성이 높다.
3) 특별이익집단의 존재 그리고 이들 간의 결탁은 경제적 효율성을 저하시키는 경향이 있다.
4) 이에 비해 포괄적 조직encompassing organization은 그 사회를 경제적으로 보다 번영하게 만들 수 있으며 가급적 최소한의 추가적 부담을 가지고 구성원들에 대한 분배를 극대화할 수 있다. 재분배에 소요되는

비용이 혜택을 초과하는 경우에는 사회 전체의 이익을 고려하여 재분배를 중지시킬 수 있다.

5) 한 사회의 협소한 이익을 추구하는 특별 이익집단은 사회 전체를 위해 희생할 동기가 약하다. 이들은 추가 산출을 위해 노력하기보다는 소득의 재분배를 위해 투쟁할 가능성이 높다. 이러한 재분배연합re-distributional coalition의 등장은 기술개발을 저해하고 정책결정과정을 지연시키며 결국 경제성장을 저해할 수 있다.

6) 결국 합의consensus를 이끌어낼 수 있고 특별 이익집단들이 재분배연합이 형성되는 것을 통제할 수 있는 사회경제구조를 갖는 것이 성장의 비결이다.

이러한 올슨의 이론은 협소한 이익을 추구하는 이익집단이 번성한 영국과 미국이 2차세계대전 후 경제적 침체를 경험한 반면, 포괄적 이익집단이 발달하여 사회협의주의를 통해 이익을 조정함으로써 특수 이익집단의 이기적 행동을 통제할 수 있었던 유럽의 코포라티스트 국가들이 왜 경제성장을 달성할 수 있었는지 설명해준다(Olson 1982). 올슨이 직접적으로 언급하지는 않았지만, 그의 이론은 이익조정방식이 다원주의적으로 진행되는 것보다는 사회협의주의적 방식으로 집합되고 표출되는 것이 더욱 거래비용 측면에서 효율적일 수 있음을 암시하고 있다. 기업별 노조가 발전한 국가보다는 산별노조가, 산별노조보다는 전국단위 노조가 발전한 국가가 보다 안정적이고 지속적인 경제성장을 달성할 가능성이 높음을 암시하고 있는 것이다.

결국 올슨이 제시한 집단행동이론의 관점에서 본다면 경제성장이 지속되기 위해서는 이익집단이 포괄적 조직화하거나 아니면 아주 미약하게 존재하는 것이 바람직하다는 결론이 나온다. 예컨대 동아시아 권위주의적 발전 국가들이 단기간에 경제성장을 이룰 수 있던 요인 중의 하나가 이익집단 및 노조의 약화 현상이었다(McGurie and Olson 1996). 올슨의 이론은 캄포스와 드리필(Calmfors and Driffill 1988)의 연구결과와도 일치하는 것이다. 이들은 중앙집권화되거나 또는 아주 분권화된 단체교섭구조를 가진 나라가 중간 정도로 분권화된 단체교섭구조를 가진 국가들보다 낮은 임금인상률을 보인다고 주장했다. 집단행동의 문제를 다루는 올슨의 이론은 특수한 이익을 가지고 있는 소규모의 집단들이 난립할 경우 정책결정 과정에서 비효율성이 발생하게 되고, 나아가 이것이 경제적 비효율성을 유발할 수 있음을 제시하고 있다(Olson 1971).

올슨의 이러한 주장에도 불구하고 포괄적 조직이 잘 발달되어 있는 독일과 스웨덴이 과거와 같은 정도의 경제발전을 달성하지 못하고 있음에 주목할 필요가 있다. 독일과 스웨덴의 노조는 포괄적 조직이어서 협소한 이익보다는 사회 전체의 이익을 추구할 가능성이 많다고 올슨은 지적하였지만, 오히려 분배연합distributional coalition을 형성하고 지대를 추구하는 이익집단으로 비난받고 있다.

올슨이 제시한 집단행동이론은 다음과 같은 이론적 문제를 내포하고 있기 때문에 우리는 포괄적 조직의 공헌뿐만 아니라 '일탈' 가능성 역시 고려해봐야 한다.

1) 우선 가장 먼저 지적할 수 있는 것은 올슨이 이상적인 조직의 형태로 제시하는 포괄적inclusive 조직의 범위가 과연 어느 정도인지에 대한 정의가 불분명하다는 점이다. 포괄적 조직이란 한 사회 내에 존재하는

여러 종류의 이익집단이 총체적으로 융합되어 있는 조직이다. 그러나 과연 어느 정도로 융합되었을 때 비로소 포괄적 조직이라 불릴 수 있으며, 어느 정도로 분화되었을 때 특별 이익추구적 조직으로 간주할 수 있는지를 구분하는 것이 현실적으로 용이하지 않다.

2) 포괄적 조직이 특별이익집단에 비해 사회 전체의 이익을 보다 객관적으로 고려할 것이라는 가설의 적실성 역시 검증되기 어렵다. 포괄적 조직이 존재할 경우 소규모의 특수 이익집단이 많이 존재할 경우보다 정책 결정 참가자 수가 적을 것이기 때문에 결정과정상의 효율은 제고될 수 있을지 모른다. 그러나 포괄적 조직이 가질 수 있는 정치·사회적 영향력이 소규모의 특별 이익집단보다 강할 가능성이 높기 때문에 포괄적 조직이 자신의 이기적 이익을 위해(예컨대 규모의 확대 또는 영향력의 확대) 사회적 이익에 반하는 행동을 할 수 있다. 포괄적 집단이 정치적 영향력의 확대를 추구하게 되고 이를 정치·사회적으로 통제하기 어려워질 경우 정책은 사회 전체의 이익보다는 포괄적 조직의 이익에 부합하는 방향으로 결정될 수 있다.

3) 포괄적 조직으로 발전한 정상조직들이 서로 타협함으로써 집단행동 문제의 발생가능성을 낮출 수 있다는 가설도 적실성이 매우 약하다. 지향하는 가치와 이데올로기가 매우 다른 두 개의 포괄적 조직이 존재하는 경우 타협은 오히려 어려울 수도 있다. 우선 양 조직이 상정하는 사회 전체의 이익이 서로 다를 경우 경쟁적 관계에 있는 양자는 죄수의 딜레마prisoner's dilemma에 빠져 서로 협조하기보다는 서로를 비난하고 공격하는 상황에 빠질 수 있다.

4) 또한 포괄적 노동조직의 구성원인 개별 노조들과 정상조직의 지도부

간에 주인-대리인principal-agent 문제가 발생할 경우 포괄적 조직이라 하더라도 통일된 의견수렴이 가능하지 못할 수 있다. 포괄적 조직에서 상부노조가 개별기업의 하부노조에 대해 완전한 대표성을 갖는다고 상정하는 것은 경험적으로 충분히 지지되지 않는다. 과거 강한 형태의 조합주의를 운용하던 국가들이 현재에 들어서는 중앙 단위의 합의에도 불구하고 회사 별로 이를 자율적으로 적용할 수 있는 여지를 점차 확대하고 있는 추세는 이러한 문제를 반영한 것으로 볼 수 있다.

5) 포괄적 조직은 통일된 단일한 조직체라고 상정하는 것도 지지되기 어렵다. 현실적으로 포괄적 조직 내에 여러 부류의 파벌들이 존재한다. 이들은 파벌의 헤게모니를 갖기 위해 포괄적 조직 내에서 경제적 이익을 넘어선 정치적 경쟁을 시도하기도 한다.

이렇게 본다면 결국 올슨의 이론은 포괄적 조직의 긍정적인 측면을 과장되게 상정하고 있다고 볼 수 있다. 예컨대 한국의 사례는 포괄적 조직의 발전이 사회협의주의와 사회협약의 성립 및 지속에 오히려 부정적 영향을 미칠 수 있음을 보여준다. 즉 포괄적 조직의 존재 자체가 노사정간 합의 도출에 있어 오히려 큰 장애물로 작용할 수 있다는 것이다. 포괄적으로 조직화된 노조가 노동측의 정치적 협상력 제고를 위해 노동자원을 동원하는 것은 아닌지, 그리고 사회 전체의 이익보다는 자신의 특별한 이익만을 지향하고 있는 것은 아닌지를 고려해야 한다.

신자유주의 시대에는 노동과 자본 간의 대립 규모가 크면 클수록 또는 강도가 강하면 강할수록 코포라티즘의 붕괴 가능성이 높아지는 경향도 발견된다. 스웨덴의 사례를 통해서도 알 수 있듯이 노동조직의 규모가 크면 클수록 집단행동의 규모와 강도는 강해지고 노(勞)노(勞) 간의 내부갈등이 심화될 가능성도 높아진다. 자본의 국제적 이동성이 증대한 신자유주의시대에 특히 주목해야 할 것은 자본의 탈국가 의지이다(이연호 2006). 자본이 코포라티즘적 체제에 적응할 용의가 없을 경우 세계화가 심도있게 진행된 상황에서 언제든 탈민족국가화할 가능성은 상대적으로 높다. 이러한 가설은 사민주의적 경제체제가 투쟁적 노동세력의 등장에 의해서 형성되었다(Korpi and Shalev 1979)기 보다는 오히려 자본의 노동 포용의지에 의해 형성된 것이라는 스벤슨(Swenson 1991)의 주장과 맥을 같이 하는 것인지도 모른다. 예컨대 1930년대 스웨덴의 산업자본가들이 중앙집중적 임금협상체계의 형성을 적극 지지하였던 것은 국제적 경쟁하에 있던 금속가공산업 부문의 노동자 임금이 국제적 경쟁으로부터 격리되어 있던 국내 건설부분 노동자들의 임금에 비해 불이익을 당하는 것을 막기 위한 조치였다. 제조업 부문의 산업자본가와 노동자 간의 계층 간 동맹이 형성된 것이며 이는 바로 전자에 의해서 주도되었다. 그러나 1980년대 들어 중앙집권적 임금협상체제가 산업자본가들의 이익에 반하자 이들은 협상체제의 분권화, 나아가 탈퇴를 결정했다. 요컨대 스웨덴 조합주의의 형성과 붕괴에 있어서 자본은 절대로 약자 또는 조연의 위치에 있지 않았으며 오히려 그 과정에서 주도자의 역할을 수행했다고 보아야 한다.

논리적으로 보았을 때 강한 노동세력의 존재에도 불구하고 자본을 자국의 영토 내에 머물게 하기 위해선 자본에게 그에 합당한 동기가 제공되어야 할 것이다. 노동의 세력이 약하거나 분열되어 통제가 쉽던지 그렇지 않을 경우엔 정부가 반대급부를 제공해야 한다. 실제로 신자유주의가 번성을 시작한 1980년대 이전까지는 대부분의 코포라티즘국가들이 시장간섭을 통해 직간접적으로 대기업을 비롯한 자본에게 이득을 제공할 수 있었다. 예컨대 정부가 수요촉진을 위해 재정확대정책을 추진하는 것은 고용을 촉진하여 노동자들의 복지를 증진시키면서도 동시에 내수 확대효과를 유발하여 대기업의 이윤 축적에 기여하는 효과를 낳았다. 그러나 신자유주의 도입으로 인해 자본의 국제적 이동이 자유로워진 상황에서 노동의 힘이 조직화되고 그 영향력이 강화되면, 자본은 강한 노동의 존재와 이를 정치적으로 지원하는 정부를 회피하려는 전략을 구사하는 경향을 보였다.

코포라티즘은 산업분화에 따른 노조의 분화와 특화를 제대로 수용하지 못하고 자칫 노(勞)노(勞) 간의 갈등을 유발하여 포괄적 노동조직의 내부분열이라는 한계에 봉착하는 경향을 보이고 있다. 그 외에도 노조의 정치력을 강화시키고, 노동의 대(對) 자본 협상력을 지나치게 강화시켜 자본으로 하여금 불안감을 느끼게 하는 문제 또한 가지고 있다. 코포라티즘이 발전하면 발전할수록 자본을 압박하는 정치·경제적 여건이 강화될 수 있다는 것이다(이연호 2006).

코포라티즘은 화합의 모델이라기보다는 타협의 모델이고 고도의 협상모델이다. 구조적으로 취약한 노동의 힘을 국가가 보완해주어 자본과 동등한 힘을 갖도록 하는 것이다. 양자를 모두 만족시키려면 자율적 타협이 중요하다. 양자가 죄수의 딜레마prisoner's dilemma에 빠지지 않도록 하기 위해 정부가 개입하지만 이는 최후의 수단일 뿐 근본적으로 양자가 자율적으로 타협하기 위해서는 노련한 협상기술과 냉정한 손익계산 능력 그리고 인내심이 필요하다. 바로 이런 협상의 테이블에서 자본에게 특정한 이익이 확보되지 않는다면 자본은 노·사·정간 협의를 이탈하려는 동기를 갖게 될 것이다. 앞에서 살펴보았던 스웨덴의 사례가 이를 잘 보여주고 있다. 코포라티즘이 번성할 수 있는 구조적 여건이 구비되어 있었으나 경제력이 대자본의 손에 집중화되어 있는 상황에서 사민당의 지원을 배경으로 한 노동세력의 강화는 결국 자본의 이탈을 야기했던 것이다.

신자유주의의 확산에 따른 세계화는 자본의 결정을 유도하는 배경적 요인으로 보아야 한다. 기업이 자국의 영토 내에 자신의 생산 기반을 남길 것인지 해외로 이전할 것인지를 결정하는 요인은 국내의 정치·경제적 구조에 대한 자본의 자의적 판단이라 할 수 있다. 코포라티즘의 한계는 코포라티즘의 번성이 오히려 코포라티즘의 퇴조를 자초할 수 있다는 점이다. 좌파적 정부가 존재하던 국가들에서 코포라티즘이 발전하는 경향을 보였던 것은 수적으로 다수인 노동자들이 힘을 조직화하여 생산수단을 장악하고 있는 자본에 대응할 수 있는 힘을 보유하도록 정부가 여건을 마련해 주었기 때문이다. 자본이 분산된 노조를 선호하는 것은 노동이 주도하는 집단행동의 파괴력을 약화시킬 수 있기 때문이다. 오늘날 많은 코포라티즘국가에서 노동조직의 분화가 이루어지고 있는 것도 이러한 관점에서 이해될 수 있다. 자본의 횡포에 체계적으로 대응할 수 있도록 노동조직을 조직화한 코포라티즘 체제의 존속과 붕괴가 다름 아닌 자본의 잔류 또는 탈피의사에 따라 결정지어질 수 있다는 것은 신자유주의 시대에 코포라티즘이 가지고 있는 근본적인 한계라 할 수 있다.

10
산업화전략

무역활동이 저개발국의 발전에 기여하는가 그렇지 않은가에 대한 토론은 발전론 연구의 가장 중요한 논쟁 중 하나이다. 무역활동과 발전에 관한 부정적 견해는 12장에서 보다 자세하게 논의할 것이고 본 장은 무역이 발전에 기여할 수 있다는 입장에 관해 살펴보도록 하겠다. 특히 무역을 통해 어떤 산업화 전략이 구사될 수 있는지에 초점을 맞추어 정치학적 함의를 도출할 것이다.

1. 무역의 발생 원인과 무역으로부터의 이익

1) 무역의 발생 원인: 절대우위 대 비교우위[1)]

아담 스미스Adam Smith는 『국부론』An Inquiry into the Nature and

1) 절대우위와 비교우위에 관한 설명은 Steven Husted and Michael Melvin, 이병락 옮김. 『국제경제학』7th ed. (서울: 시그마프레스, 2007), pp. 58–66; Dominick Salvatore, 최낙일, 김갑용 옮김. 『국제경제학 원론』(서울: 시그마프레스, 2008), pp. 31–48을 많이 참고하였다.

Causes of the Wealth of Nations에서 두 국가 간에 무역이 발생하는 이유를 절대우위absolute advantage의 개념을 통해 설명한다. 한 국가가 다른 국가에 비해 어떤 상품의 생산에는 효율적이지만(절대우위) 다른 상품의 생산에는 비효율적이라면(절대열위) 이들 두 국가가 모든 상품을 생산하기보다는 각각 절대우위에 있는 상품만을 특화하여 생산하고 잉여 생산을 절대열위에 있는 상품과 교환하는 것이 두 국가 모두에게 이익이 된다는 것이다.

예를 들어, 표 10.1에서 A국은 밀 1단위를 생산하기 위해 3시간이 소요되는데 반해 섬유 1단위를 생산하기 위해서는 6시간이 필요하다고 가정하자. 마찬가지로 B국은 밀 1단위를 생산하기 위해 12시간, 섬유 1단위를 생산하기 위해서는 4시간이 필요하다고 가정하자. 이 경우 A국은 밀, B국은 섬유 생산에 절대우위를 가진다. 이때 A국과 B국 모두가 각각 절대우위를 가진 품목만을 특화하여 생산한다면 생산요소를 추가적으로 투입하지 않고도 A국은 밀 2단위, B국은 섬유 3단위를 더 생산할 수 있다. 각국은 절대우위 품목을 집중생산하기 위해 절대열위 품목의 생산을 1단위씩 포기하였으나 양국의 전체 생산으로 보면 밀 1단위, 섬유 2단위가 증가하게 되었다. 즉 국제무역은 추가적으로 생산요소를 투입하지 않고도 총생산량을 증대시킬 수 있게 한다.

〈표 10.1〉 절대우위

(1단위당 소요시간)	A	B
밀	3	12
섬유	6	4

한편 한 국가가 모든 생산에 있어 절대우위를 가지는 경우라 하더라도 무역은 교역에 참여하는 모든 국가에게 이익을 준다. 리카도David Ricardo는

그의 저서인□정치경제와 조세의 원리□Principles of Political Economy and Taxation에서 한 국가가 다른 국가보다 모든 상품의 생산에 있어 비효율적이더라도(절대열위), 절대열위의 정도가 작은 상품을 특화하여 생산하거나 수출하고 절대 열위의 정도가 큰 상품을 수입한다면 두 국가 모두에게 상호이익이 될 수 있다고 주장했다.

예를 들어 표 10.2에서 A국은 밀과 섬유를 생산하는 데 있어 모두 B국보다 효율적이다. 그러나 밀 생산에 있어 A국은 B국에 비해 4배 효율적이지만, 섬유 생산은 4/3배만큼 더 효율적이다. A국은 밀 생산에 더 큰 절대우위를 가지는데 이를 A국은 밀 생산에 비교우위가 있다고 표현한다. 이에 반하여 B국은 섬유 생산에서 비교우위를 가진다. 비교우위 법칙에 따라 A국이 섬유 생산을 포기하고 비교우위에 있는 밀의 생산을 특화시킨다면 밀의 생산은 2단위 증가할 것이다. 반면, B국은 밀의 생산을 포기하는 대신 비교우위에 있는 섬유의 생산을 1.5단위 늘릴 수 있을 것이다. 결국 A국과 B국 모두는 새로운 생산요소를 투입하지 않고도 밀과 섬유를 모두 생산하는 경우와 비교해 총량적으로 밀 1단위, 섬유 0.5단위만큼의 생산을 증가시킬 수 있다. 즉 비교우위법칙을 따르는 경우에도 국제무역에 참여하는 모든 국가들의 후생은 향상된다.

〈표 10.2〉 비교우위

(1단위당 소요시간)	A	B
밀	3	12
섬유	6	8

2) 무역으로부터의 이익 I: 정태적 이익(static gains) 대 동태적 이익(dynamic gains)

그러면 무역을 통해 한 국가가 얻을 수 있는 이익은 무엇일까? 그림 10.1을 이용해 무역으로부터 얻는 경제적 이익을 설명해보자. X국은 노동력이 풍부하고 토지가 비옥한 반면 자본재를 생산할 수 있는 자본과 기술은 부족한 국가로 가정하자. 생산가능곡선production possibility curve은 한 국가가 동원 가능한 모든 자원을 투입했을 때 산출해 낼 수 있는 생산물의 상대적인 양을 나타낸다. 따라서 이 국가의 생산가능곡선은 노동과 토지와 같이 풍부한 생산요소를 보다 많이 사용하는 쪽으로 기울어져 있다. 이는 자본집약적 제품(컴퓨터)을 한 단위 더 생산하기 위해서는 노동–토지 집약적 제품(농산물)의 생산을 적어도 한 단위 이상 포기해야 함을 의미한다.

한편 무차별곡선indifference curve은 소비자가 동일한 예산수준에서 같은 수준의 만족을 느끼는 재화의 묶음을 나타낸다. 이 국가가 무역을 시작하기 전에는 생산가능곡선과 무차별곡선 I가 만나는 A에서 가장 큰 효용을 나타냈다. 이때 A에서의 기울기는 컴퓨터에 대한 농산물의 상대적 가격을 의미한다. 그런데 무역이 시작되면 X국은 국내에서 직접 생산하는 것보다 낮은 가격으로 컴퓨터를 수입할 수 있는 반면, 농산물의 가격은 상대적으로 상승하게 된다. 따라서 X국은 국제교역조건과 생산가능곡선이 접하는 B까지 농산물 생산을 특화specialization시킬 것이다. 결국 무역 이후 X국은 무차별곡선 II와 무역이후 국제교역조건이 접하는 C에서 농산물과 컴퓨터를 소비한다. 즉 국제무역은 BD만큼 농산물을 수출하고 CD만큼 컴퓨터를 수입함으로써 폐쇄경제에서의 소비점 A와 비교해 더 높은 수준에서 소비를 할 수 있게 한다(즉 A점에 비해 C점에서의 소비량이 더 많다). 이때 수입량과 수출량으로

〈그림 10.1〉 무역으로부터의 이익

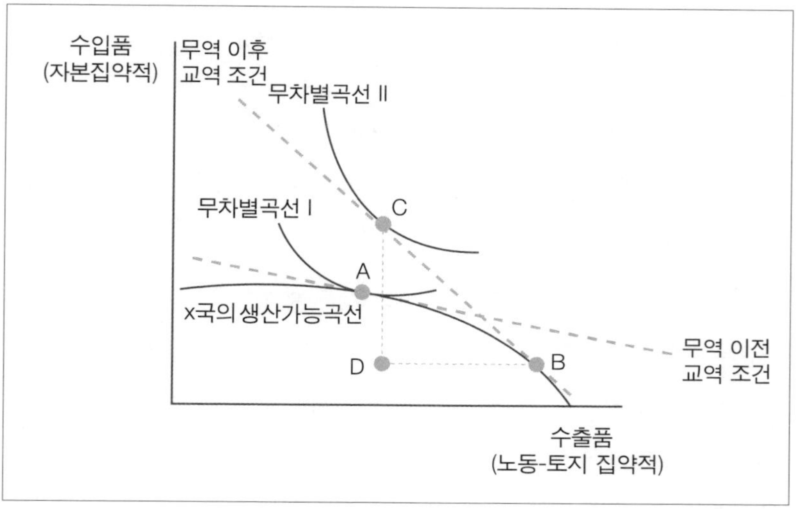

출처: Gillis et al. (1987): p.470.

결정되는 △BCD를 무역삼각형trade triangle이라고 부른다(Gillis et al. 1987: 410).

이와 같이 무역은 국내시장에서 재화의 상대가격을 변화시킨다. 위의 그림에서 보듯이 한 국가가 자국의 생산가능곡선을 따라서 생산을 특화시킴으로써 후생이 증가하는 것을 국제무역에 따른 정태적 이익static gains이라고 한다. 이는 재화의 상대가격이 변화할 때 '주어진' 생산가능곡선을 따라 이동하면서 자원배분의 효율이 증대되는 과정에서 발생한 이익이라는 의미이다. 그런데 국제무역은 제한적이고 협소한 국내시장을 벗어나 넓은 세계로 시장을 확대시킴으로써 규모의 경제economies of scale 및 생산방법 개선과 기술혁신을 이룰 수 있게 한다. 따라서 무역은 생산가능곡선을 따라 이동하면서 자원배분상의 효율을 증대시키는 정태적 이익에 더하여 생산가능곡선 자체를 밖으로 이동시키는 동태적 이익dynamic gains을 가져온다(김대환 1998: 194−5).

3) 무역으로부터의 이익 II: 정치학적 견해

위에서 설명한 것처럼 무역에 대한 경제학적 설명은 가장 풍부한 생산요소를 가장 집약적으로 이용하여 생산하고 수출한다면 모든 국가는 이익을 얻을 수 있음을 보여준다. 그러나 경험적으로 볼 때 무역을 통해 발생한 이익이 개별 국가의 모든 개인이나 집단에게 균등하게 배분되는 것은 아니다. 예컨대 X국의 사례에서 국제교역 이후 컴퓨터가 수입되면 컴퓨터 소비자는 무역 이전과 비교하여 더 낮은 가격으로 구입할 수 있기 때문에 무역의 혜택을 누릴 수 있다. 하지만 컴퓨터 생산자는 수입 컴퓨터와의 경쟁이 격화되기 때문에 무역 이전과 비교해 보다 낮은 가격으로 판매함에도 불구하고 판매량이 줄어들게 될 가능성이 있다. 또한 국내 농산물 소비자 역시 국제무역 이후에 이전보다 더 높은 상대적 가격을 지불해야 할 것이다.

그럼에도 불구하고 경제학 이론은 무역으로부터 얻을 수 있는 전체적인 이익이 무역으로 인한 손실보다 크기 때문에 사회전체로 보아 무역은 이익이 된다고 주장한다. 또는 아시아 발전국가의 경제 성장신화에 대한 사례 연구를 근거로 경제성장을 위한 개방경제와 무역의 필요성을 주장하기도 한다.

그러나 비경제학적 관점에서 볼 때 이는 현실을 무시한 다분히 이론적인 설명일 수 있다. 무역으로 인해 손해를 보게 되는 사람들의 수가 이익을 보는 사람들에 비해 상대적으로 적다고 하더라도 이들의 상대적 박탈감은 오히려 더 확대될 수 있으며 이는 사회적 불만의 시발점이 될 수 있다. 게다가 이론적 차원에서 경제개방이 빠른 경제성장을 가져온다는 주장은 가능하지만 경험적으로 무역이 어떠한 경로를 통해 장기적 성장에 기여할 수 있는가에 대한 검증은 충분하지 않다는 주장도 제기된다(Salvatore 2008).

이러한 점에서 볼 때 무역에 관한 논의 역시 근본적으로 정치의 논리이며, 정치적으로 해결해야 하는 문제이기도 하다. 여컨대, 무역을 통해 사회 전체가 획득할 수 있는 이익을 사회 전체가 수용할 수 있는 수준에서 '어떻게 재분배'할 수 있는가에 대한 해답을 제시하는 것은 정치적 과제이다. 국제교역이라는 순수하게 경제적인 현상이 정치학적 논의에 의해 보완되어야 하는 이유가 여기에 있다. 정치학적 분석은 현실에서 발생할 수 있는 문제를 합리적으로 해결할 수 있는 현실적 대안을 제시한다는 점에서 의미가 있다.

2. 무역과 산업화 전략

국가 간 무역활동은 국가의 산업화에 중요한 요소이다. 일반적으로 무역을 활용한 산업화전략으로는 1차상품 수출주도개발전략, 수입대체산업화, 그리고 수출주도적 산업화 등이 있다.

1) 1차 상품 수출주도개발전략(Primary-export-led Developmental Strategy)

1차 상품 수출주도 개발전략은 한 국가의 부존자원과 가장 밀접하게 관련된 몇몇 상품의 생산을 증가시켜 수출함으로써 외국에서 생산된 공산품과 교환하는 무역전략을 지칭한다. 비교우위론에 따르면 1차 상품 수출 전략은 다음의 세가지 이익을 가져온다(Gillis et al. 1987: 414-8). 첫째, 생산요소(노동, 토지)를 효율적으로 이용할 수 있다. 무역이 발생하기 이전 일부 생산요소는 완전히 효율적으로 이용되지 못하거나 제대로 분배되지 않을 수 있다. 그러나 무역은 이전에는 비효율적으로 사용되었던 생산요소를 보다 효율적으로 사용할 수 있도록 만든다. 민트Hla Myint는 이러한 1차 상품 수출주도 개발전략의 이점을 아담 스미스의 잉여 분출vent for surplus이라는 용어를 빌어 표현했다(Myint 1959). 즉 교역은 국내시장에서 소비할 수 있는 것보다 많은 양을 생산하는 국가가 교역을 통해 보다 넓은 세계시장에 잉여생산을 판매할 수 있는 기회를 제공한다. 이러한 점에서 교역은 생산요소를 완전히 사용할 수 있게 만들어 국가의 생산력을 증가시킨다. 둘째, 초기에는 1차 상품 수출이 국가의 비교우위를 개발하기 위해 진행되지만 나중에는 관련된 다른 분야의 투자 증가로 이어진다. 그리고 이 과정에서 유입되는 외국자본은 개발도상국의 생산가능곡선을 바깥쪽으로 이동시킨다. 셋째, 연계효과linkage effect를 창출한다. 연계효과란 한 산업이 확장됨에 따라 그와 관련된 다른 산업 또는 분야에서 이익이 발생하는 것을 의미한다. 예컨대 1950~60년대 페루에서 수산업의 성장은 조선업과 수산물 가공업의 발전을 동시에 가져왔다. 특히 수산물 가공업은 다양한 차원에서 음식물을 가공하는 자본재 산업까지도 발전시켰다.

이러한 장점에도 불구하고 일부 경제학자들은 1차 상품 수출주도 전략이 효율적인 경제발전을 가져오지 않는다고 비판한다(Husted and Melvin 2007: 297-300). 우선, 1차 상품의 수요증가는 느리게 나타난다. 엥겔의 법칙Engel's Law에 따르면 1차 상품의 소득에 대한 수요탄력성은 낮다. 따라서 무역으로 인해 경제가 발전하여 소득이 증가함에도 불구하고 1차 상품의 수요는 소득의 증가만큼 증가하지 않는다.

둘째로 기술발전은 원자재 투입양을 감소시키는 방향으로 진행된다. 예를 들어 기술의 발전은 더 적은 양의 원사로 면의 직조를 가능케 하며 더 적은 양의 주석으로 캔을 생산할 수 있게 한다. 세계은행에 따르면 전체 산업국에서 석유를 제외한 1차 상품의 수입 비중은 1960년 42%에서 1973년 30%로 감소했다. 또한 1973~83년의 기간 동안 선진국의 GDP는 매년 2.4%씩 증가했으나 석유를 제외한 1차상품의 수입은 전혀 증가하지 않은 것으로 조사되었다(Gillis et al. 1987: 419).

셋째로 1차 상품 수출국은 교역조건의 악화deterioration of the terms of trade를 경험하는 경향이 있다. 프레비쉬Raul Prebisch(1950, 1959)는 1차 상품의 수출가격은 공산품 수입가격과 비교하여 시간이 지남에 따라 하락하는 경향이 있다고 주장한다. 이 경우 개발도상국 정부가 1차 상품의 수출을 증가시킴으로써 자국의 경제발전을 도모하는 방법을 택할수록 해당 상품의 공급은 전세계적으로 증가하게 되며 이는 국제가격의 하락으로 이어진다.

게다가 1차 상품의 수출을 통한 성장방식은 오히려 경제 성장 이전보다 경제성장 후에 후생이 더욱 악화되는 궁핍화 성장immizerizing growth에 직면할 가능성도 있다(Bhagwati 1958). 궁핍화 성장의 사례는 1960년대 네덜란드의 경험에서 찾아볼 수 있다(Husted and melvin 2007; Corden and Neary 1982; Perkins et al. 2006). 1960년대 네덜란드 영해에서 대량의 천연가스가 발견되자 네덜란드는 이를 수출하는 '쉬운 성장'의 방법을 모색했다. 그런데 1970년대 전세계적인 오일쇼크oil shock로 인해 천연가스를 포함한 에너지의 가격이 급격하게 상승했다. 천연가스의 가격 상승은 해당 산업의 노동자 임금 상승으로 이어졌으며, 이는 에너지 산업에로의 이직을 촉진시켰다. 반면 다른 산업 분야에서는 노동자들의 이직을 막기 위해 임금을 인상해야만 했다. 유가상승으로 인해 에너지 비용이 상승하고 동시에 노동자들의 임금 인상이 지속되자 다수의 업체들이 연이어 파산했다. 게다가 석유위기라는 상황에도 불구하고 에너지 자립국이라는 점에서 네덜란드의 통화가치는 상승했고 이는 네덜란드 기업의 국제경쟁력을 더욱 악화시켰다. 결국 기대와는 달리 1970년대 동안 네덜란드 경제는 인플레이션 심화, 제조업 수출 감소, 소득증가율 둔화, 실업률 증가 등을 동시에 경험하는 궁핍화 성장을 경험했다. 이처럼 경제의 한 분야는 호황을 누리지만 이로 인해 그 국가 전체에는 나쁜 영향을 미치게 되는 것을 네덜란드병Dutch Disease이라고 부른다. 이와 유사하게 사우디아라비아, 나이지리아, 멕시코도 자국이 보유한 풍부한 천연자원을 수출하여 경제성장을 도모함으로써 국민들의 근로의욕이 도리어 감퇴하는 자원의 저주resource curse를 경험했다. 국가가 자원을 수출해 벌어들인 외화로 국민들에게 각종 편의를 제공해준 결과 국민들이 근로의욕을 상실했던 것이다.

마지막으로 1차 상품들은 가격 변동이 심하다. 특히 소수의 1차 상품에 집중하여 수출하는 개발도상국에서 국제 가격 변동이 경제에 미치는 영향은 더욱 심각하게 나타난다. 수출불안정성은 선진국보다는 개발도상국에 더 큰 영향을 주는 경향이 있다. 따라서 개방도상국들은 1차상품의 수출가격 및 소득을 안정화시키고 나아가 인상하기 위한 국제상품협약을 맺고 있다. 예컨대 국제코코아협정, 국제천연고무협정, 국제커피협정, OPEC의 석유수출통제 등을 들 수 있다(Salvatore, 2008).

결론적으로 자원의 수출을 통한 산업화전략이 초기 단계에 수출국가의 산업 기반을 확대하는 데 기여할 수 있을지는 모르나 자원이 발전을 위한 첩경은 아니다. 대부분의 자원가공산업이 수출 가능성을 중심으로 발전한다는 점에서 국내경제에 미치는 파급효과 또한 미약하다. 따라서 1차 상품 수출이 효율성을 향상시킬 수 있는 투자로 전환되기 위해서는 산업화전략이 병행되는 것이 필요하다.

2) 수입대체산업화전략(Import Substitution Industrialization, ISI)

수입대체산업화는 유럽의 후발산업화국가들과 라틴아메리카 국가들이 각각 19세기 후반과 20세기 중반에 시행한 바 있는 보호주의적 산업화전략이다. 수입대체산업화는 외국상품의 수입에 대해 높은 장벽을 세우고 이전에 수입하던 상품을 국내생산품으로 대체함으로써 산업을 육성하고 경제성장을 달성하려는 시도이다. 19세기 전반에 걸친 산업혁명 기간 동안 대부분의 현재 선진국들은 수입대체산업화를 통해 산업화에 성공했다(Chang 2002). 또한 라틴아메리카 국가들은 1930년대 대공황으로 인한 원자재 산업의 쇠퇴와 제2차 세계대전 기간 동안 북반구로부터의 해상운송 단절을 경험한 뒤 1960년대까지 내부지향적 수입대체 산업화를 통해 공업화를 시도했다.

수입대체산업화 전략의 핵심은 국내시장을 보호하고 정부 주도로 국내산업을 육성하는 것이다. 일반적으로 유치산업infant industry은 수입품과 경쟁할 수 있는 정도의 품질경쟁력과 가격경쟁력을 보유하기 어렵다. 따라서 이들 상품이 국내시장에서 살아남도록 하기 위해서 국가는 강력한 보호 및 육성 정책을 구사해야 한다. 이 경우 큰 규모의 내수시장은 국내에서 생산된 공산품의 수요를 지탱해준다는 점에서 수입대체산업화전략에 유리한 요소이다.

수입대체산업화 전략의 기본전제는 단순하다. 우선 국내생산자는 생산을 위한 기술을 습득하고 기술, 자본 등을 확보한다. 그리고 유치산업 및 국가전략산업의 보호와 육성을 위해 수입관세, 수입쿼터 등 무역 장벽을 세우고 소비재에서부터 시작하여 자본재로 수입대체의 범위를 넓혀간다. 보호된 시장 하에서의 생산 경험은 기업들에게 경험을 통한 학습learning by doing의 기회를 제공하여 효율적 생산을 위한 기술을 습득하게 하는 한편, 국제적 경쟁력을 가질 수 있게 한다(Husted and Melvin 2007). 수입대체산업화 전략에서 유치산업보호를 위해 사용되는 방식으로는 (1) 보호관세, (2) 수입할당제, (3) 환율의 과대평가등이 있다.

(1) 보호관세(Protective Tariffs)

수입대체산업의 초기단계에서 보호관세는 생산자에게 두 가지 차원의 보호 효과를 제공한다. 우선 가장 단순한 수준에서 수입품에 대한 관세는 수입품의 국내가격을 국제가격에 비해 높게 만든다. 이는 명목보호율nominal protection로 나타난다. 그림 10.2에서 국내수요가 국제가격에 영향을 미치지

〈그림 10.2〉 수입관세의 효과

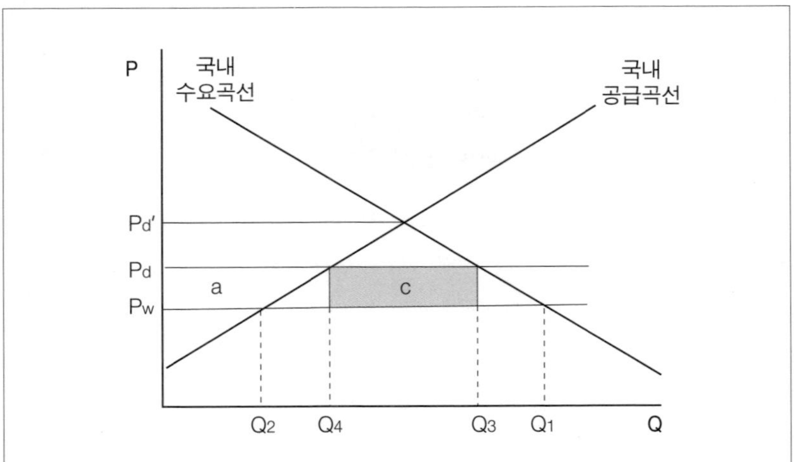

출처: Gillis et al. (1987), p. 435

도 못하고 영향을 받지도 않는 소규모 폐쇄경제를 가정할 때 국내 균형가격은 국내 수요곡선과 국내 공급곡선이 만나는 $P_{d'}$이다. 반면, 국제가격은 국내시장 가격보다 낮은 P_w에서 형성되어 있다. 따라서 무역이 시작되면 국내가격은 P_w로 하락하게 될 것이며, 수요는 Q_1로 증가하고, 국내생산은 Q_2로 감소할 것이다. 따라서 국내 수요량(Q_1)과 국내 생산가능량(Q_2)의 차이만큼 (Q_1-Q_2)을 해외에서 수입을 해야 한다.

그러나 수입품에 대해 (P_d-P_w)의 관세를 부과하여 국내가격이 P_d에서 결정된다면 국내 생산량은 Q_4로 증가하고 국내 수요량은 Q_3로 감소한다. 왜냐하면 관세는 수입품의 국내가격 인상으로 이어지므로 국내 생산자는 수입품 가격 수준으로 제품의 가격을 인상할 수 있기 때문이다. 따라서 국내가격이 상승함에 따라 자유무역하 P_w에서는 이윤이 발생하지 않았던 국내생산자들도 시장에 진입할 수 있는 기회가 생긴다. 결국 관세는 국내경제에 (Q_4-Q_2)의 생산증대효과와 국내 가격상승으로 인한 (Q_1-Q_3)의 소비감소 효과를 가져온다.

한편, 정부는 수입품에 대한 관세를 부과함으로써 c영역만큼 관세수입이 증가한다($(Q_3-Q_4) \times (P_d-P_w)$). 그리고 만약 ($P_{d'}$-$P_w$)만큼 수입품에 관세를 부과하여 국내 균형가격 수준까지 수입품 가격이 상승한다면 국내생산만으로 국내수요를 충족시킬 수 있기 때문에 수입은 발생하지 않는다.

그러나, 실제로 수입관세가 모든 수입품에 대해서 일률적으로 적용되는 것은 아니다. 예를 들어, 자동차를 생산하기 위해서는 철강, 유리, 고무 등의 원자재가 필요하다. 이 경우 자동차에는 관세를 부과하지 않고 철강에만 관세를 부과한다면 일률적으로 관세가 부과되는 경우와 비교하여 보호효과는 다르게 나타날 것이다. 따라서 최종재와 원자재에 부과되는 관세율의 차이에 따른 보호효과의 차이를 측정하기위해 각 재화에 적용되는 관세의 실효보호율ERP:effective rate of protection을 계산할 필요가 있다(Gillis et al. 1987).

$$ERP = \frac{\text{관세부과 후 국내부가가치} - \text{자유무역 하에서의 국내부가가치}}{\text{자유무역 하에서의 국내부가가치}}$$

P_d는 국내시장가격, C_d는 국내생산가격, P_w는 국제시장가격, C_w는 국제생산가격이라고 정의하고 수입되는 최종재와 원자재에 대한 관세가 t_o와 t_i로 각각 다르게 부과된다고 하면 ERP는 아래와 같이 간단하게 정리될 수 있다.

$$ERP = \frac{(P_d - C_d) - (P_w - C_w)}{(P_w - C_w)} = \frac{P_w(1+t_o) - C_w(1+t_i) - (P_w - C_w)}{(P_w - C_w)} = \frac{(P_w t_o - C_w t_i)}{(P_w - C_w)}$$

예를 들어 X재의 국제가격이 10,000원이라고 가정할 때 국제가격은 원자재 비용 6,000원과 부가가치 4,000원을 합한 금액이다. 이때 최종소비재 X와 원자재에 20%의 동일한 관세를 부과한다고 하면, 실효보호율은 20%로 명목보호율과 동일하게 나타난다.

$$ERP = \frac{10{,}000 \times 0.2 - 6{,}000 \times 0.2}{10{,}000 - 6{,}000} = 0.2$$

그러나 X재의 생산을 촉진하기 위해 정부가 원자재에는 관세를 부과하지 않는 경우 실효보호율은 50%로 명목보호율에 비해 2.5배나 높게 나타난다.

$$ERP = \frac{10{,}000 \times 0.2 - 6{,}000 \times 0}{10{,}000 - 6{,}000} = 0.5$$

또한 원자재에는 20%의 관세를, 최종 소비재에는 32%를 부과하는 경우 역시 실효보호율은 50%로 나타난다.

$$ERP = \frac{10{,}000 \times 0.32 - 6{,}000 \times 0.2}{10{,}000 - 6{,}000} = 0.5$$

결국, 국내생산자는 명목보호율과는 달리 50%에 상당하는 실제적 보호(실효보호율)를 받을 수 있다. 그리고 실효보호율이 높을수록 비효율적이고 고임금을 지불해야만 하는 국내생산자가 수입품과 경쟁하여 높은 이윤을 얻을 수 있게 된다.

(2) 수입할당(Import Quotas)

두 번째 방법은 수입할당import quota이다. 이는 수입제한 정책(수량적 제한, 할당, 수입 승인제)을 통해 일정 수량 이상의 수입을 금하는 제도이다. 이 방법의 장점은 정부가 정확한 수입량을 알 수 있다는 점이다. 반면에 관세를 부과하는 경우 수요, 공급 탄력성에 의해 수입량이 결정되기 때문에 정부는 정확한 수량을 알기 어렵다.

앞의 그림 10.3에서 관세로 인해 줄어드는 수입량만큼 수입할당을 부과하면 수입관세를 부과하는 것과 같은 효과를 얻을 수 있다. 만약 수입허가권을 경매에 부친다면 정부는 관세수입만큼 경매수입을 얻을 수 있다. 그러나 대부분의 경우, 정부는 수입허가권을 경매에 부치기 보다는 수입업자들에게 분배한다. 따라서 관세를 부과하는 경우 발생할 수 있는 정부수입이 생산자잉여로 돌아간다. 즉 표10.2에서 정부수입변화 부분이 생산자잉여로 이전되어 생산자잉여는 (a+c)만큼 증가한다.

(3) 환율의 과대평가(Overvalued Exchange Rate)

수입대체 산업화를 운영하는 또 하나의 수단은 환율을 과대평가 하는 것이다. 환율의 과대평가란 국제통화에 대한 국내통화의 명목상 가치가 실질적 가치보다 높게(즉 비싸게) 설정되어 있는 상황을 의미한다. 외환에 대한 자국통화의 평가절상이라고도 한다.

환율은 교역되는 모든 재화의 국내가격을 직접적으로 결정하기 때문에 무역 전반에 광범위한 영향을 미칠 수 있다. 수입관세나 수입쿼터제는 특정 재화나 특정 산업분야의 상대 가격만을 변화시키는데 반해, 환율은 모든 교역품 가격에 동일한 영향을 미침으로써 교역가능한 상품tradable과 교역불가능한 상품nontradable 간 가격의 차이를 발생시킨다.

일반적으로 자국통화의 평가절상appreciation은 수출을 억제하고 수입을 장려하는 효과가 있다. 이처럼 수입이 유리한 상황에서는 수입대체를 추진하는 국내 산업이 피해를 입을 수 있다. 따라서 국내 산업을 보호하기 위해 정부는 관세나 수입할당 그리고 보조금등을 통해 국내의 수입대체산업을 보호한다. 그 결과 외환을 할당받는 수입업자는 이득을 보는 반면 국제가격보다 높은 가격에 상품을 구매해야 하는 소비자들은 손해를 보게 된다. 그러면 이처럼 균형 환율에 비해 소비자의 후생이 전반적으로 감소함에도 불구하고 수입대체산업화 전략의 일환으로 환율의 과대평가전략이 유지되는 이유는 무엇일까?

무엇보다 수입품의 국내가격을 낮추기 위한 것이다. 일반적으로 수입대체산업화 전략을 택하는 국가들에서 원자재는 과잉생산된다. 따라서 불리한 교역조건을 극복하기 위해 국내통화의 가치를 과대평가시킴으로써 구매력을 강화하여 자본재의 수입을 용이하도록 해야 한다. 국내통화가 평가절상된 경우 가격이 비싼 생산설비를 상대적으로 싸게 구입할 수 있기 때문이다. 예컨대 평가절상 또는 환율하락이란 $1:₩1,000에서 $1:₩500으로 환율이 변화한 것을 의미한다. 수입대체를 위해 외국에서 자본재를 도입하는 경우, 후자의 경우가 전자의 경우보다 더 적은 국내자본으로 자본재를 수입할 수 있다. 아울러 수입대체를 위해 자본재를 수입하는 과정에서 외채를 도입한 경우에도 환율의 평가절상은 원리금 상환 부담을 감소시킬 수 있다.

둘째, 국내통화의 평가절상은 인플레이션의 억제 수단으로 사용되기도 한다(김대환 1998: 221). 일반적으로 개발도상국은 경제발전 과정 중에 발생하는 인플레이션을 완화시키기 위해 통화를 긴축하거나 자국통화를 평가절상하는 정책을 이용한다. 그런데 경제발전단계에 있는 정부가 긴축정책을 펼칠 경우 경제 활성화를 저해하고 임금상승을 억제시켜 국민들의 반발을 유발할 수 있다. 따라서 개발도상국에서는 보다 쉬운 방법으로 국내통화를 고평가시키는 경향이 있다. 국내통화의 평가절상, 즉 환율의 하락은 수입을 촉진시켜 국내시장의 인플레이션 압력을 완화시키는 효과를 유도할 수 있다. 즉 수입물량을 늘리고 수입물가를 하락시킴으로써 국내물가의 안정을 도모하는 것이다.

수입대체 산업화가 초기산업 육성을 위한 대안이기는 하나 여러 가지 문제점을 노정한다(김대환 1998: 210–3). 첫째 수입대체산업화는 수입품을 국내에서 생산하여 산업화를 달성한다는 본래의 목표와는 달리 장기적으로 수입의존도를 심화시킴으로써 자립적인 발전을 지연시키는 경향이 있다. 수입대체 산업화를 추진하는 과정에서 자본재와 시설재의 수입에 대한 의존도가 높아지기 때문이다. 게다가 국내시장에 대한 보호의 혜택을 누리는 기업들은 경쟁력을 기르기보다는 지대 추구rent-seeking와 정치적 보호에 안주하는 경향이 있다. 이 경우 기업경쟁력을 갖춘 기업보다는 오히려 정부에 로비를 잘 하는 기업이 번창하는 현상이 발생할 수 있다.

둘째 국가의 지원을 업고 시장에 진입한 선발 제조업자는 자신의 이익을 제고하기 위하여 수입원자재의 관세를 올리는 정책을 주장함으로써 후발주자를 견제하려는 경향을 보인다. 특히 국내시장의 규모가 협소한 경우 이러한 장벽은 산업발전에 더욱 심각한 장애가 된다.

셋째, 수입대체산업화는 자원 분배를 왜곡시키는 경향이 있다. 국내통화가 과대평가되면 수입요소의 국내 가격이 낮아지므로 기업들은 기술혁신 등에 관심을 갖기보다는 지속적으로 수입에 의존하려고 할 것이다. 결국 이로 인해 외환 낭비와 외환부족이라는 만성적인 문제에 봉착하게 된다.

마지막으로 수입대체산업화는 대중주의적populist인 정부가 등장하는 계기가 될 수 있다. 이는 국내시장 중심의 산업화 방식이기 때문에 성장의 한계에 봉착하기 쉽고 고용창출의 하락이나 실업의 심화로 이어질 수 있다. 따라서 정부는 이미 경쟁력을 상실한 국내의 산업을 과도하게 보호하고 지원하여 인위적으로 고용을 유지하려는 인기영합적 정책을 남용하기도 한다.

라틴아메리카의 많은 국가들은 단순한 소비재만의 수입대체가 아니라 생산재, 나아가 자본재까지도 수입대체를 시도했으나 성공을 거두지 못했다. 이들 국가는 큰 내수시장을 전제로 수입대체산업화를 시도했지만 외화를 획득하기 위해서는 상품을 수출해야만 한다는 딜레마를 극복하지 못했다. 게다가 이러한 과정에서 자본과 기술을 보유하고 있는 다국적 기업에 대한 의존이 보다 심화되었다. 여러 가지 수입장벽을 통해 보호받아온 국내생산자들은 국제경쟁력이 떨어질 수 밖에 없었고 따라서 이들의 제품을 국제시장에 수출하는 것은 용이하지 않았다. 특히 석유를 담보로 한 자본재 수입대체 시도는 1970년대 초부터 발생한 오일쇼크oil shock로 인해 실패했고, 결국 부채위기를 발생시켰다.

3) 수출주도형 산업화전략(Export-Oriented Industrialization, EOI)

부존자원이 부족하고 국내시장의 규모가 상대적으로 협소한 한국, 대만, 홍콩, 싱가포르 등 아시아의 신흥공업국NICs: Newly Industrializing Countries 들은 가장 풍부한 생산요소인 노동력을 집중적으로 투입하여 제조업 제품의 수출에 집중하는 새로운 전략을 채택했다. 이 전략은 국내시장보다는 해외시장을 지향하여 규모의 경제economies of scale를 달성하고 해외의 기술과 자원을 활용하는 개방적 경제를 추구하는 것이었다. 수출주도형 산업화 전략은 노동집약적 농산품의 수출을 노동집약적 제조업 제품 수출로 대체한다는 점에서 수출대체산업화전략export substitution, 또는 외부지향적 개발전략outward-looking development strategy이라고 부르기도 한다.

수출주도형 산업화의 가장 중요한 메커니즘(Gills et al. 1987: 455-6)은 무엇보다도 적정 수준의 환율을 유지하는 것이다. 국내 생산자들이 생산한 제조업 제품을 세계시장에 이윤을 남기고 수출하기 위해서는 과대평가되지 않은 적정한 수준의 환율이 유지되어야 한다. 따라서 수출주도형 산업화를 추진하는 국가들은 대부분 국내 통화를 정기적으로 평가절하함devaluation 으로써 자국 수출품의 가격 경쟁력을 제고한다. 환율을 통해 수출을 촉진하는 방식은 관세나 수입할당처럼 국가의 보호적 간섭에 덜 의존한다는 점에서 시장의 메커니즘이 왜곡되는 것을 최소화할 수 있다.

아울러 국내 제조업자들이 국제 경쟁에서 생존하도록 하기 위해 수출보조금 정책을 사용한다. 이 정책은 유치산업 논리와 동일하다. 그러나 수입대체산업화 전략은 수입관세 및 수입쿼터제 등을 통해 국내산업을 보호하는 데 반해, 수출주도형 산업화전략은 세계시장에 수출을 촉진하기 위해 전략산업에 대하여 선택적으로 수출보조금을 제공한다는 점에서 다르다. 예컨대 한국은 수출중점 산업에 대해서 정책금융을 선택적으로 제공했다. 국내 생산자들은 정책금융 제도를 통해 수요와 공급 법칙에 따른 시장 대출금리보다 낮은 금리로 대출을 받을 수 있었으며, 이는 수출보조금 효과를 가져왔다 (Amsden 1989; Woo 1991).

마지막으로, 수출주도형 산업화전략은 국내제조업자들이 국내시장에 안주하는 것을 막기 위해 수입대체 산업화에서 유지했던 높은 수준의 보호관세, 수입할당제 등을 폐지한다. 이는 국내제조업자들이 세계시장으로 눈을 돌려 규모의 경제를 달성하도록 유도하기 위한 것이었다.

이러한 점에서 수출주도형산업화 전략은 수입대체산업화 전략에 비해 시장 친화적인 산업화 정책이라 할 수 있다. 실제로 IMF, World Bank 등 국제개발기구 역시 개발도상국이 수입대체 산업화보다는 수출대체산업화전략을 채택하도록 권장하고 있다(World Bank 1993). 예컨대 IMF는 거시경제적 불균형을 수정하고 시장주의적 방식을 채택함으로써 경제적 안정을 도모하도록 유도해왔다. 안정화란 인플레이션 억제, 재정적자 해소, 통화공급 억제, 경상수지의 균형 유지 등을 의미한다. 여기에 사용되는 정책도구로는 과도한 보조금 축소, 이자율 현실화, 임금억제, 평가절하 등이 있다. 한편 World

Bank는 구조조정structural adjustment 기금 대부를 통해 안정화를 이루고 자유적이며 수출지향적 경제를 추구하도록 촉진하고 있다. 이를 위한 정책도구로는 환율 자유화, 수입의 양적 규제 철폐, 관세개혁, 가격통제 철폐 등을 들 수 있다.

그런데 수출대체산업화가 시장중심적이기는 하지만 국가의 지원적 역할이 완전히 배제되는 것을 의미하지는 않는다. 국가는 선택적 간섭selective intervention을 바탕으로 아직 성숙하지 않은 수출업자들의 경쟁력 향상을 위해 시장정보를 제공하고, 투자 유치를 위해 외교적 활동을 전개하는 등 기업을 돕기도 한다. 또 이미 언급하였듯이 수출보조금과 정책금융 등을 제공하여 국내생산품이 빠른 시간 내에 국제경쟁력을 확보할 수 있도록 지원한다. 시장원리와 국가적 지원의 조합은 수출주도형 산업화전략의 핵심이다.

그러나 수출주도형 산업화전략을 추구하는 국가는 안정화 및 구조조정의 과정에서 정치사회적 저항에 직면할 수 있다. 왜냐하면 수입대체산업화전략을 추진하는 대중주의적populist 정부의 분배적 정책과 고임금 정책에 익숙해져 있던 노동부문에서 저항이 발생할 수 있기 때문이다. 한국과 브라질 등의 사례에서 나타난 것처럼 수출주도형 산업화전략으로 전환하는 과정에서 관료적이고 권위주의적인 정부가 등장하여 노동부문을 탄압하였던 것도 이러한 맥락에서 설명될 수 있다.

4) 산업화전략의 정치학적 의미

이상에서 논의한 1차상품 수출주도 성장전략, 수입대체 산업화, 수출주도형 산업화라는 세 가지 형태의 무역전략은 정치학적으로 어떤 의미를 가질까? 현실 세계에서는 이 중 어느 하나의 전략에만 집착하기보다는 실용적 절충이 필요하며, 실제로 수입대체산업화와 수출대체산업화전략은 동시에 진행되는 경우가 많다. 예컨대 한국과 브라질 등은 경공업 소비재 부문 생산에서 수출대체산업화를 추진하면서도 동시에 생산재 산업의 육성을 위해 수입대체산업화를 시행하였다. 따라서 한 국가의 전체적인 산업화 전략의 모습은 양자 중 어느 것의 비중이 더 큰가의 문제라고 할 수 있다. 그런데 양자를 병행하기 위해서는 정부의 수준 높은 거시경제관리능력, 산업정책 수립 및 집행능력이 필요하다. 양자가 추구하는 방식이 서로 상충되는 경우가 많으므로 이를 어떤 수준에서 타협하고 유지할 것인가에 관한 결정이 초기 산업발전에 있어서 가장 중요한 요소이기 때문이다.

결국, 발전 목표에 부합하는 전략을 국가가 상황에 따라 얼마나 현명하게 선택하는가 하는 점이 발전을 위한 정치학의 핵심적 주제이다. 시장주의자들이 주장하는 "getting the price right" 만이 발전을 위한 만병통치약이 아니듯이 발전국가의 "getting the price wrong" 역시 1997년의 아시아 금융위기가 보여주듯 항상 성공을 보장하는 전략이 아니다.

경제발전을 위한 전략을 선택하는 것은 단순히 경제적 선택만은 아니다. 경제이론은 이상적인 결과를 도출할 수 있는 이론적 방법을 제시할 수 있으나 이를 가능하게 할 정치적 사회적 조건이 충족되지 않고는 결코 실현될 수 없다. 결국 국가의 최종적인 선택은 정치적 토론의 결과물이며 정치적 힘이 실릴 때만이 경제정책 역시 성공적으로 수립되고 집행될 수 있다.

11
거버넌스와 **발전**

1. 거버넌스 모델의 등장

1980년대 이래 신자유주의적 조류가 확산된 결과, 국가의 후퇴와 시장의 확대가 진전되면서 학계에서는 간섭국가의 퇴조와 규제국가의 등장이 논의되기 시작했다. 특히 대처정부와 레이건정부 하에서 신자유주의적 개혁이 급격하게 진행되었던 영국과 미국에서는 복지국가가 규제국가로 대체되었다는 주장이 제기되었다. 그 증거로서 재정정책을 통한 정부의 시장 간섭 축소, 민영화 및 시장주의적 정부개혁을 통한 국가규모의 축소, 중앙은행의 독립을 통한 금융정책의 독립성 강화, 노동조합 등 사회세력의 약화 그리고 중앙정부의 통제력 강화 등이 제시되었다(Wilks 1997; Majone 1997; Vogel 1996). '작지만 강한 정부'는 신자유주의적 규제국가의 핵심적 요소이다.

그러나 국가와 시장관계를 주로 설명하는 이러한 규제국가 모델은 국가–시장–시민사회간의 3자적 관계를 규명함에 있어서는 이론적 취약성을 보여준다. 예컨대 정부가 행하는 통치과정에 대한 시민사회 부문 즉 비정부조직 또는 비영리조직 그리고 자발적 시민사회조직의 참여가 확대되는 양상을 충분히 설명하지 못한다. 규제국가 모델은 법적·제도적 민주주의를 지향하고 있어 민주주의 원리의 적용범위가 정치적 절차에 주로 집중되는 경향을 보인다. 법적·제도적 민주주의 모델은 이익집단을 포함한 사회집단의 지나친 참여를 억제하고 국가가 법과 질서를 강력하게 집행하는 것을 상정한다(Held 1987). 이는 모든 사회계층들이 공평하게 정책결정과정에 참여하는 것을 강조하는 참여민주주의 모델(Huber, Rueschemeyer and Stephens 1997)과 대비된다. 영국의 경우 거버넌스모델이 등장한 이유는 정부의 운영과정에 시장행위자들뿐만 아니라 시민사회단체 행위자들이 정부기관(특히 지방정부기관)과 네트워크를 형성하여 정책결정 및 추진과정에서 중요한 역할을 수행하고 있음을 묘사하기 위함이었다. 이는 정부가 위계적 권위를 가지고 시장과 사회를 통솔하며 모든 것을 독립적으로 처리하는 것을 상정하는 정부중심 모델, 즉 화이트홀 모델Whitehall Model과는 차이를 보인다(Rhodes 1997). 중앙정부를 통치의 유일한 주체로 상정하는 정부중심적 이론은 시장 및 사회행위자들이 통치체제에 참여하고 있는 양상을 충분히 설명하지 못한다.

규제국가 모델과 거버넌스 모델을 상호 대립적인 것으로 볼 필요는 없다. 양자 모두 국가가 모든 정책을 단독으로 처리하는 것은 더 이상 불가능하다는 데 동의하고 있다. 그러나 전자가 시민사회단체의 참여를 다소 부차적인 것으로 보고 있는데 비해 후자는 이를 보다 중심적인 것으로 간주한다. 전자가 여전히 국가와 시장관계를 주로 상정하고 있는데 비해 후자는 국가–시장–사회라는 삼자적 관계에 보다 관심을 갖는다.

거버넌스 모델이 등장하게 된 이유는 무엇보다도 사회주의권 국가들이 몰락한 이후 국내외의 정치경제적 환경이 민주주의적 거버넌스 모델의 장점을 부각시키는 방향으로 변화했기 때문이었다. 우선 경제적 발전 단계가 심화될수록 물리적 자원보다는 인적자원 그리고 사회적 자본social capital의 중요성이 강조되었다. 따라서 국가가 자원을 강압적으로 동원하여 발전을 도모할 수 있는 여지가 점점 작아졌다. 과거 국가중심 모델은 권위주의적 자율성 또는 내재된 자율성embedded autonomy을 동원하거나(발전국가) 시장에 대한 제도적 감시능력을 강화하여(규제국가) 사회 및 시장행위자들이 집단행동 문제(예컨대 무임승차나 제도의 고의적 위반)를 유발하는 것을 규제하였다. 그러나 국가의 시장규제능력의 강화는 곧 국가조직의 확대로 이어졌고 이는 경제적 비효율을 야기할 수 있었다(Putnam 1993: 164-65). 결국 사회 및 시장행위자들이 신뢰를 바탕으로 자발적으로 협조하여 집단행동 문제의 발생을 사회구성원 스스로 통제하는 것이 보다 효율적이라는 입장이 부각되었다

거버넌스란 '국가, 시장 그리고 시민사회에 속하는 행위자들이 투명하고 민주적으로 정책을 수립하고 집행하기 위해 수평적인 네트워크를 형성하여 수립한 유형 또는 무형의 제도로 구성된 통치체제'로 정의될 수 있다. 거버넌스모델은 국가–사회관계를 비양립적trade-off인 관계로 보는 국가중심주의적 시각과는 대조적으로 양자를 상호보완적이며 나아가 상호 호혜적인 것으로 본다. 즉 양자 간의 교류는 상호간의 역량을 강화시켜주는 것으로 본다(Migdal, Kohli and Shue 1994). 풍부하게 형성된 사회적 자본은 강

한 국가를 만들며 나아가 경제적 번영을 안정적으로 창출할 수 있다는 입장(Putnam 1993b)을 견지한다. 아울러 거버넌스 모델은 단순히 국가와 시장이라는 이분법적 사고에 기초한 규제국가 모델과는 달리 국가 및 시장과 더불어 제3섹터로서 시민사회집단을 추가하여 삼분법적 논리를 지향하고 있다. 거버넌스 모델은 정부와 사회 행위자들이 네트워크를 형성하여 사회문제를 공동으로 해결할 책임을 나누어 갖는 것을 상정한다(Rhodes 2000). 즉 정부와 시장의 실패를 사회적 힘을 통해 보완하려는 시도이다.

2. 거버넌스의 유형

보는 관점에 따라 거버넌스는 매우 다양하게 정의되고 있다. 로즈R. Rhodes는 거버넌스라는 용어가 사용되는 용례를 다음과 같이 일곱 가지로 정리하고 있다(Rhodes 2000).

1) 기업지배구조로서의 거버넌스Governance as Corporate Governance

   기업의 운영 및 통제방식이 공공부문에 적용되어 보다 효율적인 거버넌스를 형성하는 것을 목적으로 한다. 개방 및 정보 공개, 청렴성, 책임성을 구성요소로 제시한다.

2) 신공공관리방식으로서의 거버넌스Governance as the New Public Management

   신공공 관리론에 입각한 개혁은 작고 효율적인 정부를 만들고 공조직에 경쟁원리를 도입하며 관리조직의 자율성을 강화하여 고객으로서의 시민에 대해 서비스를 제공하는 것을 목적으로 한다.

3) 좋은 지배체제로서의 거버넌스Governance as Good Governance

세계은행은 공공서비스에서 효율성을 달성하기 위해 시장경쟁 원리의 도입, 공기업 민영화, 공무원 인원 감축, 예산 개혁, 분권화, 비정부기구의 활용등을 장려한다. 과거의 국가 주도적 방식보다는 거버넌스에 의한 방식이 보다 효율적으로 저개발국의 발전을 도모할 수 있다고 주장한다.

4) 국제적 상호의존으로서의 거버넌스Governance and International Interdependence

국제적 차원과 국내적 차원에서 국가조직들이 서로 연결되어 초국가적 레짐regime을 형성한다.

5) 사회적 인공지능시스템으로서의 거버넌스Governance as a Socio-Cybernetic System

다양한 행위자들 간의 상호의존과 공유된 목표 그리고 공적·사적·자발적 부문 간 경계완화 등으로 인해 중앙집중적 관리가 본질적 한계에 봉착하게 되는 것을 강조한다.

6) 신정치경제로서의 거버넌스 Governance as the New Political Economy

경제의 운영에 있어서 시민사회·정부·시장 간 경계가 모호해지며 이들 간의 상호관계가 보다 중요하게 부각된다.

7) 네트워크로서의 거버넌스Governance as Networks

정부가 정책형성과 집행과정을 독점한다는 가설은 더 이상 사실이 아니다. 자발적 시민단체, 기업, 지방정부 등의 행위자들이 서로 권력의존power dependence 관계를 형성하며 보다 합리적이고 효율적으로 정책결정과정을 진행한다.

이상의 논의를 종합해보면 거버넌스는 크게 두 가지의 요소를 강조하는 것으로 정리할 수 있다. 우선 거버넌스 모델은 경제적 자유화를 강조한다(World Bank 1997; Osborne and Gaebler 1993). 또 한편으로 경제적 자유화와 더불어 국가와 시장운영에 있어 민주주의적 원리를 도입할 것을 강조한다(Hirst 2000; Osborne and Gaebler 1993). 전자는 자유주의적 정향의 거버넌스 모델로 그리고 후자는 민주주의적 정향의 거버넌스 모델로 이해될 수 있을 것이다. 거버넌스 논의 초기 단계에서 영미지역을 중심으로 제시된 모델은 전자였다. 이 모델은 신공공관리New Public Management이론에 영향을 받은 바 크다. 즉 공공 부분인 정부의 운영에 있어서 시장원리를 도입하여 운영의 효율성을 제고하는 것이다. 이처럼 시장 자유화를 강조하는 거버넌스 모델은 정부의 권한을 분산화하고 공공부문과 민간부문간의 자율적 상호의존을 도모함으로써 시너지를 창출한다고 주장한다. 자유주의 거버넌스모델은 신우파적 패러다임에 영향을 받은 바 크며 규제국가모델과도 어느 정도 유사하다.

그러나 이와는 달리 후자의 모델은 공적 부문과 민간 부문의 운영에 있어 민주주의적 원리를 강조한다. 전자의 모델이 효율과 투명성, 그리고 정부의 책임성을 강조한다면, 후자는 이와 더불어 개방, 참여, 형평 등 민주적 가치를 보다 강조한다. 후자 모델은 신공공관리이론(NPM)이 공공조직의 운영에 시장원리를 도입했던 것보다 훨씬 더 광범위하고 강한 자발적 시민사회조직의 개입을 상정한다. 국가를 사회적 조직의 한 부분으로 간주하며 궁극적으로 국가조직과 사회조직 간의 수평적·유기적 연계를 중시한다. 그리고 시민사회의 정치화politicization를 기정사실화 한다(Hirst 2000). 결사체민주주의associative democracy와 심의민주주의deliberative democracy 등 참여민주주의적 요소가 깊이 내재되어 있다.

후자 모델이 상정하는 제3섹터로서의 시민사회조직은 이익집단과는 구분된다. 즉 경제적 이익을 추구하는 합리적 인간으로서의 부르조아적 시민사회보다는 공공재public good와 민간재private good에 포함되지 않는 사회적 재화social good를 추구하는 비영리적 그리고 자발적 시민조직이다. 이 모델은 참여를 매우 강조한다. 시민사회부문이 국가 또는 시장의 운영과정에 참여하는 것은 물론 양자를 감시하는 역할까지도 상정하고 있다. 나아가 형평의 원리도 강조한다. 시장주의의 확산으로 인해 사회적 양극화가 심화되는 것을 교정하고 예방하라는 자발적 시민조직의 주장이 강하게 제기되기 때문이다. 따라서 거시경제의 운영, 특히 금융 및 재정정책에 있어서는 시장주의적 성향을 보이지만 국민에게 제공되는 복지의 확대를 위해 국가의 복지재정지출이 증가하고 국민의 국정참여에 필요한 서비스를 제공하기 위해 공무원 숫자가 늘어나는 등 전반적으로 정부의 규모가 확대되는 경향이 나타날 수 있다.

두 가지의 거버넌스 모델이 효율과 형평이라는 서로 상충되는 가치를 추구하고 있음에도 불구하고 거버넌스 모델의 범주 속에서 공존할 수 있는 이유는 무엇보다도 국가의 역할을 축소하여 제한적인 정부limited government를 만드는 데 동의하고 있기 때문이다. 자유주의적 거버넌스 모델은 시장의 확대를 위해 국가의 축소를 상정한다. 반면 민주주의적 거버넌스 모델은 시민사회가 국가와 일을 분담하여 시장을 감시하거나 복지 서비스를 전달하는 데 조력할 수 있다고 상정한다. 양자는 이러한 관점에서 거버넌스의 개념 위에 공존하고 있다.

3. 민주주의와 거버넌스, 그리고 발전

앞서 논의했듯이 민주주의와 경제적 발전 간의 상관관계에 관한 논쟁은 명확한 결론을 도출하지 못하고 있다. 그런데 거버넌스 이론은 민주주의가 발전할 수 있다는, 보다 좁게는 정책결과 도출에 있어 효율을 제고할 수 있다는 가정에 기반하고 있다. 국가 중심주의 입장에서 본다면 민주주의적 원리를 강조하는 거버넌스 모델은 정책결정 및 집행과정에 있어서 거래비용이 증가하는 비효율적인 모델이다. 시민사회를 비롯한 민간 부문의 참여가 증가함으로써 정책결정과 집행에 참여하는 행위자의 수가 증가하기 때문이다. 그러나 경제적 자유화를 수반한 민주화가 진전된 정치·경제적 환경 하에서 시민사회 세력이 강력한 영향력을 보유한 정치적 행위자로 성장하는 것은 당연한 결과로 이를 무시할 수는 없다.

발전국가 하에서 실행된 불균형성장정책과 금융위기 수습과정에서 진행된 시장주의적 개혁으로 인해 계층 간·지역 간·산업 간 격차가 심화되었다. 이와 같은 불균형의 심화는 민주화의 진전을 요구하는 사회적 압력을 강화시켰고 국가주도 성장전략에 대한 정통성을 약화시켰다. 사회세력을 배제한 채 정책을 수립하는 것은 일견 효율적인 것처럼 보일수도 있지만 장기적으로는 사회적·정치적 비용을 추가로 유발할 뿐만 아니라 심지어 정책 집행 자체를 실패로 몰아갈 수도 있다. 따라서 정책 결정과정의 투명성, 사회구성원의 참여와 사회구성원 간의 신뢰 향상, 그리고 이를 바탕으로 한 사회적 자본의 축적이 보다 나은 정책적 결과를 도출할 수 있다는 주장이 대두된다.

국가중심적 이론은 국가와 사회의 관계를 상호대립적인 관계로 인식한다. 그리고 전자가 후자에 대해 권위주의적 수단을 등원해서라도 효율적으로 통제할 수 있는 능력을 확보하는 것을 발전의 관건으로 인식한다. 반면에 거버넌스이론은 사회적 자본이 풍부하게 축적되는 것이 국가가 정책을 수립하고 집행하는 데 도움이 된다고 가정한다. 국가의 능력은 사회를 통제하는 능력이 아니라 사회부문과 동맹을 형성할 수 있는 능력으로 측정되어야 한다고 보는 것이다(Migdal, Kohli, and Shue 1994). 풍부하게 형성된 사회적 자본은 강한 국가를 만들며, 나아가 경제적 번영을 안정적으로 창출할 수 있다(Putnam 1993; Grootaert and Bastelaer 2002)는 입장이다.

앞 장에서 지적했듯이 국가주의자들 특히 발전국가론자들은 국가의 시장에 대한 간섭이 시장의 거래비용을 절약할 수 있도록 해준다고 주장한다. 기존의 연구들은 동아시아국가들이 압축적인 경제성장을 달성할 수 있었던 요인 중 가장 중요한 것으로 국가가 정치적·사회적 영향력으로부터 절연된 insulated 시장간섭적 제도를 보유하고 있었다는 점을 꼽고 있다. 자칫 국가의 시장간섭이 정치사회적 영향력에 의해 오염된 채 실행된다면 간섭의 효율성이 저하되고 정당성도 확보될 수 없다는 것이다. 그러나 동아시아 국가들은 이러한 문제를 성공적으로 극복하여 시장간섭적 정책의 수립 및 집행과정을 합리적이고 효율적으로 관리할 수 있었다고 주장한다. 발전국가이론의 입장에서 본다면 거래비용의 감소는 종국적으로 경제적 효율성을 제고하는 데 기여하여 압축적 경제성장을 가능하게 한다. 설령 국가의 시장간섭이 시장 행위자들로 하여금 생산활동에 전념하기 보다는 어느 정도 지대를 추구하도록 유도한다 하더라도 총량적으로 보았을 때 거래비용의 감소로 인한 효율성 제고의 효과가 더 크다고 주장한다(Khan 1997).

그러나 이러한 주장은 효율성의 과정적 측면을 설명하는 것일 뿐 효율성의 결과에 관한 것은 아니다. 즉 정책을 결정하고 집행하는 과정상의 효율을 제고하여 투입되는 비용의 양을 절약할 수는 있을지 몰라도 그 일련의 과정을 성공적으로 이끌 수는 없다. 과정상의 효율성이 제고된다 하더라도 결과가 실패로 귀결된다면 그 효율성은 부정될 수밖에 없다. 설령 효과적으로 정책을 수립·집행했더라도 그것이 일정 시간이 지난 후 실패로 귀결된다면 이로 인해 발생하는 사회적 비용social cost은 국가간섭을 통해 절약한 거래비용을 상회할 수 있다.

발전국가론은 국가가 자신의 정책결정 과정을 정치사회적 영향력으로부터– 즉 편협한 이익을 추구하는 특별이익집단special interest group들로부터–격리시킬 수 있는 능력, 즉 국가자율성을 매우 높게 유지할 수 있었다고 주장한다. 그러나 이에 대해 근본적인 의문이 제기될 수 있다. 첫 번째 의문은 과연 국가가 정말로 정치사회적 영향력으로부터 자율적이었던가 하는 것이다. 예컨대 한국의 경우를 돌이켜보면 국가가 독단적으로 수립하고 집행한 많은 정책들이 표면적으로는 국가 관료들의 합리적인 판단에 의해 만들어진 것처럼 보이지만 실제로는 정경유착의 결과인 경우가 많았다. 정책결정에 관련되었던 정치가와 관료들은 시장행위자들의 강력한 로비에 의해 포획되는 경우가 종종 발생했다. 애국적이고 합리성으로 무장된 관료의 이미지는 강력한 중상주의적 국가에 의해 의도적으로 조작되곤 했다. 단지 정경유착의 폐혜가 권위주의적 정부에 의해 감추어졌고 객관적으로 규명되지 않았을 뿐이었다. 케인즈도 지적하였듯이 시장운영과정의 정치화는 불가피한 것이다(Carporaso and Levine 1992). 즉 경제정책이 정치적 논리에 영향을 받는 것은 당연한 현상이다. 그러나 발전국가론은 정책결정과정의 탈정치화를 주장함으로써 권위주의적 정권의 존재를 정당화하였다. 국가가 모든 정보를 장악하고 있기 때문에 가장 합리적인 결정을 내릴 수 있다고 주장하며 정치가 배제된 관리적 국가를 모색했다. 그러나 권위주의적 통치 하에서 정치의 영역이 축소되자 정책결정 과정은 고위정치인과 관료에 의해 독점되었고 제도화된 부패에 의해 침식당할 가능성 또한 높아졌다. 언론을 포함한 시민사회의 국가와 시장에 대한 견제가 작동하지 않았다.

두 번째 의문은 과연 국가의 자율성을 신뢰할 수 있을 정도로 발전국가가 합리적 판단을 도출할 수 있는 능력을 가지고 있었는가 하는 점이다. 발전국가론은 베버의 합리적 관료이론에 근거하고 있다. 베버는 관료제가 귀족제, 과두제 등 19세기 이전까지 존재하던 정체들보다도 효율적이고 강력한 제도라고 묘사했다. 그 이유는 관료제가 합리성의 원칙에 입각해서 운영된다고 보았기 때문이었다. 이러한 합리적 관료이론은 두 가지 정치사회적 조건을 요구한다. 하나는 국가의 최상위 엘리트들을 국가 부문이 독점적으로 고용할 수 있다는 점이고 다른 하나는 국가의 정보획득 능력이 시장 및 사회집단에 비해 월등하다는 점이다. 만약 이 두 가지 조건이 모두 만족된다면 국가의 정책결정은 경제적·행정적 측면의 합리성은 물론이고 심지어 정치적 측면의 합리성마저 구사할 수 있다. 예컨대 국가 균형발전을 위한 또는 계층 간 형평성을 제고하기 위한 정치적 결정도 만약 국가가 완벽한 정보를 가지고 도출한다면 나름대로 정통성을 확보할 수 있다(이연호 2008).

그러나 국가의 합리성에 대한 가설은 예컨대 한국의 경우 민간 부문의 발전이 극도로 저조하여 상대적으로 국가가 제도적 우수성을 거의 완벽하게 확보할 수 있었던 1960년대와 1970년대 중반까지는 납득될 수 있었을지 모르나 그 이후에는 종종 부정되곤 했다. 국가의 미래를 위한다는 명분으로 내려진 정치적 결정 중 많은 것에는 부정부패의 스캔들이 개입되어 있었고 합리성을 바탕으로 한 정치적 결정과는 거리가 멀었다. 기업들에게 혜택을 준 대가로 통치자들은 막대한 규모의 뇌물을 수수했고 그 밑에서 종사하던 관료들도 예외는 아니었다. 국가의 주도로 진행된 중화학공업화가 한국 경제의 발전에 기여한 바가 없지 않지만 한국의 재벌들이 지대를 추구하며 경영활동을 게을리 하고 자신들이 유발한 재정적 위험을 국민들에게 부담시키는 도덕적 해이를 저지르도록 유도한 것도 사실이다. 재벌 중심의 성장은 경제력 집중을 유발하였고 빈부 간의 격차를 심화시켰다. 이러한 문제를 해결하기 위해 국가는 1980년대와 2000년대에 산업 합리화, 빅딜, 워크아웃 프로그램을 실행했다. 여기에 소비된 재정자원은 국민의 세금으로 충당되었으며 그 결과 일반 국민들의 재벌에 대한 상대적 박탈감은 더욱 심화되었다.

한국을 비롯한 동아시아 국가들은 국가의 자율성을 확보하기 위하여 초기에는 권위주의적 통치를 후기에는 관민을 연결하는 네트워크 통치를 구사했다. 특히 내재적 자율성embedded autonomy(Evans 1995)으로 표현되는 후자의 경우는 정책결정상의 거래비용을 줄일 수 있을 뿐만 아니라 민간 부문으로 하여금 국가가 요구하는 방향으로 집단행동collective action을 유도할 수 있게 한 비결로 주목을 받았다. 그러나 학연, 지연 등 비형식적인 사회적 연계에 입각한 소위 내재적 자율성은 부패에 취약했다. 네트워크가 경제적 효율성 제고를 위해 긍정적으로 기능할 수도 있으나, 도리어 반대로 부패를 야기하거나 정책결정의 합리성을 저하시키는 부작용을 유발했다. 네트워크적 관계가 효율성을 제고할 수 있다는 주장에도 불구하고 실제로는 부패를 제도화하는 단점을 노정하였다. 고려할 수 있는 대안의 숫자를 제약함으로써 합리성을 약화시켰다.

국가중심론의 핵심이 되는 자율성가설은 경제적 자유화와 민주화가 진전되면서 부패와 비효율성의 문제에 봉착했다. 효율을 위해서는 투명성이 다소 무시될 수도 있다는 논리는 경제적 효율성의 저하는 물론이고 국가 정책의 정통성을 심각하게 훼손하는 결과로 이어졌다. 국민이 정부의 정책을 신뢰하지 않음으로 인해 통치의 위기를 유발했다.

권위주의가 발전 초기단계에서 경제적 성장에 기여하는 바가 있다는 주장이 일부 인정될 수 있을지 모른다. 이는 산업화 초기단계에 필요한 자원동원 능력에 있어서 권위주의적 정부가 우위를 보이는 경우도 있기 때문이다. 그러나 기존의 연구들은 권위주의적 정부가 지속적으로 경제적 성장을 담보할 수 있는 것인지 그리고 궁극적으로 경제적 번영을 보장할 수 있는 것인지에 대해서 명확하게 답하지 못하고 있다. 경제적으로 선진국인 국가들의 대부분은 권위주의보다는 민주주의적 정체를 보유하고 있다. 민주주의가 권위주의에 비해 경제성장을 도출함에 있어 열등하다는 경험적 증거는 없다(Przeworski, Alvarez, Cheibub and Limongi 2000).

민주주의는 정책실행 성과를 제고시킬 수 있으며 따라서 민주적 정체가 정치경제적 발전에도 기여할 수 있다는 것이 거버넌스모델의 주장이다. 민주주의는 경제적 번영과 제도적 친화성을 보이기 때문에 민주주의적 원리에 기반한 거버넌스가 권위주의적 발전국가에 비해 보다 우수한 정책성과를 도출할 수 있다는 것이다. 거버넌스 모델이 국가주의 모델에 비해 보다 월등한 정책 성과를 도출할 수 있음을 주장하는 근거는 시민사회와 사회적 자본의 존재이다.

거버넌스이론은 자발적 시민사회의 힘을 바탕으로 국가와 시장이 정치적·경제적 권력을 독점하지 못하도록 분산시킨다고 상정한다. 사회의 공공적 가치를 추구하는 시민사회는 국가의 공권력이나 세속적 물질에 기반한 상업적 권력을 견제한다. 공공적 가치의 예로는 인권, 환경, 정부의 책임성, 투명성, 법의 공정한 적용과 집행 등을 들 수 있다(Kjær 2004; Smith, 2007). 이러한 것들은 공적 영역을 주관하는 국가나 사적 이익을 주도하는 시장이 객관적으로 대응할 수 없는 주제들이다. 이러한 주제들을 다루기 위해서는 국가와 시장을 둘러싼 사회 전체의 이익을 고려하는 사회세력, 특히 자발적 사회집단의 참여가 필요하다. 자발적인 사회집단은 사적 이익을 추구하지 않는다는 점에서 집단의 특별한 이익을 추구하는 이익집단과 구분된다.

거버넌스 모델은 이처럼 공공적 가치를 추구하는 시민사회조직들이 정부의 관료조직이나 민간부문의 시장행위자들에 비해 보다 효율적으로 정책을 수행할 수 있다고 주장한다. 이러한 주장의 논리를 보다 구체적으로 살펴보면 다음과 같다. 예컨대 정부의 서비스 제공service delivery업무는 보통 전문적인 관료조직 또는 정부가 도급계약한contract out 민간사업자들이 수행한다. 만약 정부의 관료조직이 서비스 제공업무를 직접 전담할 경우 정부의 조직은 비대해질 수밖에 없다. 이는 또 필연적으로 비용을 증가시킬 것이며 결국 투입 대비 산출의 효율은 하락하게 된다. 이에 대한 대안으로서 민영화 등을 통해 민간사업자에게 도급을 제공하는 방안이 도입되었지만 이 방법 역시 궁극적으로 비용의 저하를 이끌어 내지는 못했다. 그 이유는 정부업무를 하도급함으로써 당장 정부의 예산을 줄일 수는 있었지만 민간사업자들을 감시하는 규제와 제도의 수립 및 운용을 위한 새로운 비용이 발생했기 때문이다.

반면 민주적 정통성을 보유한 자발적 시민사회조직이 서비스 제공업무에 투입될 경우 정부의 예산 및 규제에 소요되는 비용을 절약할 수 있으므로 보다 개선된 정책 성과로 이어질 수 있다(Hirst 2000: 20-21)고 거버넌스이론은 주장한다. 지역 사회와 밀착된 시민사회 조직들은 전문적이고 관료적인 조직들에 비해 서비스 수혜자들에 대해 보다 강한 사명감을 가지고 있고, 문제를 더 잘 이해하고 해결하며, 보다 창의적이고 융통성있게 사업을 전개할 수 있는 능력을 보유하고 있다(Osborne and Gaebler 1993: 65-70). 따라서 시민사회조직은 정책 성과를 개선하는 데 긍정적으로 기여할 수 있으며 나아가 발전을 도모하는 일에 기여할 수 있다.

시민사회와 더불어 거버넌스의 발전요인으로 지적될 수 있는 개념은 사회적 자본social capital이다. 사회적 자본이란 신뢰, 규범, 네트워크 등과 같이 협조를 도모함으로써 사회의 효율성을 제고할 수 있는 사회조직의 제(諸) 양상들을 지칭한다(Putnam 1993: 167). 신뢰가 구축된 사회는 정치사회적으로 안정되어 있어 정책을 결정하고 집행하는 과정이 안정될 뿐만 아니라, 시장에서 거래비용을 감소시켜 경제적 번영을 가능케 한다(Fukuyama 1995; Knack 2002). 여기서 신뢰란 자발적 공동체의 공통적 규범 및 가치를 공유하여 어떤 강제력이나 벌칙 없이도 공동의 목표와 가치가 있기 때문에 더욱 자발적으로 협력을 하는 것을 의미한다(Fukuyama 1995). 퍼트남R. Putnam은 협력이 활성화된 사회에서는 설령 특정한 집단이 집단행동collective action을 취하더라도 다른 집단에 손실을 끼치지 않는다고 주장한다. 그 이유는 특정 그룹 내에서 협조하는 것에 익숙해진 개인들은 타그룹의 사람들에게도 전이될 수 있는 광범위한 혜택greater good을 위해 기여할 수 있는 습관habit과 태도attitude를 습득하게 되기 때문이다(Putnam 1993; Knack 2002: 44).

풍부하게 축적된 사회적 자본은 사회구성원들의 무임승차free-riding문제를 예방하여 비용을 절감할 수 있다는 점에서 발전에 기여할 수 있다. 제3자에 의한 통제, 예컨대 국가의 강제력coercive enforcement에 의한 통제를 통해 무임승차문제를 해결하는 것은 비용의 측면에서 효율적이지 못하다

(Putnam 1993: 164-5). 위에서 일부 언급한 것처럼 국가가 사회를 감시하고 통제하기 위해서는 국가의 기구가 확대되어야 할 것이기 때문이다. 국가의 규제 능력에 전적으로 의존하여 무임승차를 도모하는 개인을 감시하는 모양으로 제도가 설계되어서는 경제적 효율성을 제고할 수 없다.

반면 사회 구성원들이 신뢰를 가지고 상호 간에 협조하도록 유도하는 제도가 만들어진다면 효율성은 제고될 것이다. 사회적 자본, 즉 신뢰와 규범 그리고 견고한 네트워크로 엮어진 사회조직 속에서 개인은 무임승차하려는 욕구를 자제할 수밖에 없을 것이다. 만일 규범을 위반한다면 사회구성원들에 의해 조직으로부터 배척당할 것이기 때문이다. 특히 이러한 공동체 및 네트워크 내의 비공식적인 상호감시와 제재는 후쿠야마가 말하는 저신뢰사회에서 협력을 유도하는 중요한 근거가 될 수 있다(Fukuyama 1995; Yamagishi et al. 1998). 아울러 언급할 것은 조직을 형성하는 네트워크는 가족과 같이 사적personal 협조관계에 입각한 것이 아니라 탈개인적impersonal 협조관계에 입각한 것이어야 한다는 점이다. 혈족 이외의 사람들을 신뢰하지 않고 따라서 협조하기를 거부한다면 극도로 분자화된 개인들이 존재하는 상태와 마찬가지로 국가의 강력한 강제력만이 무임승차를 예방할 수 있는 유일한 수단이 될 것이다. 그러나 개인들이 자발적 시민조직 내에서 활동함으로써 조직 내부로부터 신뢰를 획득하고 나아가 조직들 상호 간에 신뢰를 구축하여 비록 혈족관계가 아닌 상대와도 협조할 수 있다면 '신뢰'라는 사회적 자본이 축적될 수 있다.

12
저발전이론

저발전이론은 자본주의 경제체제에 대한 불만과 비판에 기초해 있다. 자유주의적 시장경제이론이 약속했던 시장을 통한 부의 확산trickle down효과는 나타나지 않고 오히려 자본의 노동에 대한 착취가 발생했다는 것이다. 저발전이론은 자본주의체제 하에서는 자본이 노동을 지배하는 것이 구조적으로 불가피하다고 주장한다. 또한 이 이론은 시장에 대한 불신을 가지고 있다. 시장의 실패가 너무 분명하기 때문이다. 가격조절장치는 독점이나 외부효과로 인해 왜곡되기 쉬우며 따라서 그릇된 신호를 보내는 경향이 있다. 그러므로 개발도상국들은 자신의 운명을 시장에 맡기기보다는 국가의 계획에 의해 발전시켜야 한다고 주장한다.

1. 식민지이론Colonialism

저발전이론으로서의 식민지이론은 상업자본주의론, 식민주의론 그리고 신식민주의론으로 구성된다. 이 이론은 자본주의의 초기 형태인 상업자본주의의 활성화로 인하여 아프리카를 비롯한 저발전지역의 발전자원이 고갈되었고 이로 인해 저개발국들이 빈곤에서 탈출하지 못하고 있다고 주장하면서 선진 자본주의국가의 책임을 제기한다.

먼저 상업자본주의merchant capitalism는 유럽의 제국들이 교역을 통해 세력을 팽창하고 자본의 축적을 시도하던 16–18세기의 초기 자본주의 양식을 지칭한다. 중상주의적 발전전략을 모색하던 정치세력과 결탁한 상인들은 아프리카, 아시아 그리고 아메리카를 대상으로 국제교역을 시도하였다. 이들은 주로 신대륙 원주민들에게 공산품을 수출하고 원자재를 수입하여 막대한 이익을 취했다.

당시 교역 품목 중에 중요한 비중을 차지한 것이 노예였다. 영국을 비롯한 유럽의 상인들은 무기나 직물을 서아프리카의 족장들이 확보한 노예와 교환했다. 이들은 노예를 대서양 건너편의 카리브해지역이나 미국의 농장에 넘기고 그 대가로 받은 설탕과 면화 등 농산물을 싣고와 유럽에서 높은 이윤을 남겨 팔았다. 이처럼 노예교역은 삼각 무역이었는데 매 단계마다 높은 이윤이 발생했으며 최후의 수혜자는 유럽국가들이었다. 유럽으로 실려온 농산물들은 정제 및 처리과정을 거치게 되었는데, 이로 인해 산업적 발전을 촉진하는 결과를 낳았다. 대서양을 넘나드는 노예교역은 유럽의 자본주의적 발전을 촉진시키는 역할을 했지만 아프리카 지역에는 매우 부정적인 결과를 초래했다는 것이 식민지이론의 주장이다.

우선 지적할 수 있는 문제는 노예교역으로 인해 아프리카 인구의 증가가 훨씬 더디게 진행되었다는 점이다(Webster 1990: 71-73). 인구증가는 사회 및 경제적 발전의 매우 중요한 요소이다. 또한 노예 교역에 참여한 상인들은 아프리카 지역의 전통적 지배구조에 혼란을 야기했다. 예컨대 이들은 지배계급의 협상력을 약화시키기 위해 의도적으로 피지배계층을 지원했다. 이러한 상황이 지속되면서 아프리카 왕국의 정치적 권위는 파편화되었다. 결국 아프리카 사회의 이원화가 심화되었고 외세에 의해 내부의 정치적 구조가 결정되는 취약성을 노출했다. 아울러 아프리카 경제의 외국 의존도도 심화되었다. 식민지의 화폐는 신뢰를 상실했고 결국 식민모국의 화폐로 대체되었다. 식민지역에서는 소수의 지배엘리트들이 등장하였는데 이들은 식민모국의 상인들과 결탁되어 있었다. 이들은 식민지를 식민모국의 공산품 판매를 위한 수입시장으로 만드는 데 결정적으로 기여했다. 그 결과 식민지와 식민모국 간의 정치적·경제적 결합이 심화되어 중심부와 주변부의 관계로 귀착되었다. 이처럼 전세계적 자본주의 관계가 형성되게 된 시발점이 16세기부터 본격적으로 시작된 상업자본주의였다.

19세기에 등장한 식민지이론Colonialism은 상업자본주의론의 후속 모델이라 할 수 있다. 물론 식민지화 현상은 이미 16세기부터 급격히 진전되었다. 스페인과 포르투칼이 남미에 봉건적 영지를 개척했고, 이어 영국은 18세기 인도의 벵골지방을 중심으로 식민지를 건설하기 시작했다. 이러한 식민지화 현상은 아래에서 기술할 제국주의화 현상 그리고 영국을 중심으로 시작된 산업혁명과 연관되어 있다.

위에서 언급한 상업자본주의는 상인들이 해외에 진출하여 공산품을 수출하고 원자재를 수입하는 단순교역 차원의 현상이었다. 그런데 근대국가

수립과정의 초기단계에 들어선 유럽국가들이 중상주의적 정책을 너도나도 실시하여 국부의 확대를 꾀함에 따라 유럽지역은 물론 신대륙에서도 국가 간 경쟁이 심화되기 시작했다. 따라서 자본주의의 형태도 교역 중심의 상업자본주의에서 19세기에 들어 산업혁명이 본격화됨에 따라 제조업 중심의 자본주의로 변화했다. 해외시장 경쟁에서 우위를 점하기 위해서는 단순히 원주민 또는 현지 정착 유럽인들이 생산한 원자재를 구매하여 수입하는 것만으로는 부족했다. 따라서 유럽국가들은 신대륙 현지에 효율적인 생산조직을 구축하고 원자재에 대한 통제를 보다 견고하게 하고자 했다. 유럽제국에서는 공업화가 급격하게 추진되고 있었고 새로운 상공업계층이 부상하고 있었다. 이들은 상품으로 가공할 원자재를 절실하게 필요로 하고 있었으며, 이들과 결탁한 정치세력 역시 국가의 힘을 증대시키기 위해서는 보다 직접적인 통제가 가능한 식민지가 필요했다.

1600년대부터 영국, 네덜란드, 프랑스 등이 동양의 국가들과의 교역을 추진하기 위해 만든 동인도회사는 상업자본주의의 전형적 형태라 할 수 있다. 이들은 표면적으로 상업적 회사의 성격을 가졌으나 실제로는 국가를 대신하여 정치적·군사적 대리인의 역할을 수행하기도 했다. 그러나 이러한 간접적 방식만으로는 식민지 확보를 위한 국제적 경쟁에 충분히 대응할 수 없었다. 국가의 직접적 개입이 필요했다.

식민지화 현상의 급격한 확산은 19세기 중반에 프랑스를 필두로 시작한 후기산업화 현상과도 밀접한 관련을 가지고 있다(Webster 1990: 74). 소위 후발산업화 국가들은 당시 세계 최강의 국가였던 영국의 자유무역론에 대항하여 보호무역주의를 표방했다. 이들은 해외에서 자신들의 시장이 영국에 의해 침탈되는 것을 막고 독점적인 자원공급처를 확보하고자 했다. 자신들이 관리하던 해외 영토를 단순히 시장으로 간주하기보다는 자국의 영토의 일부분으로 만들고자 했다. 그리하여 유럽제국들은 현지의 주권자들과 협의를 거치지 않고 해당 영토를 직접적으로 통치하기 시작했다. 이 단계에 들어서면 해당 영토의 확보를 통해 당장 이익이 산출될 수 있는지의 여부는 그다지 중요하지 않았다. 게다가 식민모국의 경제에 진정한 의미의 도움이 되는지에 대한 고려도 분명치 않았다. 그럼에도 불구하고 유럽의 국가들의 식민지 확보 경쟁은 아프리카와 아시아 지역에서 치열하게 전개되었다. 새로운 지배구조를 만들고 운영하기 위해서 엄청난 양의 재원을 투입했다. 목적이 분명치 않는 식민지 확보 경쟁이 진행되었던 것이다.

이러한 식민지주의는 저개발국들의 발전에 있어서 상당한 해악을 미쳤다(Webster 1990: 75-78). 첫째 일단 식민지화된 영토들은 식민모국의 시장인 동시에 원자재 산출지로서 운명지워졌다. 국가를 대변하여 활동하던 독점적 무역회사(예컨대 동인도회사 그리고 서아프리카의 Royal Niger Company)들은 정부로부터 정치적 나아가 군사적 권한까지 부여받아 현지의 주권 수호세력을 무력화시켰다. 현지인들은 토지를 소유하고 경작할 수 있는 권한을 제약당했다. 경작할 작물의 종류도 현지의 필요와는 거리가 먼 유럽의 필요에 의해 결정되었다. 그 결과 식민지 현지에서는 기근이 일반화되는 경향이 발생했다.

둘째로 식민지인들의 임금노동자화가 촉진되었다. 식민모국들은 현지에서 원자재를 채취하고 농장을 경영하기 위해 많은 수의 노동력을 필요로 했다. 때로는 식민지들 간의 노동 이동이 발생할 만큼 그 규모는 매우 방대했다. 식민모국인들은 상층부의 지위를 차지하고 피식민지인들은 단순 노동업무에 투입됨으로써 인적 자원을 개발하고 축적하는 데 불이익을 받을 수밖에 없었다.

셋째로 식민지화 현상은 토착 자본과 토착 엘리트의 형성을 저해하는 결과를 초래했다. 식민지에 건설된 법과 제도는 식민모국의 것을 기본으로 하고 현지의 사정을 부분적으로 수용한 것이었다. 토착적인 제도와 관습은 전근대적이고 열등한 것으로 치부되었다. 따라서 토착자본과 엘리트들은 식민모국이 주축이 되어 구축한 조직들과 경쟁하는 것조차 허락되지 않았다. 이러한 상황이 지속되면서 식민지 국가들은 이원적으로 분화되는 현상을 경험하게 되었다. 즉 한 국가 내에 식민모국의 영향을 받는 상층부 중심의 국가와 그에 반발하는 토착세력 중심의 전통적 국가가 공존했다. 이러한 분화현상은 근대국가의 성립에 있어서 핵심적 요소인 통합을 성취하는 데 구조적인 제약으로 기능했다. 물론 영국을 비롯한 일부 국가들은 토착세력의 기득권을 인정하는 정책을 취하기도 했지만 그 전제는 식민모국의 자본주의적 이해관계에 부합하는 경우에 한정되었다. 예컨대 영국은 인도에서 영구정착법Permanent Settlement Act을 공포하여 토착세력에게 재산권을 확보해 주는 정책을 폈다. 그러나 이러한 결정이 피식민국들의 이해보다는 식민모국의 이해에 초점이 맞추어져 있다는 점에는 차이가 없었다.

한편 1960년대 아프리카 가나의 민족주의적 정치지도자였던 엔크루마Kwame Nkrumah가 쿠데타에 의해 정권에서 축출된 것을 계기로 신식민주의neo-colonialis라는 용어가 통용되기 시작했다(Cooper 2002: 85). 그가 추진한 민족주의적이고 사회주의적인 정책이 외국의 기업의 지원을 받는 자본주의 세력의 반발을 사 결국 그는 군사 쿠데타에 의해 축출되었다. 바로 이와 같이 서구 세력이 정치적 힘을 직접 동원하지 않고서도 사회경제적인 영향력을 이용하여 약소국들을 통제하는 현상을 묘사하는 용어가 신식민주의이다.

신식민주의이론은 서구 선진국들이 제3세계의 국가들을 독립시킨 것이 그들의 자존을 인정하는 자비로운 행동에서 비롯된 것이 아니라고 주장한다. 1960년대부터 1970년대까지 신생국들이 독립을 성취하고 UN의 주권국으로 인정받았지만 이 같은 현상은 오히려 선진국들이 활용할 수 있는 비정치적 영향력이 이미 충분히 확보되었음을 반증하는 것이라고 주장한다. 신식민주의에서 특히 관심을 끄는 것은 바로 미국의 다국적 기업들이었다. 미국의 다국적기업들은 별다른 제약 없이 노동임금이 싼 저개발국들을 중심으로 기업을 확장했다. 이들은 전세계적인 조직을 활용하여 원자재생산에서 가공 판매에 이르는 자본 집중과 수직생산 계열화를 시도했다. 그 결과 전세계의 주요 생산시설이 수백 개의 다국적 기업에 의해 장악되는 결과를 낳았다. 신식민주의란 이처럼 국가가 직접 나서지 않으면서도 기업을 통해 사회경제적인 영향력을 행사하여 약소국을 통제하는 현상을 묘사하는 것이다.

상업자본주의와 식민주의 그리고 신식민주의이론은 자본주의의 확산을 통해 서구 선진국들이 제3세계의 신생 약소국을 사실상 장악하는 현상을 설명하는 역사적 이론이다. 이 이론들의 기본적인 시각은 맑시즘과 맥락을 같이 한다. 이를 보다 이론적으로 정교화한 이론으로서 제국주의론과 종속이론, 그리고 세계체제론을 살펴볼 필요가 있다.

2. 제국주의론

제국주의이론을 제시한 대표적인 인물은 홉슨John A. Hobson 1858-1940과 레닌Vladimir Lenin 1870-1924이다. 먼저 홉슨은 19세기 영국이 주도하던 자유교역원리를 비판하면서 국제적인 분업관계는 비교우위의 관계가 아니라 착취의 관계라고 주장했다. 그는 19세기 자본주의가 과잉생산overproduction, 노동계급에 의한 저소비underconsumption, 그리고 자본가의 과잉저축oversaving이라는 세 가지의 문제에 봉착했다고 보았다. 이 상황에서 자본가들은 과잉생산된 상품을 소비하고 이윤을 확보하기 위해서 식민지에 대한 투자를 시도했고 이것이 제국주의라는 형태로 나타났다는 것이다(Hobson 1938). 그런데 중요한 문제는 제국주의가 자국 전체의 이익을 초래하는 것이 아니라는 점이었다. 그는 이익을 얻는 것은 산업가나 금융자본가, 그리고 식민지 현지 간부 등 지배계층에 불과하다고 보았다. 홉슨의 이론은 이러한 맥락에서 제국주의를 국가 간 전쟁의 주요 원인으로 간주하고 있다.

레닌의 제국주의 이론은 홉슨의 것과 약간 다른 주장을 전개한다(Lenin 1939: ch.1). 이 이론은 자본주의의 국내적 모순이 제국주의를 매개로 국제화되고 있음을 강조한다. 레닌은 제국주의는 독점의 결과라고 주장했다. 국내시장에서 대기업의 독점이 경제의 주요 부문을 지배하고 그 결과 규모가 작은 기업들은 도태될 수밖에 없다. 작은 기업들은 새로운 투자선을 구축하기 위해서 해외시장을 개척해야 하는 국면에 도달한다. 게다가 시장이 확대됨에 따라 원자재 투입이 원활해질 필요성도 증가한다. 결국 국내에서 도태된 중소 자본이 해외로 진출하면서 제국주의가 등장하게 된다는 것이 레닌의 설명이다. 그의 이론은 왜 프롤레타리아 혁명이 산업화가 진행된 유럽국가들에서 불발되었는가 설명하는 데 유용하다. 레닌은 제국주의에 의해서 유럽의 노동자들도 어느 정도 이익을 얻게 되었다고 분석한다. 예컨대 노동자들이 국내에서 박탈당한 지위를 해외로 진출하여 제국주의의 전위대 역할을 함으로써 회복할 수 있었다는 것이다. 유럽제국들이 맑스가 예견했던 계층 간의 갈등을 극복하고 국내 안정을 누릴 수 있었던 이유도 여기에 있다고 보았다.

3. 종속이론과 세계체제론

종속이론은 1950년대와 1960년대 초반 유엔(UN) 남미경제위원회ECLA: Economic Commission for Latin America, 1947년 설립가 왜 남미와 기타 제3세계는 발전을 달성하지 못하는가라는 문제에 대한 해답을 모색했던 시도에서 비롯되었다. ECLA의 학자들은 당시 주류 경제이론으로 등장한 자유주의적 이론들이 라틴아메리카의 저발전 현상을 적절하게 설명하지 못할 뿐 아니라 심지어 소득격차가 심화되는 현상을 마치 당연한 것으로 치부하고 있다고 비판하였다. 이들은 선진국들이 제시했던 근대화 이론의 예측이 성취되지 않았다고 역설했다. 근대화이론과 신고전주의적 발전이론은 저발전국들이 선진국들을 상대로 자유교역을 실행하고 국제분업에 참여하면 자본주의의 혜택이 발전국에서 저발전국들에게로 '흘러내릴 것trickle down'이라고 주장한 바 있다. 그러나 이처럼 낙관적인 현상은 발생하지 않았다. 오히려 양차대전 기간 동안 남북 간 교역이 중단되어 북반구로부터 남반구에로 공업제품의 수출이 중단되자 공업화의 기반을 결여한 남반구의 국가들은 심각한 고통을 겪었을 뿐이었다. 종속이론은 근대화이론이 국제정치경제적 요인을 간과하고 있다고 비판하면서 불평등한 교역조건 하에서 실행된 자유무역에 대한 회의를 표명하였다.

ECLA의 연구팀을 주도한 것은 위원장을 맡고 있던 프레비쉬Raul Prebish였다. 그는 교역조건 악화가설the deterioration of the terms of trade을 제시했는데 이 가설은 ECLA에 참여한 사회과학자들에게 전반적으로 큰 영향을 미쳤다. 교역조건 악화가설이란 남반구의 국가들이 북반구의 국가들과 교역할 때 교역조건이 점차로 악화되는 경향을 보인다는 것이다. 이는 남반구의 개발도상국들이 수출하는 원자재의 상대적 가격이 북반구의 선진국으로부터 수입하는 공산품의 가격에 비해 상대적으로 하락했기 때문이다. 또 선진국에 강력한 노조가 존재하고 공산품시장이 북반구 공업국에 의해 독점되면서 노동자의 임금은 높아진 반면 생산성 향상으로 인한 상품가격의 하락은 발생하지 않아 나타난 것이다. 게다가 북반구 국가들이 보호무역주의를 강화함에 따라 남반구로부터의 수입은 더욱 감소하게 되었다. 북반구의 농업은 기계화를 통해 더욱 생산성이 향상되고 적도지역에서 생산된 농산품에 대한 관세는 강화되었다. 반면에 남반구에서는 실업의 만연 그리고 노동조직의 약화가 원자재 생산시장의 경쟁심화와 맞물리면서 생산성의 향상에도 불구하고 노동자의 임금이 상승하기는 커녕 오히려 원자재 가격의 하락만 발생했다. 북반구 국가들의 남반구 국가산 원자재에 대한 수요는 임금에 대해 비탄력적이라는 특성이 불리하게 작용했다. 남반구 국가에서의 원자재 생산증가는 소비 증가보다는 가격의 하락만을 유발했을 뿐이었다. 아울러 북반구의 공업국들이 남반구산 원자재를 대체할 수 있는 대체제를 개발하는 데 성공함에 따라 이러한 현상은 더욱 심화되었다는 것이 교역조건 악화가설의 요지이다(Gillis, Perkins, Roemer, and Snodgrass 1987: 420-421).

전 세계적 정치경제구조를 중심center과 주변periphery으로 이분화하여 이해하는 ECLA의 이론적 정향은 구조주의적 성격을 강하게 내포하고 있었다. 즉 중심과 주변의 관계는 국제교역을 통해 재생산되며 주변부의 문제는 전 세계적 경제구조의 시각에서 이해되어야만 한다는 입장을 보였다. 아울러 이들은 역사주의적 방법론을 차용했다. 라틴아메리카의 경제가 선진개발국의 경제체제에 편입된 것은 식민시대에 식민모국을 위한 생산기지로 자리매김되었던 것에 기인하며 애초에 발전전략으로서 원자재 수출중심 발전모델을 차용했었던 것도 바로 이러한 맥락에서 결정된 것이라고 주장했다(Kay 1989: 27).

ECLA연구팀은 라틴아메리카의 경제발전을 위한 대안으로서 국가의 역할을 강조하면서 수입대체산업화를 통한 내부지향적 발전전략을 제안하였다. 그러나 이 전략은 후일 여러 가지 심각한 문제, 그 중에서도 특히 발전의 과실이 대다수의 민중은 배제한 채 소수 자본가의 손에 집중되는 현상을 유발하여 오히려 소득격차를 심화시켰다는 자체 분석에 따라 포기되었다.

또한 ECLA의 구조주의 이론은 케인지안적 성격을 강하게 내포하고 있었다. 발전을 성취하는 방법으로서 국가의 역할을 강조하면서 정부의 재정지출확대 정책을 강력하게 제안했다. 이는 재분배를 통한 성장redistribution with growth전략이라고 할 수 있는데(Kay 1989: 28) 후일 1960년대 중반부터 브라질을 필두로 군부가 주도하는 관료적 권위주의 정권이 등장하여 통화주의적 경제정책을 시행할 때까지 유지되었다.

1960년대와 1970년대를 풍미했던 종속이론은 주요한 이론적 가정들을 ECLA의 구조주의로부터 차용해 왔으며 개혁주의적 종속이론진영과 급진주의적 또는 맑시스트적 종속이론진영 등 두 개의 그룹으로 나뉘어 발전했다. 전자의 진영에 속한 학자로는 카르도소Fernando Cardoso, 팔레토Enzo Faletto, 선켈Osvaldo Sunkel, 푸르타도Celso Furtado 등이 있고 후자에는 마리니Ruy Marini, 산토스Theotonio Dos Santos, 프랑크Andre Gunder Frank 등이 속한다. 후자는 전자에 비해 다소 과격한 이론적 입장을 보여주고 있다. ECLA의 발전주의자들이 제시한 수입대체산업화 전략이 소득격차를 심화시키고 오히려 종속을 심화시켰다고 주장했다. 게다가 토착 부르주아들이 민족주의와 민중주의 간에 동맹이 형성되는 것을 탄압하기 위해 권위주의적 대안을 모색하였음을 지적하면서 민중주의적 개혁을 통해 국제경제체제를 개혁하는 것은 불가능하다고 강조했다. 이들은 궁극적으로 종속에서 탈피하고 저발전을 극복하기 위해서는 사회주의적 혁명이 필요하다고 주장했다(Kay 1989: 127).

개혁주의적 종속이론가 중 가장 대표적인 학자인 브라질의 카르도소는 종속이론에 관한 저작을 가장 처음 출판한 학자 중 한 명으로 알려져 있다. 그는 라틴아메리카 국가에서 이루어지는 발전이란 다국적 기업으로 대표되는 국제적 자본에 심각하게 의존하는 종속적 성격의 발전이라는 연합적 또는 종속적 발전associated-dependent development의 명제를 제시했다(Cardoso 1973: 143; Cardoso and Faletto 1979). 카르도소의 이러한 명제는 1964년 쿠데타가 발생한 이후 브라질에서 높은 수준의 경제적 성장이 달성된 것에 착안하고 있다. 새로이 등장한 군부정권은 민중주의적이고 민주적인 동맹을 제거하고 다국적기업, 국영기업 그리고 토착 부르주아로 구성된 새로운 동맹을 형성하였다. 이 동맹은 매우 관료적이고 권위주의적 성격을 갖는데 이로 인해 국가와 시민사회의 연계가 약화되고 정당의 국가에 대한 자율성도 낮아졌다.

카르도소는 특히 중화학 공업분야에서 국가와 더불어 핵심적 투자자의 역할을 담당했던 다국적 기업의 역할이 강화되는 현상에 주목했다. 다국적 기업들이 일국의 국내시장에 침투하여 경제의 중추를 장악함으로써 정책결정과정에서 국가부문이나 국내자본보다도 오히려 강력한 영향력을 행사했다고 보았다. 이들은 국제분업체계에 주변부국가의 산업들을 편입시켜 자신들의 이익과 종속국의 내부적인 번영을 함께 도모하는 전략을 구사했는데 그 결과 주변국들이 어느 정도의 성장을 달성할 수는 있었다. 그럼에도 불구하고 주변국들은 다국적 기업들이 보유하고 있는 기술과 자본에 대한 의존으로 인해 궁극적으로 자립적인 발전을 달성할 수 없었으며, 발전을 성취했다 하더라도 종속적 발전의 한계를 벗어날 수는 없었다는 것이 그의 주장이다 (Cardoso 1973: 149; Cardoso and Faletto 1979).

카르도소의 견해는 종속의 상황이 심화될수록 발전은 저하되며 종속이 약화되어야 발전이 성취될 수 있다는 프랑크의 견해와는 대비되는 것이다. 그는 연합적-종속적 발전의 가능성이 있는 한 사회주의로의 전환 가능성은 낮다고 보았다. 사회주의로 발전하기 위해서는 민중주의와 민족·대중주의적 요구와 노동계급의 투쟁이 맞물려야 하는데 이는 현실적으로 실현되기 어렵다고 주장했다(Cardoso and Faletto 1979: 213).

한편 급진주의적 종속이론 중에서 주목할 만한 것은 마리니의 과착취 over-exploitation 또는 초착취super-exploitation라는 개념이다. 과착취란 노동자가 적정 임금 이하의 보수를 받게 되는 상황을 의미한다(Kay 1989: 145). 구체적으로 노동의 시간이 연장되거나, 생계유지가능선 이하의 임금을 받거나, 작업의 강도가 강화되는 상황을 의미한다. 이러한 과착취가 발생하는 이유는 주변부의 이익률이 하락하자 자본가들이 이를 보상받기 위해 노동자에 대한 착취를 강화하기 때문이다. 마리니는 불평등교환의 개념을 에마뉴엘Arghiri Emmanuel로부터 차용함으로써 이익률이 하락하는 이유를 설명하였다. 에마뉴엘은 불평등교환가설이 교역조건 악화가설에 비해 왜 선진국이 저발전국의 자본을 일방적으로 착취할 수 있는지 다시 말해 후자에서 전자로 자본 이동이 일방통행화하는지를 보다 잘 설명할 수 있다고 주장했다 (Emmanuel 1972). 그는 발전국은 공산품만 수출하고 저개발국은 원자재만 수출한다고 보는 것은 오류라고 지적했다. 그보다는 낮은 인건비로 인해 저개발국은 상품가치 대비 더 많은 노동력이 투입된 상품을 수출하고 개발국은 노동력이 덜 투입되면서도 고부가가치인 상품을 생산하여 교환하게 되는데 이것이 불평등의 원인이라는 것이다. 이러한 불평등교환으로 인해 자본은 주변에서 중심으로 흡수된다. 교역조건이 악화되는 것은 일개 상품에 대해 그렇게 되는 것이 아니라, 국가 전체를 대상으로 악화되는 것이라고 그는 주장했다. 이에 착안하여 마리니는 남반구의 국가들이 막대한 양의 1차상품을 중심부로 수출하고서도 저발전 상태에 머물 수밖에 없었다고 주장했다. 특히 중심부에서 산업화를 추진하는 과정에서 이익률이 하락하자 주변으로부터 더욱 싼 가격에 수입을 시도했는데 이는 결국 주변부 노동자의 임금을 더욱 열악하게 만들었다고 보았다.

급진주의적 종속이론의 다른 한 축을 구성하고 있는 프랑크Andre G. Frank는 제국주의적 자본주의는 주변부에서 오직 저발전만을 조장할 것이라고 주장한다. 중상주의적 해외식민지 개척이 전개된 16세기 이래 중심부의 국가들은 주변부국가의 경제적 잉여를 착취했다. 그 결과 중심부 국가들은 발전하였으나 주변부국가들은 저발전의 굴레에서 벗어날 수 없었다. 현재의 발전국들은 과거에 미개발된undeveloped 적은 있을지언정 어느 시기에도 저발전underdeveloped되었던 적은 없다고 그는 주장한다. 이러한 저발전의 상황은 과거로부터 진행되어온 개발국과 저개발국 간의 역사적 관계에서 파생된 것으로 보았다. 이러한 맥락에서 그는 다섯 가지의 가설을 제시했다(Frank 1979: 112-113).

1) 중심부metropolis는 발전하고 주변부 또는 위성부satellite는 저발전 하는 경향이 있다.
2) 주변부는 중심부와의 관계가 가장 빈약할 때 최대의 경제발전과 자본

주의적 공업발전을 경험했다. 중심부가 위기에서 회복하면 주변부는 다시 저발전의 상태에 돌입한다.

3) 오늘날 가장 저발전되고 봉건적인 것처럼 보이는 지역이 과거에는 중심부에 가장 밀접한 관계를 유지했던 지역이다.

4) 저발전지역의 토지들은 세계시장의 요구에 의해 상업적으로 발전했다.

5) 대규모 토지들이 후진적이고 봉건적인 성격을 갖게 된 이유는 중심부가 이를 저버렸기 때문이다.

프랑크의 이론은 중심부와 주변부의 관계를 후자에게 일방적으로 피해가 주어지는 것으로 이해하는 저발전의 발전development of underdevelopment이라는 개념으로 묘사되고 있다.

종속이론 중 프랑크이론은 매우 전체적holistic이고 역사적이며 세계적인 접근법을 시도하고 있다. 이에 비해 보다 세계구조적인 접근을 시도한 종속이론의 아류 이론으로 월러스타인Immanuel Wallerstein이 주장한 세계체제론the Capitalist World System을 들 수 있다. 세계체제론은 16세기 이후 전개된 자본주의적 경제체제의 발전과 국제분업의 심화로 인하여 중심부, 반주변부 그리고 주변부로 구성되는 전세계적 정치경제체제가 형성되었다는 이론이다. 세계체제론의 핵심적 가설은 중심부와 주변부가 하나의 통합된 자본주의체제를 구성하며 양자 간에 불평등 교환에 입각한 국제적 노동분업이 형성되어 위계적 국제관계를 형성한다는 것이다(Wallerstein 1979: 18, 68). 즉 일국의 저발전은 해당 국가의 발전 역량이 부족해서가 아니라 타국 특히 중심부의 경제적 강국과의 관계로 인해 발생하는 것이다.

여기에서 중심부core란 가장 발전된 경제활동, 즉 금융, 제조업, 고도의 기술산업 그리고 조선업을 비롯한 중후장대형 산업이 왕성하게 전개되는 곳이다. 주변부periphery란 중심부에 광물이나 목재같은 원자재를 공급하며 비숙련·저임금 노동을 제공하는 지역이다. 월러스타인은 역사적으로 북서유럽을 중심부로 그리고 동유럽과 서반부를 주변부로 파악하였다(Wallerstein 1979: 18). 준주변부semi-periphery란 양자 사이에 존재하는 중간 부분으로 중심부에 수탈당하면서 주변부를 수탈하는 이중적 성격을 가진 존재이다(Wallerstein 1979: 23, 69). 준주변부는 중심부가 주변부에게 보여주기 위한 모델로 이용되기도 한다. 월러스타인은 역사적으로 16세기의 이탈리아를 비롯한 지중해 연안국가에서 반주변부의 모습이 관찰된다고 보았다. 반주변부의 국가들이 주변부로 이동하는 경우가 간혹 발생하기는 하지만 이는 매우 제한적인 현상에 불과한 것으로 보았다. 심지어 몇몇 국가들은 주변에서 반주변부로 이동했음에도 불구하고 마치 중심부로 이동한 것처럼 착각하기도 하지만 불평등한 세계정치경제구조를 감안할 때 이는 구조적으로 매우 힘든 일이라고 주장한다.

요컨대 세계체제론은 자유무역이 주장하는 비교우위론은 지역 간의 불평등을 증대시킬 뿐이며 착취를 위한 변명에 불과하다고 주장한다. 중심국은 경제·정치·군사적인 측면에서 지배적이며 결국 주변부와 반주변부의 잉여가치가 중심부로 수렴되는 수탈적 체제라고 보고 있다.

세계체제론이 경제적 저발전의 원인을 제3세계 국가의 입장에서 설명하는 시도였던 데 반해, 관료적 권위주의이론Bureaucratic Authoritarianism은 경제적 저발전의 지속요인보다는 오히려 정치적 저발전, 특히 권위주의적 체제의 등장이 왜 주변국에서 발생하는지를 설명하는 이론이다. 오도넬Guillermo O'Donnell이 제시한 관료적 권위주의이론은 1960년대 중반에 아르

헨티나, 브라질 등 남미국가에서 군이 쿠데타를 통해 집권하고 권위주의적 체제를 수립하게 된 동인이 무엇인가를 분석하는 데서 출발하고 있다.

관료적 권위주의 이론은 남미지역을 설명하는 중범위이론이다. 위에서 언급한 종속 이론에서 프랑크는 거시적 종속이론을, 반면에 카르도소는 중범위적 이론을 추구했다. 오도넬은 전자보다는 후자의 입장에 동의하고 있다. 그는 각국이 추구하는 근대화의 경로가 다르며 활용할 수 있는 정치경제적 자원이 다르고 각국의 정치지도자들은 목적에 부합하는 정치적 행동을 통해 당면한 위기를 극복할 대안을 마련할 수 있다고 주장한다(신명순 1987: 201).

관료적 권위주의라는 개념은 엡터David Apter의 관료적 체제bureaucratic system와 린즈Juan Linz의 권위주의체제authoritarian regime의 합성적 개념이다. 본래 권위주의라는 개념은 근대화 수준이 낮고 비민주적인 국가를 일반적으로 지칭하는 것이지만 여기에 관료적이라는 어휘를 붙임으로써 높은 수준의 근대화를 달성한 상황에서 발생한 권위주의를 지칭하는 개념으로 관료적 권위주의가 탄생하였다. 요컨대 관료적 권위주의체제란 주변부 자본주의국가들에서 산업화가 상당히 진전된 단계에서 등장하는 권위주의 체제로서 군부와 민간 엘리트가 결탁하여 민중 부문의 정치참여를 배제하고 외국자본과 삼자동맹을 형성하여 고도의 경제성장을 추구하는 체제이다(O'Donnell 1973: 90-91).

관료적 권위주의체제가 등장하게 되는 시발점은 수입대체산업화에 따른 대중주의적populist 체제의 등장이다. 1930년대 전세계를 휩쓴 대공황으로 인해 남미의 국가들 역시 심각한 타격을 받을 수 밖에 없었다. 전통적으로 1차산품을 생산하고 2차산품 특히 공업제품을 유럽과 미국으로부터 수입해오던 남미의 국가들은 북반구에서 발생한 대공황으로 인해 공업품을 제대로 제공받지 못하는 피해를 보게 되었다. 이러한 상황에서 자발적 산업화의 필요성이 부각되고 그 대안으로서 수입대체 산업화가 추진되었다. 국가는 수입대체 산업화에 참여한 국내의 기업들을 보호관세 등으로 보호하면서 내수 소비재산업을 중심으로 공업화를 추진했다. 수입대체산업화는 국내의 소비시장을 기반으로 추진되는 것인만큼 국내의 구매력 증대가 필수적으로 요구되었다. 따라서 포디스트적 생산양식이 도입되는 것은 당연한 일이었다. 대량생산과 대량소비로 요약될 수 있는 포디즘은 케인지언 경제논리와 결합하여 노동자를 생산자이자 곧 소비의 주요 세력으로 자리매김하게 했다. 대중주의적 체제는 산업 엘리트와 도시 노동자 간을 통합시켜 주었다. 노동자들은 물질적 혜택을 누렸으며 노동조합을 결성할 수 있는 계기를 제공받았다. 그리고 이들은 그 대가로 산업자본가를 정치적으로 지원했다.

그러나 국내소비재 생산을 중심으로 한 수입대체산업화는 곧 한계에 직면하게 되었다. 소비재를 중심으로한 산업화가 진행되면 될수록 이에 필요한 생산재와 자본재의 수입이 증가하여 국제수지의 적자가 심화되었다. 아울러 민중 부문에 대한 보호적 정책을 통해 생산성에 비해 과도하게 지급된 임금으로 인한 통화량의 증대 및 과도한 대외부채의 도입 등이 원인이 되어 만성적인 인플레에 시달리게 되었다. 이를 해결하기 위해서는 민중부문에 대한 긴축정책과 생산재를 국내에서 생산하는 산업화의 심화deepening가 요구되었다. 그러나 이 두 가지 대안은 민중부문으로부터의 강력한 반발을 초래할 수밖에 없었다. 또한 산업화의 심화를 위해 필요한 기술과 자본을 공급받기 위해서는 국제적 자본 및 다국적 기업과의 협력이 필수적이었다.

관료적 권위주의 체제의 등장은 바로 이러한 문제를 극복하려는 정치적 시도였다고 볼 수 있다. 즉 민중 부문의 정치참여를 억압하고 정치적 안정을 달성함으로써 외국의 기술과 자본이 진출할 수 있는 기반을 마련하려는 시도였다. 그 주역은 국내뿐만 아니라 외국에서 교육을 받은 경험이 있는 공공 부문의 엘리트들, 즉 기술관료와 군이었다. 특히 신직업주의new professionalism를 체득한 군부의 위기관리 욕구가 비등했다. 군이 민간교육기관에서 교육을 받음으로써 정치·경제·사회 분야에 대한 지식을 축적하고 민간엘리트들과 네트워크를 축적해 갔다. 결국 공적 부문에 종사하는 기술관료들과 군이 쿠테타 연합을 형성하여 정치·경제적 위기를 돌파하려는 시도를 하게 된다. 아울러 이들은 산업화의 심화를 가능케 해줄 해외의 자본과 결탁함으로써 3자 간 동맹을 형성했다(신명순 1987: 210–212). 이로써 관료적 권위주의 체제가 등장하게 된다. 관료적 권위주의체제는 억압적이고 배제적인 성격을 가지며 비민주적이다. 1960년대에 브라질과 아르헨티나에서 관료적 권위주의가 등장하게 된 것은 이러한 이론적 맥락에서 설명될 수 있다.

맺는 글

민주주의가 없는 성장과 민주주의가 있는 발전

민주주의가 없는 성장론

일반적으로 발전론에서 다루어지는 가장 중요한 주제는 경제적 성장이다. 보통 발전development과 성장growth은 동일한 개념으로 간주되어 혼용되기도 하지만 양자는 분명히 구분되는 개념이다. 성장은 일국의 경제적 부가 증대되는 현상이라고 보면 되지만 발전이라는 개념은 여기에 형평 또는 분배라는 개념이 더해진다. 그럼에도 불구하고 발전론에 있어서 성장의 문제가 가장 큰 비중을 차지하는 이유는 이것이 가장 가시적인 요소이기 때문이다. 예컨대 GDP의 성장이 이루어지지 않고는 국내 위정자든 외국의 분석기관이든 한 국가가 성장했다거나 발전했다고 평가할 수 있는 근거를 제시할 수 없다. 발전의 정도를 측정하는 도구로 한때 질적 요소를 추가한 인간개발지수 등이 제시되었지만 널리 통용되지 않고 있으며 그보다는 한 국가에서 생산된 재화와 용역의 순가치를 합산한 GDP가 여전히 각광을 받고 있다.

현실이 이렇다보니 발전이라는 문제에 관해서는 경제학이나 경제학자가 가장 권위있는 답변을 내놓을 수 있을 것이라는 인식이 자리잡았다. 이들이 발전의 가장 중요한 문제인 성장의 문제를 다루기 때문이다. 사실 다소 단순화의 위험을 무릅쓰고 정리하건대, 근대화이론을 필두로 한 대부분의 발전이론들은 상당 부분 경제적 성장의 문제를 핵심으로 하고 있다. 정치적이고 사회적인 문제들도 다루었지만 그들의 궁극적인 관심은 경제적 성장을 달성하기 위해 어떤 정치사회적 여건이 구비되어야 하는 것인지에 관해 연구하는 것이었다.

심지어 1960년대와 1970년대에 미국의 학계를 중심으로 수행된 개도국 정치발전론조차도 민주주의의 성취를 정치발전론의 궁극적인 목표로 보지 않았다는 비판적인 의문이 제기된 바 있다. 당시 이론들의 정향은 엘리트 중심의 정치체제를 수립하여 사회적 간섭으로부터 보호된 강력한 정부를 수립하도록 제안하는 것이었다. 이러한 개념을 헌팅톤의 경우 정치의 제도화 political institutionalization라는 말로 표현하였는데 이는 국가가 자신만의 공적 이익을 설정할 수 있는 능력을 보유하는 것을 의미했다. 사회구성원들로부터 이익을 수렴하는 것보다는 국가가 정의한 공적 이익을 자율성을 가지고 달성하는 것이 더 중요하다고 강조했다. 요컨대 당시의 정치발전이론은 후진개도국들이 지속적으로 개발될 수 있는 정치체제를 수립하는 데 초점을 맞추었기 때문에 민주주의 지향적이기보다는 정치안정 지향적인 색채가 강했다. 이는 냉전시대에 자유주의 진영이 공산주의 진영에 비해 보다 효과적으로 경제적 성장을 성취할 수 있음을 보여주려는 미국의 입장이 강하게 투영된 결과라 할 수 있다.

이러한 분위기는 냉전체제가 붕괴된 오늘날에도 그다지 다르지 않다. 오히려 1980년대부터 파급되어 현재 국제정치경제체제의 지배적 논리로 자리잡은 신자유주의에 의해 성장중심적 발전론의 위상은 더욱 부상하는 경향을 보였다. 구소련진영국가였던 러시아 등은 물론이고 아시아의 국가들도 너도나도 시장주의적 개혁을 추진함으로써 GDP보여주기 경쟁에 동참했다. 경제적 성장을 보여주지 못하고는 정치인은 권력을 장악하거나 유지할 수 없었고 국가는 외국의 신용평가기관으로부터 좋은 평가를 얻어 유리한 조건으로 외자를 들여올 수도 없었다.

그러나 발전문제를 연구하는 정치학자의 눈으로 보았을 때, 우리나라와 같은 중진발전국의 진정한 고민거리는 경제·사회적 불평등에 기인하고 있으며 나아가 민주주의 문제가 체제불안의 근본 원인임에도 불구하고 이는 의도적이든 비의도적이든 간과되고 있다. 심지어 과거의 성장만능주의에 아직도 심취해 있는 일부 지식인들은 민주주의가 발전의 장애요인이기 때문에 과거의 권위주의적 정치제체로 회귀해야 한다고 주장하기도 한다. 예컨대 우리나라의 경우 관료중심의 국가가 성장을 다시 주도해야 하며, 발전도상국들의 정부가 발전을 주도할 수 있도록 선진국들이 용인해야 하고, 현재의 자유무역체제는 이를 봉쇄하려는 강대국의 의도가 숨어있기 때문에 이에 동참하지 말아야 한다는 주장을 전개하기도 한다.

나름대로 이해 못할 주장은 아니지만 과연 그들의 주장이 개도국들 특히 최빈국그룹에서 벗어나 이제 중진국에서 선진국대열로 진입하기를 추구하는 중간그룹국가들이 취할 수 있는 현실적 대안일지는 의문이다. 엄연히 책임있는 국제사회의 일원이고 마땅히 주고받음이 있는 국제정치라는 것이 존재하는데 이미 정착된 흐름에 반하는 움직임을 할 수 있는 여지가 중진국들에게 얼마나 실제적으로 주어질지 의문이다.

물론 민주주의가 발전 아니 경제적 성장을 촉진한다는 명쾌한 경험적 증거는 없다. 그럼에도 불구하고 발전론을 공부하고 있는 정치학자의 한 사람으로서 민주주의를 결여한 국가주도적이며 권위주의적인 성장방식의 성공담이 지나치게 미화되는 현상은 이제 경계해야 한다는 주장을 하고 싶다. 중상주의적 성장론은 정치라는 요인을 매우 소모적인 것으로 치부하고 이를 통치로 대체하려 시도한다. 이들은 국민들 간의 자유로운 토론이나 정부정책에 대한 의사개진은 시간낭비이므로 이를 봉쇄하고 능력있는 관료들을 중심으로 정책을 상의하달방식으로 추진하는 것이 가장 효율적인 발전의 방법이라고 주장한다.

그러나 이러한 논리에 대해 두 가지 문제를 제기할 수 있다. 하나는 과연 통치를 목적으로 한 국가가 정치에 기반한 국가보다 더 현명한 존재인가 하는 점이며, 또 다른 하나는 과연 관료제가 민간보다 더 우월한 정책입안 능력을 가지고 있는가 하는 점이다. 뷰캐넌이 주장한 공공선택public choice이론을 거론하며 관료제가 거대한 이익집단이라는 식의 주장을 전개하려는 의도는 아니다. 그러나 일반적인 상식을 가지고 이야기한다 하더라도 발전국가의 영웅적 관료이론은 더 이상 받아들여지기 어렵다. 많은 중진국들의 경우 국가가 일방적으로 이끌어 가기에는 시장과 사회가 너무 커져 있고 민간의 역량이 정부보다 앞서 있다. 돌이켜보면 당시의 가치관으로 보았을 때나 애국적이고 영웅적 정치인이고 관료이지, 요즘의 기준으로 판단한다면 그런 호의적인 평가는 어림도 없는 일이다. 뇌물이 국가 통치자금으로 또는 박봉에도 국가에 헌신하는 이들에 대한 보은의 표시로 자연스레 인식되던 당시의 상황에 극도로 세속화된 오늘날의 잣대를 들이댄다면 어떤 평가가 내려질지 궁금하다.

사실 가장 효율적인 정치체제란 완벽한 정보와 판단력을 가지고 있는 합리적 철인 1명이 통치를 담당하여 시민의 요구와 불만을 한 치의 오차도 없이 헤아리고 해결하는 것이다. 문제는 이것이 현실적으로 불가능하기 때문에 이에 대한 차선을 모색하는 것이 지금까지 정치학의 주된 과제였다. 베버가 제시한 관료제에 입각한 통치방식은 합리적 철인의 역할을 무능한 귀족들이 아니라 교육받고 잘 훈련된 관료들에게 통치를 위임하자는 것이었다. 베버가 살았던 19세기 후반의 유럽만 하더라도 귀속적 지위를 향유하고 전문적 훈련을 결여한 귀족들에 의해 통치되기에는 사회의 각 분야가 현격하게 발전되어 있었다. 그럼에도 불구하고 정부와 의회를 장악한 귀족과 상층 부르주아계층들은 국가관리에 필요한 기술들을 충분히 습득하지 못한 채 국가의 요직을 수행하고 있었다. 이러한 시대적 상황을 고려할 때 관료제는 당시의 귀족제를 비롯한 어떤 통치제제에 비해서도 심지어 의회제도에 비해서도 훨씬 효율적으로 국사를 처리해 낼 수 있는 제도였을 것이다.

그러나 관료제가 오늘날에도 가장 이상적으로 발전을 도모할 수 있는 정치체제인지에 대해서는 좀 더 곰곰이 생각해 보아야 할 일이다. 성장론 중심의 발전이론에서 논의된 발전전략은 두 가지로 집약될 수 있는데 하나는 강력한 국가주도적 또는 중상주의적 방식이고 다른 하나는 시장중심적 성장전략이다. 양자는 성장방식에 관해 논쟁을 벌이는 불편한 관계임에도 불구하고 어떻게 시장을 성장시켜 국가의 부의 총량을 효율적으로 증대시킬 것인지에 관심을 집중하고 있다는 점에서 동일하다. 그런데 정치학의 관점에서 볼 때 이들 성장론자들은 발전에 있어 형평의 문제의 중요성을 간과하고 있다. 인간은 자신의 상황을 타인과 비교하고 그 결과에 따라 행복과 불행을 느끼는 존재라는 사실에 별로 주목하지 않고 있다.

경제성장론자들이 분배와 형평과 같은 민주주의적 가치에 무관심한 이유는 경제적 성장이 성취되면 정치적 발전은 자연스레 따라오는 현상으로 인식하기 때문이다. 물론 그런 면도 없지 않다. 그러나 산유국A의 1인당 국민소득이 수만 불에 달한다 하더라도 극심한 불평등이 계층 간에 존재하거나 민주정치의 절차가 사실상 무시되고 있다면 우리는 그 나라를 민주주의적 국가로 보지 않으며 나아가 선진국으로 분류하지도 않는다. 즉 민주주의적 가치는 국가의 노력에 의해 국민들에게 심어져야 하는 것이지 부수적으로 발생하는 정치적 현상이 아니다. 일국의 정치계층이 의도적으로 민주주의의 실천을 회피한다면 국민소득이 아무리 높더라도 민주주의는 발생할 수 없다.

그렇다면 민주주의는 발전을 위해 왜 필요한 것인가? 민주주의가 없이 경제적으로 풍요하기만 하다면 문제가 없는 것 아닌가? 하는 질문이 제기될 수 있다. 이에 대한 필자의 잠정적 결론은 민주주의적 요소 즉 민주적 정치과정과 형평의 달성이 없이는 지속적이고 안정적인 경제적 번영이 실질적으로 불가능하다는 것이다. 민주주의가 실천되지 않으면 일국의 정치와 사회는 심각한 불안을 경험할 수밖에 없다. 이는 후진개도국보다도 선진국 진입을 시도하는 중진개도국들에게 더욱 중요한 문제이다.

민주주의가 있는 발전론

1970년대와 1980년대를 풍미했던 소위 발전국가이론은 한국, 대만, 싱가포르 등 아시아의 신흥국가들이 어떻게 경제적 성장은 물론 소득의 형평까지도 동시에 달성할 수 있었는가를 설명하려는 시도였다. 실제로 당시의 통계를 보면 이들 국가의 경제성장률은 연평균 10%를 상회할 정도로 높은 것이었고 소득의 분배 정도를 나타내는 각종 지수도 남미의 발전도상국들에 비해 상대적으로 양호한 수준이었다.

이러한 성과에도 불구하고 발전국가는 1997년 겨울에 발생한 금융위기를 계기로 쇠퇴의 길을 걷게 되었다. 그러면 발전국가가 어떤 문제에 봉착했던 것일까? 발전국가의 문제는 권위주의적 정치체제를 유지함으로 인해 민주주의적 정치과정이 침식되었다는 점, 그리고 불균형성장정책의 부작용으로 인해 소득과 기회의 형평이 손상되었다는 점으로 요약될 수 있다. 이 중 한국의 사례를 가지고 특히 후자의 문제를 살펴보면 다음과 같다.

발전국가에 대한 경제학적 비판의 대상은 주로 정부와 재벌이었다. 우선 정부와 관련하여 지적된 문제는 발전국가 모델이 국가의 과도한 시장 간섭으로 인해 시장행위자들의 지대추구rent-seeking행위를 유발했고 또한 그들로 하여금 도덕적 해이moral hazard를 저지르도록 조장했으며 이는 결국 경제의 효율성을 저하시키는 결과를 가져왔다는 것이었다. 즉 경제성장초기 단계에서 발전 자원의 동원을 위해 사용되었던 국가의 시장간섭이 결국 경제적 비효율성을 야기했다는 것이다. 또 재벌과 관련해서는 그들이 정부의 경제자유화 및 규제완화정책을 이용하여 외자를 무분별하게 도입하였고 이것이 결국 자본수지가 급격하게 악화되는 빌미를 제공하였다는 비판이 제기되었다.

그러나 이처럼 정부와 재벌이 금융위기 발생의 핵심 원인으로 지목되었던 이유가 단순히 경제학적인 것만은 아니었다. 1960년대 이래 한국에서 성공적으로 진화했던 발전국가가 1997년의 금융위기로 인해 급격히 몰락하게 되었던 원인은 근본적으로 정치적 그리고 사회적 요인과 깊은 관련을 가지고 있었다. 1998년 IMF로부터 구제금융을 지원받은 김대중정부가 시장주의적 방식으로 구조조정 프로그램을 진행하였음에도 불구하고 국민들로부터의 큰 저항에 부딪히지 않았던 이유는 발전국가모델에 대한 실망이 국민들 사이에 정치적·사회적으로 이미 심각하게 누적되어 있었기 때문이었다.

무엇보다도 발전국가는 경제적 성장이 달성되었다 하더라도 국민들이 체제에 대한 심각한 불만을 가질 수 있다는 점을 간과했다. 예컨대 재벌과 같은 대자본의 손에 경제력이 집중되자 일반 국민들이 이에 대해 심리적으로 상대적 박탈감을 느끼는 현상이 발생했는데 이것이 가져올 사회적·정치적 여파는 매우 큰 것이었다. 이를 성장 후유증이라고 평가절하하기에는 매우 심각한 현상이었다. 정경유착의 심화는 정치체제의 정통성을 부식시켰고, 계층 간의 갈등을 심화시켜 국가 통합 실패의 위기를 유발했다.

발전 초기부터 이러한 현상이 발생한 것은 아니었다. 사실 우리나라의 일반국민들은 재벌의 성장을 매우 자랑스럽게 생각했다. 정부에서도 이들을 사유기업이 아니라 국민 모두의 기업이라고 정의하여 애국 마케팅을 가능하게 해주었다. 재벌 자신들도 당시에는 어느 정도 이 같은 생각을 가지고 있었던 것으로 보이는데 그도 그럴 것이 초기에는 재벌들의 대정부 금융 의존도가 높았고 내수시장에 대한 의존도가 절대적으로 높았기 때문이다.

그러나 재벌의 성장을 가능케 한 권위주의적 발전국가가 후퇴하고, 기업의 국제화가 진전되고, 나아가 무엇보다도 재산권에 대한 개인의 자연권적 정의가 자리잡으면서, 이처럼 정부에 의해 가공된 신화는 더 이상 통용될 수 없게 되었다. 우선 재벌소유주들 자신이 기업에 대한 독점적 재산권을 주장하였고 심지어 정부에 대해 정치적·경제적으로 도전하는 것을 마다하지 않았다. 그리고 규제가 강한 국내시장을 벗어나 세계화라는 조류를 타고 해외시장의 비중을 확대했다. 이들이 일반국민을 대하는 태도도 과거와는 달라져 공동체적 가족 구성원이라는 개념보다는 고객이라는 세속적 정의를 적용하였고, 애국적 차원에서 이들을 가족처럼 종신 고용해주던 관용도 철회하였다.

이러한 현상에 직면한 국민들의 재벌에 대한 감정은 '배신감'이라는 단어와 다르지 않다. 아울러 이들이 재벌을 만들어 내고 경제적 집중을 조장한 정부에 대해 갖는 부정적 시각은 오늘날 한국의 정치·경제·사회적 불안정의 근본으로 작동하고 있다. 즉 물질적뿐만 아니라 나아가 심리적 불평등이 유발할 수 있는 파괴력에 대해 성장중심의 발전론은 별다른 고려를 하지 않고 있다.

사회학 분야에서 연구된 바와 같이 발전된 사회에서도 개인과 집단이 느끼는 상대적 박탈감은 정치사회적 불안정의 근원이 된다. 그런데 개발도상에 있는 국가에서 계층 간 격차가 심화될 경우 문제의 심각성은 그보다 더하다. 식민지이론에서도 지적되었듯이, 한 국가 내에 계층에 따라 실질적으로 두 개의 국가가 존재하여 통합 실패의 위기를 유발할 수 있기 때문이다. 만일 자본가를 중심으로 국제적 이익을 추구하는 계층과 노동자들과 같은 토착적 계층 간의 대립양상이 장기화되는 경우 이를 해결할 정치적, 경제적 그리고 사회적 정책대안을 모색하는 것이 매우 어렵게 된다. 19세기 말 20세기 초반의 유럽, 그리고 현대 남미국가들의 경험이 이를 보여주고 있다. 이러한 현상은 자본주의적 성장을 어느 정도 달성한 중진국들이 선진국 진입 단계에서 흔히 경험하는 위기의 덫이다.

발전문제 연구에 있어서 국부에 대한 총량적 접근은 경제적 성장을 위해서는 빈부 간의 격차가 있더라도 우선 자본이 축적되어야 한다는 사고에 기반하고 있다. 그것이 시장주의적 방식이든 국가주도의 방식이든 부가 소수의 손에 축적되어 잉여자본화됨으로써 재투자되어야 한다는 것이다. 예컨대 신고전주의적 경제학은 성장과 분배(또는 형평)라는 두 변수를 상호 이율배반적인 관계로 보고 있다. 무엇보다도 분배를 위한 정부의 노력은 시장행위자들로 하여금 자본을 축적하겠다는 의지를 약화시킬 수 있다는 부정적인 입장을 견지하고 있다. 발전국가와 같은 중상주의적 성장론도 같은 입장을 취하고 있다. 이것이 성장의 기본원리로 이해되는 한 분배와 형평의 문제에 관한 관심은 부차적인 것일 수밖에 없다.

앞서 언급했듯이 민주주의가 경제적 성장에 반드시 긍정적인 기여를 하는지를 뒷받침해줄 명확한 경험적 근거는 아직 존재하지 않는다. 그럼에도 불구하고 정치학적 시각에서 볼 때 발전을 위해서는 경제적 효율성 못지 않게 형평이라는 요소가 간과되어서는 안 된다. 이것을 결코 소모적인 현상으로만 볼 수는 없다. 민주주의적 요소가 확실하게 성장을 도모하는지는 단언하기는 어렵지만 적어도 그동안 이루어낸 발전이 후퇴하는 것을 예방하기 위해 필요한 요인들임에는 분명하다.

보통 우리들은 국가의 발전을 매우 단선적이고 직선적인 것으로 이해하지만 실은 Z형태의 모습을 보여준다. 즉 크게는 직선으로 보이지만 자세히 들여다보면 좌우로 균형을 바꾸어 가며 진전하기도 하고 후퇴하기도 한다. 성장을 위해서는 시장이 항상 효율적으로 자본축적을 달성해야 하지만 제한된 자원에 대한 분배 요구 역시 항상 존재하기 때문에 이를 만족시켜 주지 않고는 지속적인 경제성장이 이루어질 수 없음은 물론 국가 전체가 정치적 소용돌이에 휘말릴 수도 있음을 역사는 보여주고 있다.

이처럼 발전을 위해 민주주의가 중요한 것이라면 지금부터 고민해야 할 주제는 어떤 성격의 민주주의체제를 건설할 것인가의 문제일 것이다. 즉 민주적 절차와 형평에 관한 국민들의 정치적 욕구를 만족시켜 주되 이에 소요되는 비용을 최소화하는 제도적 조합이 무엇일지가 관건이 될 것이다. 많은 국가들에서 이 문제를 해결하기 위해 국가뿐만 아니라 시민들이 직접 나서서 규제를 강화하고 참여를 확대한 바 있다. 참여민주주의 그리고 사회민주주의로 불리는 민주주의적 제도들이 도입된 것도 바로 이런 목적 때문이었다. 그러나 아무리 민주주의 옹호론자라 하더라도 민주주의에 대한 지나친 강조가 신고전주의 경제학에서도 지적하듯이 분배를 위한 비용을 과도하게 발생시킬 뿐만 아니라 시장행위자들의 의욕을 저하시키는 문제를 발생시킨다는 비판을 완전히 외면할 수 없는 것이 사실이다.

농도가 짙은 즉 심화된 민주주의적 압력이 존재할 경우, 정치의 분야에서 비용이 초과 발생할 수 있는 대표적인 것이 국민의 이익을 수집하고 표출하는 과정에서 발생하는 비용이다. 심화된 민주주의를 실천하는 정치체제들은 국민의 대의기관인 의회 이외의 별도 이익조정제도를 마련한다. 이 책의 다른 장에서 다룬 소위 코포라티스트적 이익 수집장치가 바로 그 것이다. 이처럼 코포라티스트적인 이익표출 장치가 정당 및 의회와 함께 병행하여 존재할 경우 정부에 투입되는 이익표출의 양이 전체적으로 증대하여 정부에 과도한 부담을 안겨준다. 게다가 의회의 발전 역시 저하되는 것은 물론이고 의회에 대한 신뢰 자체가 약화되며 이는 다시 의회의 질을 저하시켜 정치비용이 과소비되는 결과로 이어진다.

의회와 정당은 민주주의를 효율적으로 실천할 수 있도록 도와주는 가장 중요한 정치제도이다. 국가의 내부적 구성요소가 다양할수록 의회와 정당의 중요성이 강조될 수밖에 없다. 국민들의 다양한 이익을 수집하고 표출하는 과정을 의회와 정당으로 단일화시킴으로써 정치비용의 효율을 제고할 수 있기 때문이다. 만약 정당과 의회의 기능이 약화될 경우에는 이를 보완하기 위해 다른 제도가 강화되거나 새로이 만들어지게 된다. 우리나라의 경우 노사정위원회의 출범이나 정부 관료제의 강화 등을 그 예로 볼 수 있다.

의회는 이익 수렴뿐만 아니라 인적 자원을 충원하는 제도로서도 중요하다. 민주주의의 운용이 의회민주주의라는 틀 안에서 조정되지 않고 의회의 기능이 국가관료제나 코포라티스트적 제도를 통해 대체된다면 정치적 비용이 초과 발생하고 형평의 위기가 조장되어 발전에 대한 중요한 장애가 될 수 있다. 의회정치와 정당정치를 확립하는 문제는 중진국이 선진국으로 발전하기 위해 해결해야 하는 가장 중요한 문제 중의 하나이다. 발전 초기의 불균형성장으로 인해 발생한 분배의 문제를 의회와 정당을 통해 해결하지 못한다면 오히려 이를 해결하기 위해 소요되는 정치적·사회적 비용의 과도함으로 인해 경제적 성장의 기반이 침식될 수도 있다. 이러한 관점에서 민주주의와 발전을 조화시킬 수 있는 중요한 제도로서 의회와 정당의 기능에 관한 연구에 보다 주목할 필요가 있다.

민주주의와 발전 그리고 국가

앞으로의 발전 연구, 특히 중진개발국을 대상으로 한 연구에서는 민주주의가 지속적 경제적 번영을 위해 어떤 영향을 미치는지에 관해 보다 심도 깊은 연구가 진행되어야 할 것이다. 자유와 평등에 대한 국민들의 요구를 수용하지 않고는 어느 국가도 선진국 대열에 진입할 수 없다. 정부가 권위주의적 방식으로 경제성장을 주도하여 최빈국 그룹에서 탈출할 수 있을지는 몰라도 선진국 대열에 진입하는 것은 불가능하다. 중진국발전론에 있어서 민주주의는 핵심적인 연구 주제이다.

그렇다면 경제적 자유화와 민주주의라는 가치의 농도를 조정하는 역할은 누가 수행하는 것인가? 발전을 도모함에 있어서 민주주의와 경제적 자유화 중 어느 쪽에 중점을 두어야 하는지에 관한 논란은 지금까지도 지속되고 있고 앞으로도 그럴 것이다. 정치학의 관점에서 볼 때 발전의 문제는 시대적 상황에 따라 그리고 각 국가가 처해진 고유한 정치경제적 상황에 따라 각기 다른 처방을 요구한다. 중상주의적 전략을 취할 것인지 아니면 시장 중심으로 갈 것인지를 그때 그때 결정해야 하는데 이는 다분히 정치적 결정이며 경제학적 판단의 범위를 벗어나는 경우가 많다. 사실 폴라니Karl Polanyi가 지적하였듯이 시장의 자유화를 기획하고 추진하는 것도 국가이고 시장을 국가와 사회의 통제 대상으로 되돌려놓는 것도 국가의 결정이다. 자본주의의 역사는 시장이 성장하여 국가와 사회의 통제로부터 독립하였다가 다시 통제당하는 위치로 복귀하는 과정이 반복되는 과정이다(Polanyi 1975). 이 과정을 주도하는 것은 국가이다. 다시 말해 국가와 시장 간의 관계, 그리고 경제적 자유화와 민주주의 간의 농도를 조절하는 결정은 국가를 통해 정치적으로 내려질 수밖에 없다. 여기서 이야기하는 정치적 결정이란 합리적 결정을 의미한다. 야합과 홍정을 통해 결정을 내린다는 의미가 아니라 경제학적으로 고려될 수 없는 그 이상의 요소까지 포함하여 총체적으로 합리적인 대안을 모색한다는 의미이다.

정치학에서 지향하는 발전론이 경제학적 논의에 함몰될 필요는 없다고 본다. 시장주의적 성장방식이나 중상주의적 성장방식이나 발전을 위해 필요하다면 당시의 정치적 조건을 고려하여 취사선택할 수 있다. 두 가지 중 어느 하나만이 항상 옳은 것은 아니다. 정치학에서 추구하는 발전론의 목표는 경제적 성장 이상으로 민주주의의 구현에 있다. GDP성장이 아무리 잘 이루어진다 하더라도 이것이 형평이라는 조건을 만족시키지 못하면 발전이라는 개념으로 승화될 수 없다. 게다가 그간 성취한 경제적 성장의 성과도 지속적으로 유지할 수 없다.

분명 발전을 위한 국가의 역할은 중요하다. 그러나 국가가 어떤 역할을 해야 하는지에 관해서는 의견이 분분하다. 이와 관련하여 1990년대 중반부터 거버넌스, 시민사회, 그리고 사회적 자본 같은 요인들이 발전과 어떤 연관을 가지고 있는지에 관해 연구가 진전되어 온 것은 매우 고무적인 현상임이 분명하다. 나아가 질적 연구뿐만 아니라 계량적 연구가 병행되어 경험적 증거를 제시하고 있다는 점에서 더욱 그렇다. 그간 민주주의적 요소가 발전을 도출할 수 있는지에 관해 경험적 시도가 없었던 것은 아니지만, 정치학이 경제학의 경제성장론 연구에 비해 괄목할 만한 진전을 보여주지 못한 것이 사실이다. 앞으로 이러한 연구결과를 토대로 발전을 위한 국가의 역할을 재정립하는 시도가 진행되어야 할 것이다.

■ 참고문헌

강명세 편. 1999. 『경제위기와 사회협약』. 성남: 세종연구소.

김대환. 1998. 『발전경제학』. 서울: 경문사.

김동원. 2003. “짧은 성공과 긴 좌절: 한국 노사정위원회에 대한 이론적 분석과 정책적 시사점.”『산업관계연구』. 제13권 2호.

김영순. 1995. “사회민주주의와 신자유주의 사이에서: 제 3의 길 이후의 스웨덴 복지국가.”『한국정치학회보』. 제 29집 2호.

김영순. 1998. 『복지국가의 위기와 재편: 영국과 스웨덴의 경험』. 서울: 서울대학교 출판부 .

다카시마 젠야 저, 김동환 역. 2004. 『아담 스미스: 근대화와 민족주의 시각에서』. 서울: 소화.

마인섭. 2000.“한국사회협의제도의 사회경제적 기반.”김호진 외. 『사회합의제도와 참여민주주의』. 서울: 나남.

박상익 역. 1994. 『서양문명의 역사 II: 중세에서 종교개혁까지』. 서울: 소나무.

박지향. 1997. 『영국사』. 서울: 까치.

신동면. 2005.“아일랜드 발전모델: 사회협약과 경쟁적 조합주의.”『한국정치학회보』. 39집 1호.

신명순. 1987. 『제3세계정치론』. 서울: 법문사.

신장섭. 장하준. 2004. 『주식회사 한국의 구조조정』. 서울: 창비.

안재홍. 2002.“세계화와 노 · 사 · 정 대응의 정치경제: 스웨덴, 네덜란드, 오스트리아 사례의 비교.”『한국정치학회보』. 제 36집 3호.

에치오니-할레비 에바 저, 윤재풍 역. 1990. 『하나의 정치적 딜레마: 관료제와 민주주의』. 서울: 대영문화사.

이근식. 2006. 『존스튜어트 밀의 진보적 자유주의』. 서울: 기파랑.

이연호. 1999a.“김대중 정부의 경제개혁과 신자유주의적 국가등장의 한계.”『한국정치학회보』. 33집4호.

이연호. 1999b.“영국에서 신자유주의 개혁과 국가성격의 변화, 1979-1997: 보수당 정부의 경험.”『동서연구』. 제11집 2호.

이연호. 2004.“영국과 네덜란드의 산업관계개혁 비교연구: 이해관계 모델과 협의경제모델의 성공 조건.”『국제정치논총』. 제44집 1호.

이연호. 2006."코포라티즘의 쇠퇴요인, 자본의 이탈: 스웨덴과 그 이웃 국가들의 사례연구를 통한 이론적 문제제기."『21세기정치학회보』. 제16집 1호.
이연호. 2007."노동 통제메커니즘으로서의 공급중심적 사회코포라티즘: 한국의 사례" 『신아세아』. 14권 4호.
이연호. 2008."관료제."한국정치학회 편. 『정치과정- 정치학이해의 길잡이』. 파주: 법문사.
이호근. 2002."변화하는 유럽의 조합주의와 유럽 사회정책레짐의 발전."한국정치학회 연말학술대회.
임혁백. 2000."한국민주화와 사회합의주의."『사회합의제도와 참여민주주의』. 서울: 나남출판.
정병기. 2004."세계화 시기 코포라티즘의 신자유주의적 변형: 독일과 네덜란드의 예." 『국제정치논총』. 제44집 3호.
정석규. 2004."한국에서의 조합주의적 사회합의제도 연구: 네덜란드와의 비교를 중심으로."연세대학교 대학원 석사학위논문.
정창영. 1984. 『경제발전론』. 서울: 세경사.
조영훈. 2002."유교주의, 보수주의 혹은 자유주의?: 한국의 복지유형검토."김연명편. 『한국복지국가 성격논쟁 I』. 서울: 인간과 복지.
Allen, John. 1992. "Fordism and Modern Industry." John Allen, Peter Braham and Paul Lewis, eds. *Political and Economic Forms of Modernity.* Cambridge: Polity.
Almond, Gabriel A. and Sidney Verba. 1963. *The Civic Culture: Political Attitudes and Democracy in Five Nations*. Princeton: Princeton University Press.
Amsden, A.H. 1989. *Asia's Next Giant: South Korea and Late Industrialization.* New York: Oxford University Press.
Apter, David. 1978. *Introduction to Political Analysis*. New Delhi: Prentice Hall.
Atkinson, J. 1985. "Flexibility and the Workforce: A Good Night Out?" *Work and Society* 9.
Barr, Nicholars 1988. *The Economics of the Welfare State*. 2nd ed. Oxford: Oxford University Press.
Bentham, Jeremy. 1948. *Introduction to the Principles of Morals and Legislation*. New York: Hafner Publishing Co.
Bentley, Arthur. 1949. *The Process of Government*. Evanston: The Principia Press.
Binder, Leonard. 1971. "Crisis of Political Development." Leonard Binder, et al. *Crises and Sequence in Political Development*. Princeton: Princeton

University Press.

Boix, Carles. 2003. *Democracy and Redistribution*. Cambridge: Cambridge University Press.

Braudel, Fernand. 1992. *The Wheels of Commerce*. Berkeley: University of California Press.

Brown, Vivienne. 1992. "The Emergence of the Economy." Stuart Hall and Bram Gieben, eds. *Formations of Modernity*. Cambridge: Polity.

Buchanan, James M. and Gordon Tullock. 1962. *The Calculus of Consent*. Ann Arbor: University of Michigan Press.

Budge, Ian, Ivor Crew, David McKay, and Ken Newton. 1998. *The New British Politics*. Harlow: Addison Wesley Longman.

Calmfors, Lars and John Driffill. 1988. "Bargaining Structure, Corporatism and Macroeconomic Performance." *Economic Policy* 3(6).

Cameron, David. 1984. "Social Democracy, Corporatism, Labour Quiescence and the Representation of Economic Interest in Advanced Capitalist Society." John H. Goldthorpe, ed. *Order and Conflict in Contemporary Capitalism*. Oxford: Oxford University Press.

Cameron, Rondo. 1993. *A Concise Economic History of the World*. Oxford: Oxford University Press.

Cammack, Paul. 1997. *Capitalism and Democracy in the Third World*. London: Leicester University Press.

Caporaso, James A. and David P. Levine. 1992. *Theories of Political Economy*. Cambridge: Cambridge University Press.

Cardoso, Fernando H. and Enzo Faletto. 1979. M. M. Urquidi, trans. *Dependency and Development in Latin America*. Berkeley: University of California Press.

Cardoso, Fernando H. 1973. "Associated-dependent Development: Theoretical and Practical Implication." A. Stepan, ed. *Authoritarian Brazil: Origins, Policies and Future*. New Haven: Yale University Press.

Chang, Ha-Joon. 1993. "The Political Economy of Industrial Policy in Korea." *Cambridge Journal of Economics* 17(2).

Chang Ha-Joon. 2002. *Kicking away the Ladder*. London: Athem Press.

Cooper, Frederick. 2002. *Africa Since 1940*. Cambridge: Cambridge University Press.

Corden, Max and Peter Neary. 1982. "Booming Sector and De-industrialization in a Small Open Economy." *Economic Journal* 92, pp. 825-848.

Crow, Ben. 1992. "Understanding Famine and Hunger." Tim Allen and Alan Thomas, eds. *Poverty and Development in the 1990s*. Oxford: Oxford University Press.

Deyo, Frederic C. 1987a. "Introduction." Frederic C. Deyo, ed. *The Political Economy of the New Asian Industrialism*. Ithaca: Cornell University Press.

Deyo, Frederic C. 1987b. "Coalition, Institutions and Linkage Sequencing: Toward a strategic capacity model of East Asian development." Frederic C. Deyo, ed. *The Political Economy of the New Asian Industrialism*. Ithaca: Cornell University Press.

Domar, E. D. 1957. *Essays in the Theory of Economic Growth*. New York: Oxford University Press.

Durkheim, Emile. 1984. *The Division of Labor in Society*. London: Macmillan.

Eisenstadt, S. N. 1966. *Modernization: Protest and Change*. N.J: Prentice-Hall.

Ekelund, Robert B. and Robert D. Tollison. 1997. *Politicized Economics*. Texas: Texas A&M University Press.

Emmanuel, Arghiri. 1972. *Unequal Exchange: A Study of the Imperialism of Trade*. New York: Monthly Review Press.

Ersson, Svante and Jan-Erik Lane. 1996. "Democracy and Development: A Statistical Exploration." Adrian Leftwich, ed. *Democracy and Development: Theory and Practice*. Cambridge: Polity Press.

Esping-Anderson, Gosta. 1990. *The Three Worlds of Capitalism*. Cambridge: Polity Press.

Evans, Peter. 1995. *Embedded Autonomy: States and Industrial Transformation.* Princeton: Princeton University Press.

Evans, Peter. 1997. "The Eclipse of the State? Reflections on Stateness in an Era of Globalization." *World Politics* 50(1).

Frank, Andre Gunder. 1967. *Capitalism and Underdevelopment in Latin America*. New York: Monthly Review.

Frank, Andre Gunder. 1979. "The Development of Underdevelopment." Charles K Wilber, ed. *The Political Economy of Development and Underdevelopment*. New York: Random House.

Friedman, Milton. 1962. *Capitalism and Freedom*. London: University of Chicago

Press.

Fukuyama, Francis. 1992. *The End of History and the Last Man*. New York: Free Press.

Fukuyama, Francis. 1995. *Trust: The Social Virtues and the Creation of Prosperity*. New York: Free Press.

Gamble, Andrew. 1988. *The Free Economy and the Strong State: The Politics of Thatcherism*. Durham: Duke University Press.

Gamble, Andrew. 2000. "Economic Governance." Jon Pierre, ed. *Debating Governance: Authority, Steering, and Democracy*. Oxford: Oxford University Press.

Gerschenkron, Alexander. 1962. *Economic Backwardness in Historical Perspective*. Cambridge: Harvard University Press.

Giddens, Anthony. 1985. *The Nation State and Violence*. Cambridge: Cambridge University Press.

Gillis, Malcolm, Dwight H. Perkins, Michael Roemer, and Donald R. Snodgrass. 1987. *Economics of Development*. New York: Norton.

Goodman, Roger and Ito Peng. 1996. "The East Asian Welfare States: Peripatetic Learning, Adaptive Change and Nation-Building." Esping-Anderson, ed. *Welfare States in Transition: National Adaptations in Global Economics*. London: Sage.

Greenfeld, Liah. 2001. *The Spirit of Capitalism.* Cambridge: Harvard University Press.

Grootaert, C. and T. Bastelaer, ed. 2002. *Understanding and Measuring Social Capital: A Multidisciplinary Tool for Practitioners*. Washington D.C.: World Bank.

Haggard, Stephan, Byung-kook Kim, and Chung-in Moon. 1991. "The Transitio to Export-led Growth in South Korea: 1954-1966." *Journal of Asian Studies* 50(4).

Haggard, Stephan. 1990. *Pathways from the Periphery*. Ithaca: Cornell University Press.

Hall, Stuart. 1984. "The State in Question." Gregor McLennan, David Held, and Stuart Hall, eds. *The Idea of the Modern State*. Milton Keynes: Open University Press.

Harrison, Royden J. 2000. *The Life and Times of Sidney and Beatrice Webb*. London: Macmillan.

Harvey, David. 2005. *A Brief History of Neoliberalism*. Oxford: Oxford University Press.

Hawthorn, Geoffrey. 1993. "Liberalization and Modern Liberty: Four Southern States." *World Development* 21(8): 1299−1312.

Heckscher, Eli. 1935. F. Mendel Shapiro, trans. *Mercantilism*. London: George Allen & Unwin Ltd.

Held, David. 1984. "Central Perspective on the Modern State." Gregor McLennan, David Held, and Stuart Hall, eds. *The Idea of the Modern State*. Milton Keynes: Open University Press.

Held, David. 1987. *Models of Democracy*. Oxford: Polity Press.

Held, David. 1992. "The Development of the Modern State." Stuart Hall and Bram Gieben, eds. *Formations of the Modernity*. Cambridge: Polity.

Hemerijck, A. C. 1995. "Corporatist Immobility in the Netherlands." C. Crouch and F. Traxler, eds. *Organized Industrial Relations in Europe: What Future?* England: Avebury.

Hettne, Bjorn. 1995. *Development Theory and the Three Worlds*. London: Longman.

Higgott, Richard. A. 1989. *Political Development Theory*. London: Routledge.

Hirst, Paul. 2000. "Democracy and Governance." Jon Pierre, ed. *Debating Governance: Authority, Steering, and Democracy*. Oxford: Oxford University Press.

Hobbes, Thomas. 1991. Richard Tuck, ed. *Leviathan*. Cambridge: Cambridge University Press.

Hobson, J. A. 1938. *Imperialism: A Study*. London: George Allen & Unwin.

Huber, Evelyne, Dietrich Rueschemeyer, and John D. Stephens. 1997. "The Paradoxes of Contemporary Democracy: Formal, Participatory, and Social Dimensions." *Comparative Politics* 29(3).

Huntington, Samuel. 1968. *Political Order in Changing Societies*. New Haven: Yale University Press.

Husted, Steven and Michael Melvin, 이병락 옮김. 2007. 『국제경제학』 7th ed. 서울: 시그마프레스.

Inkeles, Alex. 1966. "The Modernization of Man." Myron Weiner, ed. *Modernization: The Dynamics of Growth*. New York: Basic Books.

Jessop, Bob. 1979. "Corporatism, Parliamentarism and Social Democracy." Philippe C. Schmitter and Gerhard Lehmbruch, eds. *Trends Toward Corporatist Intermediation*. London: Sage Publications.

Jessop, Bob. 1993. "Towards a Schumpeterian Workfare State? Preliminary Marks on Post–Fordist Political Economy." *Studies in Political Economy* 40 (Spring).

Johnson, Chalmers. 1982. *MITI and the Japanese Miracle*. Stanford: Stanford University Press.

Johnson, Chalmers. 1985. "Political institutions and Economic Performance: The Goverment–Business Relationship in Japan, South Korea, and Taiwan." Robert A. Scalapino, Seizaburo Sato and Jusuf Wanandi, eds. *Asian Economic Development: Present and Future*. Berkeley: Institute of East Asian Studies, University of California.

Jones, C. 1993. "The Pacific Challenge: Confucian Welfare States." C. Jones, ed. *New Perspectives on the Welfare State in Europe*. London: Routledge.

Kjær, A. M. 2004. *Governance*. Cambridge: Polity Press.

Katzenstein, Peter. 1985. *Small States in World Markets: Industrial Policy in Europe*. Ithaca: Cornell University Press.

Kavanagh, Dennis and Anthony Seldon. 1994. *The Major Effect*. London: Macmillan.

Kay, Christobal.1989. *Latin American Theories of Development and Underdevelopment*. London: Routledge.

Keynes, John Maynard. 1936. *The General Theory of Employment, Interest, and Money*. London: Macmillan.

Khan, Mushtaq. 1997. "State Failure in Weak States: A Critique of New Institutionalist Explanations." John Harriss, Janet Hunter, and Colin M. Lewis, eds. *The New Institutional Economics and Third World Development*. New York: Routledge.

Knack, Stephen. 2002. "Social Capital and the Quality of Government: Evidence from the States." *American Journal of Political Science* 46(4).

Korpi, Walter and Michael Shalev. 1979. "Strikes, Industrial Relations, and Class

Conflict in Capitalist Societies." *British Journal of Sociology* 30.

Kreuger, Anne. 1982. *The Developmental Role of the Foreign Sector and Aid*. Cambridge, M.A.: Harvard University Press.

Lange, Peter and Geoffrey Garrett. 1985. "The Politics of Growth: Strategic Interaction and Economic Performance in the Advanced Industrial Democracies, 1974−1980." *Journal of Politics* 47(3).

Lash, S. and J. Urry. 1987. *The End of Organized Capitalism*. Cambridge: Polity.

Lee, Yeon−ho. 1997. *The State, Society, and Big Business in South Korea*. London: Routledge.

Lehmbruch, Gerhard. 1979. "Consociational Democracy, Class Conflict, and the New Corporatism." Philippe C. Schmitter and Gerhard Lehmbruch, eds. *Trends Toward Corporatist Intermediation*. London: Sage Publications.

Lehmbruch, Gerhard. 1984. "Concentration and the Structure of Corporatist Networks." John H. Goldthorpe, ed. *Order and Conflict in Contemporary Capitalism: Studies in the Political Economy of Western European Nations*. New York: Oxford University Press.

Lehmbruch, Gerhard. 1975. "Consociational Democracy in the International System." *European Journal of Political Research* 3.

Lenin, V. I. 1939. *Imperialism: The Highest Stage of Capitalism*. New York: International Publishers.

Letwin, Shirley Robin. *The Anatomy of Thatcherism*. London: Fontana. 1992.

List, Friedrich. 1966. *The National System of Political Economy*. 1885 edition, New York: A.M. Kelly.

Locke, John. 1988. Peter Laslett, ed. *Locke: Two Treaties of Government*. Cambridge: Cambridge University Press.

Loriux, Michael. 1999. "The French Developmental State as Myth and Moral Ambition." Meridith Woo−Cummings, ed. *The Developmental State*. Ithaca: Cornell University Press.

Majone, Giandomenico. 1997. "From the Positive to the Regulatory State." *Journal of Public Policy* 17(2).

Mankiw, Gregory N. 김경환 · 김종석 옮김. 1999. 『맨큐의 경제학』. 서울: 교보문고.

Mann, Michael. 1986. *The Sources of Social Power* 1. Cambridge: Cambridge University Press.

Mann, Michael. 1993. *The Sources of Social Power* 2. Cambridge: Cambridge University Press.

Marshall, T. H. and Tom Bottomore. 1992. *Citizenship and Social Classes*. Mass.: Pluto.

Martin, A. 1984. "Trade Unions in Sweden: Strategic Responses to Change and Crisis," in P. Gourevitch et al. (eds.) *Unions and Economic Crisis: Britain, West Germany, and Sweden*, London: George Allen & Unwin.

Marx, Karl. 1904. N. I. Stone, trans. *A Contribution to the Critique of Political Economy*. Chicago: Charles H. Kerr & Company.

Marx, Karl. 1990. Ben Fowkes, trans. *Capital*. Vol. 1. New York: Penguin Press.

McGuire, Martin C. and Mancur Olson. 1996. "The Economics of Autocracy and Majority Rule: The Invisible Hand and the Use of Force." *Journal of Economic Literature* 34.

McLennan, Gregor. 1984. "Capitalist State or Democratic Polity?: Recent Developments in Marxist and Pluralist Theory." Gregor McLennan, David Held, and Stuart Hall, eds. *The Idea of the Modern State*. Milton Keynes: Open University Press..

Meier, Gerald M. and James E. Rauch. 1995. *Leading Issues in Economic Development*. Oxford University Press.

Migdal, Joel S., Atul Kohli, and Vivienne Shue, eds. 1994. *State Power and Social Forces: Domination and Transformation in the Third World*. New York: Cambridge University Press.

Miliband, Ralph. 1970. *The State in Capitalist Society*. London: Weidenfield & Nicolson.

Moon, Chung-in and Rashemi Prasad. 1994. "Beyond the Developmental State: Networks, Politics, and Institutions." *Governance* 7(4).

Moran, Michael. 2001. "The Rise of the Regulatory State in Britain." *Parliamentary Affaris* 54(1).

Myint, Hla. 1958. "The 'Classical Theory' of International Trade and the Underdeveloped Countries." *Economic Journal* 68.

O'Donnell, Guillermo A. 1973. *Modernization and Bureaucratic Authoritarianism*. Berkeley: Institute of International Studies, University of California.

Offe, C. 1987. "Democracy Against Welfare State? Structural Foundations of

Neoconservative Political Opportunities." *Political Theory* 15–4.

Olson, Mancur. 1971. *The Logic of Collective Action: Public Goods and the Theory of Groups*. Cambridge: Harvard University Press.

Olson, Mancur. 1982. *The Rise and Decline of Nations: Economic Growth, Stagflation, and Social Rigidities*. New Haven: Yale University Press.

Olsson, S.E. 1986. "Sweden." P. Flora, ed. *Growth to Limits: The Western European Welfare State Since World War* II. Vol. 1. Berlin: Walter de Gruyter.

Olsson, S.E. 1990. *Social Policy and Welfare State in Sweden*. Lund: Akiv.

Osborne, David and Ted Gaebler. 1993. *Reinventing Government.* New York: Plume.

Panitch, Leo. 1979. "The Development of Corporatism in Liberal Democracies." Philippe C. Schmitter and Gerhard Lehmbruch, eds. *Trends Toward Corporatist Intermediation*. London: Sage Publications.

Pateman, Carole. 1970. *Participation and Democratic Theory*. Cambridge: Cambridge University Press.

Perkins, Dwight H., Steven Radelet, and David L. Lindauer. 2006. *Economics of Development*. New York: W.W. Norton & Company.

Pereira, Alexis A. 2008. "Wither Developmental State?: Explaining Singapore's Continued Developmentalism." *Third World Quarterly* 29(6).

Pizzorno, Alessandro. 1978. "Political Exchange and Collective Identity in Industrial Conflict." Colin Crouch and Alessandro Pizzorno, eds. *The Resurgence of Class Conflict in Western Europe since 1968*. London: Macmillan.

Poggi, Gianfranco. 1990. *The State.* Cambridge: Cambridge University Press.

Polanyi, Karl. 1975. *The Great Transformation*. New York: Octagon Books.

Pontusson, J. 1992. "At the End of the Third Road: Swedish Social Democracy in Crisis." *Politics and Society* 20(3).

Poulantzas, Nicos. 1972. "The Problem of the Capitalist State." Robin Blackburn, ed. *Ideology in Social Science: Readings in Critical Social Theory*. London: Fontana.

Poulantzas, Nicos. 1978. Timothy O'Hagan, trans. *Political Power and Social Classes*. London: Verso.

Prebisch, Raul. 1950. *The Economic Development of Latin America and Its Principal*

Problems. New York: United Nations.

Prebisch, Raul. 1959. "Commercial Policy in the Underdeveloped Countries." *American Economic Review* 44.

Przeworski, Adam, Michael E. Alvarez, Jose Antonio Cheibub, and Fernando Limongi. 2000. *Democracy and Development: Political Institutions and Well-being in the World, 1950-1990*. Cambridge: Cambridge University Press.

Putnam, Robert. 1993. *Making Democracy Work: Civic Tradition in Modern Italy*. New Jersey: Princeton University Press.

Pye, L. 1965. "Introduction: Political Culture and Politcal Development." L. Pye and S. Verba, eds. *Political Culture and Political Development*. Princeton: Princeton University Press.

Regini, Marino. 1984. "The Conditions for Political Exchange: How Concentration Emerged and Collapsed in Italy and Great Britain." John H. Goldthorpe, ed. *Order and Conflict in Contemporary Capitalism: Studies in the Political Economy of Western European Nations*. New York: Oxford University Press.

Rhodes, R. A. W. 1997. *Understanding Governance: Policy Networks, Governance, Reflexibility and Accountability*. Buckingham: Open University Press.

Rhodes, R. A. W. 2000. "Governance and Public Administration." Jon Pierre, ed. *Debating Governance: Authority, Steering, and Democracy*. Oxford: Oxford University Press.

Ricardo, David. 1908. E. C. K. Gonner, ed. *Principles of Political Economy and Taxation*. London: George Bell and Sons.

Robbins, Richard H. 2005. *Global Problems and the Culture of Capitalism* 3rd ed. Boston: Allyn and Bacon.

Robison, Richard. 1996. "The Politics of Asian Values." *The Pacific Review* 9(3).

Rostow, Walter. 1960. *The Process of Economic Growth*. Oxford: Clarendon Press.

Salvatore, Dominick. 2008. 최낙일, 김갑용 옮김. 『국제경제학 원론』. 서울: 시그마프레스.

Salvatore, Dominick. 2006. 김갑용, 최낙일 옮김. 『국제무역론』. 제8판. 서울: 시그마프레스.

Sabine, George H. and Thomas L. Thorson. 1973. *A History of Political Theory*. Fort Worth: The Dryden Press.

Samuelson, Paul A. and William D. Nordhaus. 2001. *Economics*. 7th ed. Boston: McGraw–Hill Irwin.

Schmitter, Philippe C. 1979a. "Modes of Interest Intermediation and Models of Societal Change in Western Europe." Philippe C. Schmitter and Gerhard Lehmbruch, eds. *Trends Toward Corporatist Intermediation*. London: Sage Publications.

Schmitter. Phillip C. 1979b. "Still the Century of Corporatism?" Philippe Schmitter and Gerhard Lehmbruch, eds. *Trends toward Corporatist Intermediation.* London: Sage Publications.

Schumpeter, Joseph A. 1992. *Capitalism, Socialism, and Democracy*. London: Routledge.

Sen, Amartya. 1981. *Poverty and Famines: An Essay on Entitlement and Deprivation.* Oxford: Oxford University Press.

Sirowy, Larry and Alex Inkeles. 1990. "The Effects of Democracy on Economic Growth and Inequality: A Review." *Studies in Comparative International Development* 25(1).

Skinner, Quentin. 1989. "The State." in Terence Ball, James Farr, and Russel Hanson, eds. *Political Innovation and Conceptual Change*. Cambridge: Cambridge University Press.

Skocpol, Theda. 1979. *States and Social Revolutions: A Comparative Analysis of France, Russia, and China*. Cambridge: Cambridge University Press.

Smelser, Neil J. 1966. "The Modernization of Social Relations." Myron Weiner, ed. *Modernization: The Dynamics of Growth*. New York: Basic Books.

Smith, Adam. 1993. *Wealth of Nations*. Oxford: Oxford University Press.

Smith, Brian. 2007. *Good Governance and Development*. London: Palgrave Macmillan.

Smith, Steven R. 1997. "Partnership, Community Building, and Local Government." *National Civic Review* 86(2).

Smith, Tony. 1990. *The Logic of Marx's Capital: Replies to Hegelian Criticism*. Albany: SUNY Press.

Soskice, David. 1990. "Wage Determination: The Changing Role of Institutions in Advanced Industrialized Countries." *Oxford Review of Economic Policy* 6(4).

Stepan, Alfred. 1978. *The State and Society: Peru in Comparative Perspective*. Princeton: Princeton University Press.

Stephens, John D. 1979. *The Transformation from Capitalism to Socialism*. Urbana Champaign: University of Illinois Press.

Swenson, Peter. 1991. "Bringing Capital Back in or Social Democracy Reconsidered." *World Politics* 43(4).

Thompson, Kenneth, ed. 2004. *Readings from Emile Durkheim*. London: Routledge.

Tilly, Charles. 1990. *Coercion, Capital, and European States: AD 990-1992*. Oxford: Blackwell.

Traxler, Franz. 1995. "From Demand−side to Supply−side Corporatism?: Austria's Labour Relations and Public Policy." Colin Crouch and Franz Traxler, eds. *Organized Industrial Relations in Europe: What Future?* Aldershot: Avebury.

Trebilcock, Clive. 1981. *The Industrialization of the Continental Powers, 1780-1914*. London: Longman.

Truman, David B. 1962. *The Governmental Process*. New York: Alfred A. Knopf.

Viotti, Paul R. and Mark V. Kauppi. 1993. *International Relations Theory*. London: Macmillan.

Visser, Jelle and Anton Hemerijck. 1997. *A Dutch Miracle*. Amsterdam: Amsterdam University Press.

Vogel, Steven K. 1996. *Freer Markets, More Rules: Regulatory Reform in Advanced Industrial Countries*. Ithaca: Cornell University Press.

Wallerstein, Immanuel. 1979. *The Capitalist World Economy*. Cambridge: Cambridge University Press.

Weber, Max. 1978. Guenther Roth and Claus Wittich, eds. *Economy and Society*. Berkeley: University of California Press.

Weber, Max. 1958. Talcott Parsons, trans. *The Protestant Ethic and the Spirit of Capitalism*. New York: Charles Scribner's Sons.

Webster, Andrew. 1990. *Introduction to the Sociology of Development*. London: Macmillan.

Weiner, Myron. 1966. "Political Participation and Political Development." Myron Weiner, ed. *Modernization: The Dynamics of Growth*. New York: Basic Books.

Weingast, Barry R. 1984. "The Congressional–Bureaucratic System: A Principal–Agent Perspective(with applications to the SEC)." Alan Meltzer, Thomas Romer, and Howard Rosenthal, eds. "Carnegie Papers on Political Economy" Special supplement to *Public Choice* 44, 147–91.

White, Gordon and Robert Wade. 1988. "Developmental States and Markets in East Asia: an Introduction." Gordon White, ed. *Developmental States in East Asia*. London: Macmillan.

Whitehead, Lawrence. 1993. "Introduction: Some Insights from Western Social Theory." *World Development* 21(8): 1299–1312.

Wilks, Stephen. 1997. "Conservative Governments and the Economy, 1979–97." *Political Studies* XLV.

Wilson, Edgar. 1992. *A Very British Miracle: The Failure of Thatcherism.* London: Pluto Press.

Winkler, J. T. 1977. "The Corporatist Economy: Theory and Administration." Richard Scase, ed. *Industrial Society: Class, Cleavage, and Control*. London: George Allen & Unwin.

Wolf, Robert Paul. 1984. *Understanding Marx: A Reconstruction and Critique of Capital*. Princeton: Princeton University Press.

Woo, Jung–en. 1991. *Race to the Swift*. New York: Columbia University Press.

Wood, Ellen M. 2002. *The Origin of Capitalism: A Longer View.* London: Verson.

World Bank. 1993. *The East Asian Miracle: Economic Growth and Public Policy*. Washington D.C: World Bank.

World Bank. 1997. *World Development Report 1997*. New York: Oxford University Press.

Yamagishi et al. 1998. "Uncertainty, Trust, and Commitment Formation in the United States and Japan." *American Journal of Sociology* 104(2).

Zakaria, Fareed. 1994. "Culture is Destiny: A Conversation with Lee Kwan Yew." *Foreign Affairs* (March/April).

색인

1

ㄱ

ㄴ

ㄷ

ㄹ

ㅁ

ㅇ

ㅈ

E